KB231327

비이성적 과열의 시장

# 비이성적 과열의 시장

탐욕으로 물든 글로벌 시장경제를 강력히 경고한다!

• 존 어서스 지음 | 김시경 옮김 •

# 비이성적 과열의 시장

초판 1쇄 발행 2012년 2월 28일

지은이 ㅣ 존 어서스
옮긴이 ㅣ 김시경
펴낸이 ㅣ 홍경숙
펴낸곳 ㅣ 위너스북

기획편집 ㅣ 김형석
마 케 팅 ㅣ 안경찬

출판등록 ㅣ 2008년 5월 2일 제313-2008-221호
주    소 ㅣ 서울 마포구 합정동 370-9 벤처빌딩 207호
주문전화 ㅣ 02-325-8901
팩    스 ㅣ 02-325-8902

북디자인 ㅣ 김윤남디자인
종    이 ㅣ 한솔 PNS
인    쇄 ㅣ 영신문화사

값 16,000원
ISBN 978-89-94747-08-8  13320

세계 경제의 성장, 즉 상승은
두려움보다 탐욕이 앞선 버블 그 이상도 이하도 아니다.
시장에 대해 과대한 공포를 가질 필요는 없지만,
우리에겐 때때로 이성적·합리적인 두려움이 필요하다.

# 1부
# 탐욕이 부추긴 시장의 상승

## 2부
# 공포가 반영된 시장의 하락



## 3부
# 다시 반복되는 시장의 상승과 하락

# 존경하는 한국의 독자들에게

2008년 11월 나는 서울의 중심부인 청계천에 서 있었다. 경기부
활과 성장, 그리고 번영을 입증하는 강력한 증거에 둘러싸인 가운
데 〈파이낸셜 타임스Financial Times〉 웹사이트 애청자들에게 한국이
1997년 이후 최악의 금융위기와 맞닥뜨리게 된 이유를 방송 카메라
앞에서 설명하려는 중이었다. 스크린에 그래프들이 한 차례 지나가
고 나서 이번 위기가 과거의 것과 달리 '한국발'이 아니라는 점을 거
론했다. 이번의 위기는 미국 신용시장의 끔찍한 자폭에 기인한 것이
었다. 그렇다고 한국이 새로운 현실에 완전히 무기력했다는 의미는
아니다.

너무나 짧았던 서울 체류 기간 동안에 나는 '서울 국제금융 및 투
자 컨퍼런스'에서 고위급 금융관계자들을 여럿 만났고, 당시 한국금
융위원회 위원장이었던 전광우 님과 여러 차례 이야기를 나누었다.

많은 이들이 당시 처한 상황과 〈파이낸셜 타임스〉의 한국 관련 보도 내용에 적잖이 언짢아하는 듯했다. 〈파이낸셜 타임스〉는 해외자본 도피로 인하여 한국의 주식시장과 현지 통화가치가 하락했음은 물론, 한국 은행들의 건전성에 대한 우려가 증가하면서 신용 경색의 리스크도 존재한다고 지적한 바 있었다.

3년 뒤 한국은 2008년 금융위기 이후 가장 인상적인 회복을 이룬 국가들 중 하나로 우뚝 섰다. 하지만 위기 재발의 위험성은 여전히 남아 있다. 다른 국가들이 실패한 곳에서 한국은 어떻게 성공을 거둔 것일까? 금융위기의 근원을 주로 살펴본 이 책에 빗대어 나름 설명해보자면, 미국 연방준비제도이사회Federal Reserve Board, FRB의 달러 공급 덕분에 한국에서의 자본 도피가 일부 한정되었고, 내가 청계천에서 방송 준비를 하고 있던 시점에 발표된 중국의 적극적인 부양책 또한 한국의 경제를 자극하는 요인으로 작용했다고 볼 수 있다. 전광우 위원장이 자신의 저서에서 당시 위기에 관해 자세히 설명했듯이, 한국은 발 빠르게 움직여 국내 은행들의 문제를 해결하고 경제에 활기를 불어넣기 위하여 여러 가지 현명한 자구책을 동원했다. 그리고 분명 가장 중요한 요인은, 한국이 세계 많은 국가들이 구매하고 싶어 하는 제품을 만드는 국가라는 점일 것이다. 한국의 외환보유고가 강력할수록 그만큼 정부의 부채 수준이 낮아지며 한국 경제가 또 다른 국제적 금융위기에서 아무 탈 없이 살아남을 확률도 한층 높아진다.

하지만 수출 위주의 국가들은 수출 상대국의 침체에 따른 리스크와도 씨름해야 한다. 중국의 '경착륙'은 한국을 위험에 빠뜨리게 될 것으로 보인다. 유럽의 심각한 위기(이 글을 집필하는 2012년 초 현재, 가능성이 꽤 높아 보인다)나 미국의 2차 불황(2012년 초 현재 그 가능성은 전보다 약간 낮아진 듯하다)도 마찬가지다. 그리고 책에서 자세히 설명하고 있듯이 금융위기를 야기한 병적인 요인들은 여전히 남아 있다. 펀드매니저들이 무리를 지어 움직이면서 가는 곳마다 거품을 부풀렸다 꺼뜨리도록 만든 왜곡된 인센티브로 인해 투자산업은 여전히 벌집이 되어 있는 상태다. 내가 이 책에 관한 아이디어를 처음 떠올린 시점은 시장들 사이의 상관관계가 극도로 증가했다는 점을 깨달은 5년 전이었다. 2012년 초 현재 그 상관관계는 훨씬 강력해졌으며, 역사상 가장 엄청난 위기들 중 하나를 아무런 손상도 받지 않은 채 온전히 이겨냈다. 이는 시장들이–주식, 채권, 통화 및 상품– 비효율적이라는 점을 의미하며, 이것은 자본주의가 제 기능을 하기 더 어렵게 만든다. 금융 시스템의 고질적인 질병을 치료하기 위해서는 새로운 위기가 필요할지도 모른다는 나의 생각에는 변함이 없다.

2012년 1월

존 어서스(John Authers)

# 감사의 글

이 책의 최종 원고를 넘긴 시점은 내가 〈파이낸셜 타임스Financial Times〉에 입사한 지 20주년 되는 날이었다. 그러니 내 직업인생을 모조리 바친 이 언론사에 먼저 감사의 말씀을 드려야겠다. 나는 〈파이낸셜 타임스〉에서 일하는 동안 취재를 위하여 해외 여러 곳을 두루 돌아다녔고, 이 책에 담긴 많은 사건들을 보도하면서 투자의 세계에 관해 내가 지금 알고 있는 거의 모든 것을 제대로 배울 수 있었다. 회사의 여러 동료들로부터도 많은 것을 배웠는데, 그들 모두에게 감사의 말을 전한다. 책을 마무리하는 데 필요한 시간적 여유를 갖도록 배려해준 리오넬 바버Lionel Barber, 마틴 딕슨Martin Dickson, 대니얼 보글러Daniel Bogler에게도 감사를 드린다. 그리고 바쁜 와중에도 내가 요청한 그림과 자료들을 챙겨주느라 고생한 케이스 프레이Keith Fray 통계팀 차장도 많이 수고해주셨다. 〈파이낸셜 타임스〉에서 가장 큰 도움을 준 나의 멘토 필립 코건Philip Coggan과 현재 뉴욕에서 함께 일하며 내가 아는 사람들 중 시장에 대해 가장 많은 지식을 가진 마이클 맥켄지Michael Mackenzie에게도 특별한 감사를 전하고 싶다.

2000년 콜럼비아 경영대학원에서 MBA를 취득하며 공부했던 것들도 집필에 많은 도움이 되었다. 그곳에서 나를 가르쳐준 모든 교수님들께도 감사의 말을 전하고 싶다. 특히 이 책을 쓰는 데 매우 유익한 교훈을 전수해준 데이비드 베임David Beim, 조엘 브로크너Joel Brockner, 프랭클린 에드워즈Franklin Edwards, 폴 글레서먼Paul Glasserman, 브루스 그린왈드Bruce Greenwald 등에게 감사의 말을 전하며 MBA 과정을 공부하는 동안 비용을 지원해준 나이트 배젓Knight-Bagehot 펠로십과 조지 위거스George A. Wiegers에게도 고마운 마음을 전한다.

이 책은 내 나름의 결론을 담은 결과물이다. 하지만 이런 결론들은 수많은 사람들과의 대화를 통해 얻은 것임을 밝힌다. 특히 롭 아노트Rob Arnott는 책의 모든 내용에 헤아릴 수 없을 정도로 뛰어난 통찰을 제공했으며, 초고를 읽고 훌륭한 조언도 아끼지 않았다. 팀과 제이미 리Tim and Jamie Lee는 각국 통화들의 긴밀한 상관관계의 무서운 전모를 제대로 알려주었다. 아울러 너그러운 서문을 써준 모하메드 엘 에리언Mohamed El-Erian PIMCO의 CEO에게도 고마운 마음을 전한다.

책을 준비하는 동안 인터뷰에 응해준 앙트완 반 아그마엘Antoine van Agtmael, 로버트 바버라Robert Barbera, 데이비드 베임, 게리 고튼Gary Gorton, 앤드류 로Andrew Lo, 조지 매그너스George Magnus, 베노이트 만델브로트Benoit Mandelbrot, 릭 디 마시오Rick di Mascio, 마이클 모부신Michael

Mauboussin, 제임스 멜처James Melcher, 아민 라잔Amin Rajan, 제레미 시겔Jeremy Siegel, 디미트리 베야노스Dimitri Vayanos, 필립 벌리거Philip Verleger 등도 고마울 따름이다.

또한 인덱스펀드의 선구자 잭 보글Jack Bogle에게도 깊은 감사의 말을 전한다. 이 책을 쓰는 동안에는 잭 보글과 직접 이야기를 나눌 기회가 없었지만, 2010년 3월에 있었던 인터뷰 때 거론된 내용은 주석 부분에 추가해서 넣었다. 그 밖에도 많은 분들이 소중한 정보를 제공해주었다. 그들은 복잡다단한 투자의 세계를 꿰뚫어볼 수 있도록 나를 인도했다.

이 책은 학술서가 아닌 저널리즘에 입각한 도서이지만, 전문적인 내용에 대해서는 각 전문가들의 통찰과 식견을 빌렸다. 훌륭한 부분들은 모두 그 분들 덕분이고, 오류나 실수가 있다면 전적으로 나의 탓이다. 책에서는 내가 직접 보도한 기사들과 가능한 한 〈파이낸셜 타임스〉 동료들이 작성한 기사를 주로 활용했다. 기사 원본에 관한 자세한 사항은 주석에 정리해놓았다. 또한 많은 서적을 참고했으며, 그것에 관해서는 참고문헌에 밝혀놓았다. 더 나은 집필 방향과 고견을 제시한 피어슨 에듀케이션Pearson Education 출판사의 크리스 커드모어Chris Cudmore, 짐 보이드Jim Boyd, 러스 홀Russ Hall에게도 감사의 말을 전하고 싶다. 로리 라이언스Lori Lyons는 미국판 원고를 훌륭하게 정리해주었고 멜라니 카터Melanie Carter는 영국판을 한결 보기 좋게 손질해주었다. 로버트 재거와 제니퍼 휴즈Jennifer Hughes, 아노라 마무도바Anora Mahmudova, 폴 그리핀Paul Griffin은 모두 이 책의 초고를 친히 읽고 아낌없는 조언을 해주었다. 내 아버지 데이비드 어서스David

Authers는 내가 쓴 모든 글을 일일이 읽어주시며 지금도 가장 통찰력 있는 비판자로 항상 내 곁을 지켜주신다. 포트 워싱턴 공공도서관Port Washington Public Library의 직원은 나를 위해 쾌적한 집필 환경을 마련해 주었다. 원고를 마무리하는 동안 셋째 아이를 출산하는 고된 과정을 겪으면서도 나를 격려해주고 소중한 의견을 제시한 아내 사라 실버Sara Silver에게 고맙다는 말을 전하고 싶다. 그녀는 편안하게 글을 쓰도록 배려해주었다.

끝으로, 내 책이 한국에서도 출간될 수 있어서 기쁘게 생각한다. 숙고 끝에 출판을 결정했을 위너스북에 지지를 보낸다. 원래 이 책이 담고 있는 내용은 2010년 말 상황까지였으나, 이후에도 세계 경제와 시장의 모습은 여러 가지 변화를 보여왔다. 저자로서 책임감을 갖고 있던 중 위너스북 관계자의 요청에 따라 뜨거운 감자로 떠오른 유로존 위기에 대한 견해 및 2012년 이후 전개될 세계 경제의 모습, 그리고 일부 원고들을 다시 정리하고, 업데이트했음을 밝힌다.

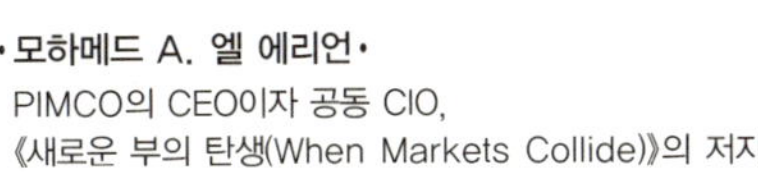

# 추천사

•모하메드 A. 엘 에리언•
PIMCO의 CEO이자 공동 CIO,
《새로운 부의 탄생(When Markets Collide)》의 저자

대부분의 사람들이 기사를 읽고 통찰력 있는 해설과 분석을 찾아보려 할 때 일상적으로 들춰보는 것들이 있다. 나 역시 그렇다. 내가 일상적으로 반드시 살펴보는 것들 중에는 존 어서스의 글이 포함된다. 시장에 관심이 있고, 그 내막과 하루하루의 변동 상황 및 변덕스런 감정에 직접 개입되어 있는 우리 대다수에게 〈파이낸셜 타임스〉에 실리는 존의 칼럼은 '반드시 읽어야 할must read' 자료다. 그의 글은 시장의 전개 양상과 전망에 대한 시의적절한 통찰을 제공한다. 또한 시장에 대한 관심을 고조시키고 때로는 해당 시장 내에서 활발한 논쟁을 불러일으키기도 한다. 따라서 존이 이 책의 머리말을 부탁했을 때 내가 얼마나 기쁘고 영광스러웠을지는 충분히 납득될 것이다. 그러나 한편으로는 금융매체 최고의 필진으로 통하는 인물과 함께 동일한 인쇄물에 글을 싣는다는 점이 부담스럽기도 했다. 그나마 다행

인 것은, 존의 매력적이고 통찰력 있는 글 스타일과 나의 글쓰기 방식 사이에 어떤 유의미한 비교를 하기에는 이 서문의 분량이 한계가 있으리라는 점이다.

이 책은 흥미진진하고 속도감이 넘친다. 존의 칼럼 스타일 그대로 간결하면서도 정확하며 통찰력 넘치는 사례들이 담겨 있다. 독자 여러분은 이 책을 '깨달음의 여정journey of discovery'을 위한 수단으로 삼아도 좋을 것이다. 여정 도중 매번 정거장에 들를 때마다 여러분은 시장 가치를 결정짓는 요인들에 대해 정확히 이해할 것이다. 존의 표현을 빌리자면, 이 요인들은 시장의 상승과 붕괴 및 현재 진행 중인 시장의 재부상(비록 시장 실패와 미흡한 규제 및 민간 인프라스트럭처에 여전히 취약한 실정이긴 하지만)을 야기하는 원동력이다.

이 여정을 함께하는 동안 독자 여러분은 유익한 정보들을 얻게 될 것이다. 시장의 상관관계들이 충격적이고 끔찍한 방식으로 붕괴될 때까지 왜 시장들이 그렇게 오랫동안, 그리고 지나칠 정도로(예를 들어 '버블'의 형성) 함께 움직일 수 있게 되는지 파악할 수 있을 것이다. 그리고 왜 그토록 많은 펀드매니저들이 군집행위의 희생양으로 전락하였는지, 왜 부적절한 주인-대리인 관계가 실제 투자자와 그들을 위해 일하는 펀드매니저 사이에 왜곡된 인센티브라는 결과를 낳는지, 리스크 관리기법들이 어떻게 리스크 완화수단에서 증폭제로 비화될 수 있는지, 그리고 왜 규제당국들이 매번 시장의 최신 동향을 파악하는 데 곤란을 겪는지도 깨닫게 될 것이다.

여정을 계속해나가는 동안, 신흥시장들이 어떻게 특정 명칭을 얻었고 투자 적격 자산집단으로 진화했는지를 비롯해 흥미로운 시각들도 많이 접할 것이다. 그 중에서도 내가 볼 때 특히 중요한 부분은 어쩌다 오늘날의 사회가 안정성과 효율성 사이에 중대한 균형을 잡아야 할 압박 아래에 놓이게 되었는지 알게 될 것이라는 점이다―그렇지만 세계 각 나라들은 이처럼 긴박한 균형(이는 현재와 미래 세대 모두에게 영향을 미칠 것이다)을 제대로 고려하지 못하는 실정이다.

출간 타이밍도 절묘하다. 이 책의 출간 시점은, 2008년과 2009년에 걸친 글로벌 금융위기를 겪는 동안 거의 죽음 직전에까지 이르렀다가 간신히 살아남은 시장 참여자들이 또다시 결국엔 지속 불가능한 과거의 사고방식과 행태로 되돌아간 시기다. 규제당국들이 시장의 인프라스트럭처를 강화하여 총체적인 리스크를 제한하기 위한 조치를 다급히 마련하고 이행하려는 시점이었으며, 정치적 편의주의가 그간 압도적이었던 경제적·금융적 논리를 위협하고 있는 때였다.

그렇다. 이 책에 소개된 각 장의 내용은 아주 시의적절하다. 그리고 그 종착지가 어떠해야 마땅한지에 대해서는 물론이고 어떻게 될 법한지도 다루고 있다. 이 책을 읽는 동안 독자 여러분은 발생 가능성이 존재하는 금융시장의 사건, 사고와 정책 실수들에 대해 훨씬 더 명확히 이해하게 될 것이다. 또한 추가적인 대규모 시장 붕괴의 위험을 줄이기 위해 각 정부가 무엇을 해야 하는지에 관한 요약정리도 접하게 될 것이다. 그리고 오늘날의(그리고 향후의) 시장 환경 속 과연 어디에 리스크와 기회가 놓여 있을지 숙고해볼 수 있는 지식도 갖추게 될 것이다.

2008년과 2009년에 걸친 글로벌 금융위기 이후 세계 시장과 경제가 어떻게 재편될 것인가를 주제로 PIMCO 동료들과 내가 수행한 연구결과가 개연성이 있다고 믿는다면, 이 책은 훨씬 더 큰 의의가 있다. 우리의 연구가 시사하는 바에 따르면, 글로벌 시스템은 가장 최근의 평균값('과거의 기준')으로 회귀하는 통상적 수순을 따르기보다는, '새로운 기준'을 향한 수년간의 평탄치 않은 여정에 들어서 있다. 이 책에 제시된 여러 근거들로 미뤄볼 때–부적절한 인식의 틀과 군집행위를 비롯하여 금융업계 내부의 고질적 문제와 주인–대리인 문제들을 되돌아볼 때– 우리 사회가 체제의 변화를 충분히 이해하고 그것에 적응하기까지는 상당한 시간이 걸릴 것이다. 이는 터무니없는 단순한 추론이 아니다. 다른 요인들을 모두 차치하더라도, 선진국들의 공공재정에 발생한 급격한 퇴보가 수년에 걸쳐 미치게 될 영향력을 누가 부인하겠는가! 이 몇몇 국가들의 예상치 못한 실업률 급등과 더불어 그 실업률이 이례적으로 장기간 높게 유지될 것이라는 인식, 그 결과 민간과 공공 주체의 제도적 입지에 발생한 침식, 그리고 경제와 시장들을 주도하는 데 있어 사회적·정치적 요인들의 중요성이 커지는 현상도 부인할 사람은 없을 것이다.

내 주장은 간단하다. 시장이 돌아가는 방식에 관심이 있는 모든 사람, 즉 투자자들이나 투자분석가 또는 정책을 입안하는 사람들에게 이 책은 단연 필독서다. 시장은 이제 우리 생활의 일부다. 그리고 분명 시장은 여전히 자원을 조직하고 가치를 매기며 배분하는 최고의 구조물이다. 그렇지만 이런 사실로 인해 시장이 가끔 실패한다는 사실이 간과되어서는 안 된다. 시장들은 때때로 과도할 정도로 동시에 움직이고 도를 넘어서서 실패로 치닫기도 하며, 필수적인 인프라스트럭처의 지원이 불충분하고 이해가 부족한 활동을 수반할 수도 있다. 존 어서스의 책은 이 모든 것들을 간단명료하게 풀어냄과 동시에 시장들이 글로벌 복지를 강화하는 데 더 나은 역할을 하도록 구조화될 수도 있다는 희망도 안겨준다.

# 연대표로 보는 시장의 상승(버블)과 하락(공포) 사이클

**1954년 11월 23일**
대폭락에서 회복된 미국의 주식시장

**1962년**
피델리티의 마젤란펀드 출시

**1969년**
최초의 머니마켓펀드 출시

**1971년**
금본위제도 시대의 종말

**1975년**
최초의 인덱스펀드 출시

**1982년**
최초의 이머징마켓펀드 출시

**1984년**
미국의 주택저당채권 개혁

**1984년**
미국의 주택저당채권 개혁

**1990년 1월**
일본의 몰락과 엔 캐리트레이드 유발

**1992년 9월**
영국, 블랙 먼데이 사태 발발

**2005년**
신용파생상품들의 등장

**2004년**
고수익 투자대상으로 떠오른 상품선물 시장

**2001년**
신흥시장 브릭스의 등장

**2000년**
닷컴 기업 버블의 몰락

**1998년 8월**
롱텀 캐피탈 매니지먼트의 붕괴

**1998년 3월**
'대마불사' 은행들의 탄생 시티그룹과 뱅크오브아메리카의 탄생

**1997년**
아시아 경제위기가 해당 지역의 달러 보유고를 쌓도록 유도

**1996년 12월**
앨런 그린스펀이 비이성적 과열을 경고

## 시장의 상승(The Rise)

시장의 하락(The Fall) | 다시 반복되는 시장의 상승과 하락

# 탐욕이 부추긴 시장의 상승

### 1954년 11월 23일: 미국의 주식시장이 대폭락에서 회복되다

대공황 이후 미국 금융계에 엄격한 규제가 도입된다. 상업은행들이 예금보험의 보장을 받게 되고 투자은행 업무를 못하게 된다. 브레튼우즈체제 Bretton woods system하에 고정환율제가 금에 연계된다. 은행들이 금융을 장악한다. 자기 자금을 직접 운용하는 개인들이 투자자의 압도적 다수를 차지한다. 자본주의 세계가 제3세계와 공산권으로부터 분리되고, 한편, 젊은 계층은 전후 베이비붐 세대를 형성한다. 주류 투자자들은 상품과 외환, 신용부도 리스크 또는 신흥시장들에 아직 접근하지 못한다. 다음 반세기에 걸쳐 이 모든 상황이 바뀌고, 서로 무관한 시장들이 동시 발생적인 버블 속에서 과열 양상을 띠었다가 동시에 일제히 무너져 내리는 여건이 조성된다.

### 1962년: 피델리티Fidelity의 마젤란펀드Magellan Fund 출시

피델리티와 같은 투자자산운용사들이 자사의 수익을 일반 대중에게 널리 알리고 대규모 신규 펀드들을 출시하기 시작한다. 투자산업이 관리자산 규모의 확대를 목표로 움직인다. 펀드평가기관들이 펀드들의 단기성과를 비교하는 실적표를 발표하기 시작한다. 이제 타인의 돈을 운용하는 투자기관들이 시장들을 주도한다. 펀드매니저들의 보수체계와 비교기준수익률벤치마크은 그들로 하여금 무리를 이루어서 함께 움직이도록 부추긴다.

### 1969년: 최초의 머니마켓펀드Money Market Fund, MMF 출시

자본시장이 은행의 여러 핵심 기능을 빼앗는다. 머니마켓 뮤추얼펀드들은 고객에게 수표결제 서비스까지 제공한다. MMF들은 뱅크런bank run, 대량 예금인출 사태을 방지하기 위한 1930년대의 엄격한 규제들을 피해 금융계 주변을 맴돌지만, 명백히 은행예금으로 간주할 만한 투자수단을 창출한다. MMF는 은행의 대출 책임자들에게서 대출 결정권을 빼앗아 시장들에게 넘겨준다. 그리고 이런 상황은 은행들이 종종 더 큰 위험을 수반하는 새로운 영업 부문을 찾아나서도록 만든다.

## 1971년: 금본위제도가 막을 내리다

닉슨 대통령이 금본위제도Gold Standard, 통화의 표준 단위가 일정한 무게의 금으로 정해져 있거나 일정량의 금 가치에 연계되어 있는 화폐제도를 폐지한다. 이는 향후 거품 형성의 필요조건으로 작용한다. 국제 금융시장에서 금이 더 이상 역할을 못하게 되면서, 각국의 통화가치가 중앙은행들에 의해 좌우된다. 각국 통화들이 신뢰를 잃을 경우 세계 경제의 닻은 이제 금이 아닌 유가가 된다.

## 1975년: 최초의 인덱스펀드index fund 출시

인덱스펀드들이 새로운 벤치마크들을 만들어내고 펀드매니저들이 그 벤치마크를 중심으로 몰려든다. 인덱스펀드가 전체 자산에서 차지하는 비중이 커지면서 시장에 거품이 형성되기 쉬운 여건이 조성된다.

## 1982년: 최초의 이머징마켓펀드Emerging Markets Fund 출시

세계은행World Bank이 개발도상국Lesser Developed Countries을 '신흥시장Emerging Market'이라고 새롭게 명명하고, 이런 국가들의 주식시장에서 주식을 매수하는 펀드를 출범시키면서 주류 투자자들에게 투자를 위한 새로운 자산집단asset class으로 신흥시장을 처음 개방하게 된다. 그 전까지만 해도 신흥시장은 선진시장의 주식과 상관관계가 없었으나, 동일한 투자자들이 양쪽 모두의 주식을 보유할 수 있게 되자 그 주식들이 동시에 움직이기 시작한다. 그리고 신흥시장지수의 창안은 신흥시장에서 '양떼 효과herding effect, 군집 효과'가 생겨나는 데 일조한다.

### 1984년: 주택저당채권mortgage—backed bonds의 개혁

로널드 레이건Ronald Reagan이 투자은행들로 하여금 모기지로 구성된 대규모 풀을 담보로 하는 채권을 거래할 수 있도록 허용하고 투자자들이 그 채권을 좀 더 쉽게 매수하도록 해준다. 이 조치는 패니메이Fannie Mae와 프레디맥Freddie Mac의 힘을 증가시키고, 운영에 곤란을 겪고 있는 소규모 은행들의 문제를 완화해주었다. 이것은 또한 채권의 담보로 활용된 모기지가 부도 날 경우에도 대출 확대 결정을 내린 중개인들이 곤란한 입장에 놓이지 않게 된다는 의미이고-그리고 다른 시장들에 있는 투자자들이 모기지 채권을 매매할 수도 있음을 의미한다- 이런 정황은 동시발생적인 버블을 부풀리는 데 일조한다.

### 1990년 1월: 일본의 몰락이 엔 캐리트레이드yen carry trade를 유발하다

캐리트레이드는 금리가 낮은 통화로 자금을 조달해 고금리 통화에 투자하고 그 차익을 챙기는 식으로 저리자금을 창출한다. 1990년에 일본의 거품이 꺼져버리자, 저금리의 엔화를 이용한 캐리트레이드가 성행한다. 주식 투자자들은 이런 식으로 스스로 자금을 조달하고, 이렇게 해서 엔화가 주식들과 긴밀히 연동해 움직이기 시작한다.

### 1992년 9월: 영국 파운드화의 블랙 먼데이Black Monday 사태로 인해 하나의 자산집단으로서 외환이 주목받다

1990년대 초 외국 통화에 투자해 큰 성공을 거두는 사례들이 등장하면서 투자를 위한 자산집단으로서 외환에 대한 관심이 고조된다. 대규모 투자자산운용사들은 환율에만 전적으로 베팅을 하는 펀드들을 설립한다.

### 1996년 12월: 앨런 그린스펀Alan Greenspan이 비이성적 과열irrational exuberance을 경고하다

나이 들어가는 베이비부머들의 확신과 은퇴자금을 모으려는 그들의 니즈가 대규모 자금 흐름을 뮤추얼펀드 쪽으로 이끈다. 그것이 주식시장을 부풀리고 펀드매니저들이 활황주로 몰리도록 한층 더 밀어붙인다. 그들이 전 세계 투자자들의 최후 보루가 된다.

### 1997년: 아시아 위기가 그 지역 국가들로 하여금 달러 보유고를 쌓아 올리도록 유도하다

아시아 국가들이 통화 평가절하로 고통을 겪고 국가부도 직전에 내몰리며 이후 수년간 긴축에 시달린다. 이 일을 계기로 중국을 비롯한 아시아 국가들은 달러를 대규모로 비축하기 시작한다. 그 결과 미국의 금리는 더 낮아지고 여러 시장들로 많은 자금이 흘러들어간다.

### 1998년 3월: 시티그룹Citigroup의 합병과 뱅크오브아메리카Bank of America의 합병으로 '대마불사' 은행들이 탄생하다

전 세계 초대형 금융 합병들로 인해 지나치게 비대하고 경제에 중요한 역할을 하는 은행들이 탄생한다. 정부들은 이런 은행들이 망하도록 방관할 수 없게 되며, 그 은행들도 이 사실을 익히 알게 된다. 이는 도덕적 해이moral hazard와 더 많은 리스크를 감수하려는 인센티브를 조성한다. 은행들이 글로벌화되고 전 세계에 영업지점을 거느리며, 이로써 세계 시장들의 상관관계가 한층 뚜렷해진다.

### 1998년 8월: 롱텀 캐피탈 매니지먼트Long—Term Capital Management, LTCM가 붕괴되다

당시 최대 헤지펀드였던 LTCM이 신용시장을 국제적으로 장악하기 시작한다—이는 초대형 거품의 조기경고 조짐이었다. 연방준비위원회(이하 연준위)가 개입해 LTCM의 구제에 나서고 금리인하를 단행하는데, 결국 기술주들의 거품을 부풀리고 도덕적 해이를 더욱 부추겼다.

### 2000년: 닷컴 버블이 꺼지다

주식시장 역사상 최대 거품이 형성되었다가 이후 기술주들이 붕괴한다. 이 거품의 원인은 최절정에 이른 비이성적 과열과 수년간 이어진 군집행위, 그리고 연준위에 의한 저리자금의 주입과 모럴 해저드 때문이었다. 연준위는 금리인하를 통해 이에 대응하는데, 이 조치가 주식시장의 조기 반등과 헤지펀드의 부상 및 신용과 주택의 거품을 촉발시켰다.

### 2001년: 브릭스BRICs라는 새로운 신흥시장이 등장하다

골드만삭스Goldman Sachs가 브릭스브라질, 러시아, 인도, 중국의 엄청난 성장을 예측하고 신흥시장의 새로운 붐에 불을 지핀다. 이에 따라 신흥시장으로 유입되는 막대한 자금 흐름이 브릭스와 다른 국가들의 주식시장을 연계시키고 상품가격과 신흥시장의 환율을 높인다.

### 2004년: 상품이 투자를 위한 자산집단이 되다

상품선물이 주식시장과 무관한 고수익 투자대상이라는 점이 학술적 연구를 통해 밝혀진 이후 대규모 투자기관들이 상품선물에 거액의 자금을 쏟아붓는다. 이렇게 새로 유입된 자금은 상품이 주식과 훨씬 더 많이 연관되도록 만드는 데 일조한다. 상품가격의 상승은 또한 신흥시장들의 자산가격과 환율을 상승시킨다.

### 2005년: 부도 리스크가 투자를 위한 자산집단이 되다

신용파생상품들이 주류 투자자들에게 신용 및 부채의 세계를 열어준다. 신용이 주식, 채권 및 상품과 밀접히 연관되기 시작하고, 미국 주택가격의 상승과 서브프라임 모기지 붐을 유발한다. 신용 붐은 저렴한 비용의 레버리지를 창출함으로써 전 세계에 일제히 거품을 부풀린다.

# 공포가 반영된 시장의 하락

**2007년 2월 27일: 상하이 서프라이즈Shanghai Surprise로 인해 대안정기 Great Moderation, 저물가 고성장가—옮긴이가 막을 내리다**

당시의 버블은 2003~2006년의 낮은 변동성과 저금리에 토대를 두고 있었다. 변동성이 갑자기 증가하면서, 금융공학을 활용하기가 훨씬 더 어려워졌다.

**2007년 6월 7일: 미국의 10년만기 국채 수익률이 5.05%로 정점에 이르다**

투자자들이 미국 국채 매도에 나서면서 국채 수익률이 상승하고 지난 20년 간 지속된 수익률 하강 추세에 제동이 걸린다. 이 일은 모든 신용상품들의 수학공식을 변화시킨다.

**2007년 6월 19일: 베어스턴스Bear Stearns의 헤지펀드가 도움을 호소하다**

베어스턴스의 헤지펀드들에게 자금을 빌려준 기관들이 베어스턴스에서 담보로 받은 주택저당증권들을 경매로 처분하려는 과정에서 그 증권들의 가치를 두고 대혼란이 발생한다.

**2007년 8월 3일: 투자전문가 짐 크레이머Jim Cramer가 신용시장의 '아마겟돈Armageddon'을 선포하다**

미국의 소매 투자자retail investor들이 미국 은행들 간 대출이 중단되었음을 알게 된다.

2007년 8월 7~9일: 대규모 퀀트헤지펀드들이 유례없는 손해를 보다

베어스턴스 사태 직후 한 헤지펀드가 거래를 청산하는데, 이로 인해 해당 시장에 전혀 노출되지 않은 것으로 생각되는 수많은 헤지펀드 집단이 이례적인 손실을 기록한다.

2007년 8월 9일: BNP 파리바BNP Paribas의 머니펀드들이 해체된 이후 유럽중앙은행이 개입에 나서다

이것은 노던록Northern Rock에 따르면 '세상이 바뀐 날The Day the World Changed'이다—대서양을 사이에 둔 두 대륙 모두에서 단기금융시장들의 공황이 한층 심각해진다.

2007년 8월 17일: 미국 전역이 자금조달 위기에 빠져들자 연준위가 금리를 인하하다

미국 최대 모기지 대출기관이 파산 직전의 위태로운 상황에 내몰리자 연준위가 금리를 인하한다. 이 조치는 대규모 자금이 신흥시장으로 흘러가도록 만들고 미국과 유럽의 반등을 자극한다.

2007년 9월 13일: 노던록 뱅크런 사태가 발생하다

영국의 은행 고객들이 예금을 인출하고자 줄을 길게 늘어서고, 이는 영국에 대한 신뢰도에 악영향을 미친다.

2007년 10월 31일: 세계 주식시장이 절정에 이르다

시티그룹의 손실에 대한 두려움으로 인해 2007년 11월 1일 투매 사태가 발생한다.

2008년 3월 16일: JP 모건이 베어스턴스를 구제하다

베어스턴스가 '뱅크런'의 희생양이 된다. 하지만 미국 정부의 주선으로 JP 모건이 베어스턴스를 인수한다. 미국 정부의 이런 조치는 향후에도 정부의

구제책이 언제든 제공되리라는 믿음을 한층 더 부추기고 상품시장의 가격을 높이게 된다.

### 2008년 7월 14일: 유가가 정점을 찍고 달러가 반등하다—'디커플링decoupling, 탈동조화 매매'의 종식

인플레이션 공포가 사그라지면서 2008년의 유가 급등세가 멈춰 선다. 유가, 환율, 주식시장 등이 일제히 반대 방향으로 돌아서고, 이로 인하여 대규모 손실이 발생함으로써 투자자들이 부채 상환의 압박에 놓인다.

### 2008년 9월 7일: 패니메이와 프레디맥이 국유화되다

이 기관들의 국유화 조치로 우선주 보유자들이 손실을 떠안게 되고, 시장이 충격에 휩싸이며, 취약해 보이는 모든 금융기관들에서 대량 자금인출 사태가 발생한다.

### 2008년 9월 15일: 리먼 브라더스Lehman Brothers 파산

리먼의 매각 협상이 결렬된다. 메릴린치Merrill Lynch가 뱅크오브아메리카에 인수된다. AIG가 정부에 지원을 요청한다.

### 2008년 9월 17일: AIG가 구제되다. 리저브펀드Reserve Fund가 원금 손실을 내다. 단기금융시장이 공황에 빠져들다

한 MMF가 리먼의 채권을 보유한 탓에 '원금 손실'을 낳게 되고, 이로 인해 MMF에 돈을 넣어둔 사람들이 겁에 질려 자금을 대량 인출하게 된다. 한편, AIG가 850억 달러의 정부 구제자금을 요청하면서 이 보험업체의 보험에 가입한 유럽 은행들의 불안감이 고조된다.

### 2008년 9월 29일: 미 의회가 'TARP부실자산구제계획' 구제책을 부결하다

정치권에 대한 신뢰가 무너진다. 유럽연합 내에 은행예금을 보호하기 위한 공조 방안을 두고 혼선이 빚어지면서 상황이 더욱 악화된다.

## 2008년 10월 6~10일: 전 세계 동반 대폭락

전 세계 거의 모든 주식시장이 한 주 사이에 5분의 1이나 폭락한다. 모든 자산 집단들에 걸쳐 발생한 유례없는 폭락사태는 동시발생적인 거품의 존재를 입증해서 보여준다.

# 다시 반복되는 상승과 하락

### 2008년 10월 24일: 중국이 경기부양책을 시행하면서 신흥시장들이 바닥을 찍고 반등에 나서다

중국이 대출을 공격적으로 확대하고 미국 연준위가 신흥시장들의 중앙은행에게 달러를 공급해준 덕분에 신흥시장이 전면적인 부도 위기를 모면한다.

### 2009년 3월 9일: 은행주와 선진시장이 바닥을 찍고 상승하다

시티그룹이 실적을 발표한 이후 반등이 시작된다. 시장에 대한 신뢰가 되살아나면서 대규모 은행들이 국유화를 모면하게 된다.

### 2010년 5월 5일: 초강력 재정긴축안이 그리스 의회를 통과하다

유로존에서 재정위기가 터져나와 유럽국가들을 수렁 속으로 내몰았다. 이른바 유럽발 금융위기가 발발하게 된다.

### 2012년 이후

탐욕과 두려움의 사이클은 인간의 본성에 단단히 고착되어 있다. 하지만 금융계의 변화를 위한 이 제안들은 동시발생적인 거품의 순환을 끊고, 향후 몇 년간 훨씬 재앙적인 또 다른 폭락 사태를 방지하며, 새로운 버블을 겪지 않고 다음 두 세대를 보낼 수 있는 정상 상태로 우리를 되돌려놓을 것이다.

# 탐욕이 부추긴 시장의 상승

## The Rise

**1954년 11월 23일**
- 대폭락에서 회복된 미국의 주식시장

**1962년**
- 피델리티의 마젤란펀드 출시

**1969년**
- 최초의 머니마켓펀드 출시

**1971년**
- 금본위제도 시대의 종말

**1975년**
- 최초의 인덱스펀드 출시

**1982년**
- 최초의 이머징마켓펀드 출시

**1984년**
- 미국의 주택저당채권 개혁

**1984년**
- 미국의 주택저당채권 개혁

**1990년 1월**
- 일본의 몰락과 엔 캐리트레이드 유발

**1992년 9월**
- 영국, 블랙 먼데이 사태 발발

**2005년**
- 신용파생상품들의 등장

**2004년**
- 고수익 투자대상으로 떠오른 상품선물 시장

**2001년**
- 신흥시장 브릭스의 등장

**2000년**
- 닷컴 기업 버블의 몰락

**1998년 8월**
- 롱텀 캐피탈 매니지먼트의 붕괴

**1998년 3월**
- '대마불사' 은행들의 탄생 시티그룹과 뱅크오브아메리카의 탄생

**1997년**
- 아시아 경제위기가 해당 지역의 달러 보유고를 쌓도록 유도

**1996년 12월**
- 앨런 그린스펀이 비이성적 과열을 경고

# THE FEARFUL RISE OF
# MARKETS

# 1 서문



1982년

'시장의 상승은 어쨌든 풍족한 삶을 안겨줄 수 있다. 이것은 다시 점점 더 많은 사람들이 시장에 참여하도록 유도한다… 정부는 예방책들과 통제 조치들을 준비해두고 있다. 그 수단들이 결단력 있는 정부의 수중에 있다면, 효력은 의심할 나위가 없을 것이다. 하지만 정부가 그런 수단을 활용하지 않기로 결정할 이유를 대라면 100가지나 들 수 있다.'[1]

—존 케네스 갈브레이스(J. K. Galbraith), 1954년

세계 시장들이 동시다발적으로 움직이고, 거품과 대폭락의 피해를 입게 될 가능성이 전보다 훨씬 커졌다. 왜 그럴까?

전 세계 시장들이 서로 밀접하게 단단히 얽혀 있는 상태라는 사실을 깨달은 시점은 2007년 3월이었다. 한 주 전 상하이 증권거래소가 9% 폭락하면서 세계 주식시장이 '상하이 서프라이즈'로 진통을 겪었고, 전 세계가 혼란 속에서 하루를 보냈다. 그날 오후 월스트리트에

1__ J. K. Galbraith, *The Great Crash 1929* (Boston: Penguin, 1954) 참고.

서는 다우존스산업평균지수<sub>Dow Jones Industrial Average</sub>가 단 몇 초 만에 2% 급락하기도 했다. 이로써 시장들이 이상할 정도로 조용했던 오랜 시대가 막을 내렸다.

나는 〈파이낸셜 타임스〉의 뉴욕지사 편집국에서 그 모습을 지켜보며 상황을 파악하고자 애썼다. 그 충격 이후 주가는 다시 상승하고 있었지만 사람들은 여전히 초조해했다. 통화시장도 심하게 요동치고 있었다.

나는 걱정스런 마음으로 블룸버그 단말기<sub>Bloomberg terminal, 거의 모든 금융시장의 정보와 뉴스를 검색해볼 수 있는 단말기–옮긴이</sub>를 확인해보았다. 한 스크린 위로 미국 주식시장의 주요 지수인 S&P 500이 시시각각 바뀌는 모습이 보였다. 나는 미국 달러화 대비 일본 엔화의 환율을 보여주는 실시간 차트를 화면에 띄웠다. 순간 무언가 잘못 입력했다고 생각했다. 그 차트가 S&P와 완전히 똑같은 모습이었기 때문이다. 거기에 아주 불길한 조짐만 없었다면, 그것은 흥미로운 현상일 터였다.

더디게 흘러간 하루가 저물고 다음 날이 되었을 때, 나는 편집국의 화면에서 동일한 경로를 따라 구불구불 움직이는 두 개의 차트를 지켜보았다. S&P가 상승할 때마다 엔화 대비 달러화도 상승했고 그 반대도 마찬가지였다. 도대체 무슨 일이 벌어지고 있었던 것일까? 이런 식의 상관관계는 비정상적이었다. 상하이 서프라이즈가 터지기 전 몇 년 동안 엔화와 S&P는 완전히 별개로 움직여왔다. 그것들은 지구상에서 가장 유동적인 두 개의 시장이고, 역사적으로도 전혀 다른 사람들에 의해 거래가 이뤄졌으며, 사람들이 이따금씩 왜 엔화로 거래를 하는지(무역이나 여행을 위해), 또는 왜 미국 주식을 사고파는지(미국 경제계에서 비롯된 최신 뉴스 때문에) 설명해주는 서로 무관한 근거들이 다수 존재한다. 하지만 상하이 서프라이즈 사태 이후 통계학자들은 S&P의 움직임만으로도 엔화의 변동들 중 40%를 충분히 설명할 수 있으며, 그 반대도 마찬가지라는 사실을 보여준다. 엔화와 S&P 사이에 공통분모가 있을 이유가 딱히 없다는 점을 감안할 때, 이는 양쪽 시장 모두 가격이 효율적으로 매겨지고 있지 않다는 점을 시사한다. 사실상 이렇게 서로 얽혀 있는 시장들은 똑같은 대규모 투기자금을 활용하는 동일한 투자자들에 의해 움직인다.

이 문제는 반드시 짚고 넘어가야 할 중대한 사안이다. 이 책을 집필하고 있는 현재(2011년 초), 시장들이 2007년 초보다 훨씬 더 밀접하게 연계되어 있기 때문이다. 달러화의 차트와 미국 주식시장 차트 사이의 차이점을 분간하기가 또다시 불가능해졌다. 상품가격과 신용가격 간의 연동된 움직임도 상당히 강력해진 상태다. 주지하다시피 상하이 서프라이즈는 최소한 지난 80년 사이에 발생한 글로벌 위기들 중 최악의 위기의 서막을 열었고, 2009년에 글로벌 경제가 그야말로 자유낙하하는 상황을 야기했다—역대 가장 실질적인 글로벌 경제 붕괴였다.

이런 끔찍한 과정을 이끈 요인은 비효율적으로 가격이 매겨진 시장들이었다. 투기에 의해 통화들의 가치가 상승 또는 하락할 경우, 전 세계 거래 조건의 왜곡 현상이 나타난다. 환율로 인해 제품가격이 너무 낮거나 높아지면 자국의 경제에 대한 각국 정부들의 통제력은 원칙을 굽힐 수밖에 없는 위태로운 입장에 놓인다. 과도하게 높은 유가는 세계 경제를 침체로 몰아넣을 수 있다. 극도로 높은 식료품 가격은 수십 억 인구의 기아문제로 직결될 수 있다. 신흥시장들로 대거 유입되는 자금은 인플레이션을 부추기고 오늘날 세계 경제성장의 토대가 되는 신흥시장의 경제를 불안정하게 만든다. 대출 비용이 지나치게 낮았다가 이내 너무 높아지면 지속 불가능한 호황에 뒤이어 급작스런 붕괴가 닥친다. 그리고 모든 시장이 일제히 동시에 움직일 경우 투자자들의 리스크 관리는 불가능해진다. 시장들이 한꺼번에 동반 폭락할 경우 숨을 곳을 잃어버린 모든 연기금은 심한 타격을 받게 된다. 2008년 10월 한 주 동안, 전 세계 은퇴 자산의 가치는 약 20%의 손실을 입었다.

이런 재앙적인 사태를 겪은 이후에는 으레 다음 한 세대 동안 금융 시스템에서 투기가 자취를 감춰야 마땅하지만, 실상은 그렇지 않다. 그리고 이는 동시발생적인 또 다른 붕괴 위험이 아직도 고스란히 남아 있다는 점을 강력히 시사한다. 길지 않은 이 책에서 내가 설명하고자 하는 것은, 세계 시장들이 어떻게 동시에 움직이게 되었으며 어떻게 거품을 형성했는지, 모든 시장들이 거의 동반 폭락했다가 일제히 반등하게 된 경위가 무엇인지, 그리고 향후 또 다른 급격한 동시 붕괴를 방지하기 위해 어떤 조치가 취해질 수 있는지 등에 관한 것이다. 또한 이런 상황에 대처하고자 힘쓰는 투자자들에게 몇 가지 가이드라인도 제공할 것이다.

투자 거품은 인간의 심리에 뿌리를 두고 있기 때문에 때때로 불가피하게 재발할 수밖에 없다. 시장들은 탐욕과 두려움의 상호작용에 의해 움직인다. 탐욕이 두려움을 압도하는 현상은 한 세대마다 최소한 번씩 발생하는 경향이 있는데, 이때 비이성적인 거품이 생겨난다. 그 중심추가 두려움 쪽으로 다시 쏠리면, 거품이 꺼지고 시장이 폭락한다. 역사적으로는 17세기까지 먼 과거로 거슬러 올라가는 '튤립 광풍Tulip Mania'의 사례를 찾아볼 수 있다. 당시 네덜란드의 부유한 상인들은 평생 모은 재산을 튤립 구근 하나에 모조리 쏟아 붓기도 했다. 한편, 투자자들이 신세계 탐험 자금을 조달하고자 기를 쓰고 매달리는 동안 영국에서는 남해 버블South Sea Bubble, 1720년 봄부터 가을에 걸쳐 발생한 투기 과열 열풍-옮긴이이, 프랑스에서는 미시시피 버블Mississippi Bubble, 18세기 초반 프랑스가 세운 미시시피 강 주변의 개발 계획을 둘러싼 투기 사건-옮긴이이 발생했다. 더 나중에는 운하들에 거품이 끼었다. 빅토리아 시대에는 미국의 철도주식들에 거품이 형성되었다. 1920년대에도 자동차 관련 신기술에 이끌려 미국 주식에 버블이 발생했다. 그런데 주목할 것은 지난 몇 십 년 사이 거품의 발생 빈도가 증가하는 추세라는 점이다. 1980년 금에 거품이 형성되었다 꺼졌고, 1982년과 1994년 멕시코를 비롯한 라틴아메리카 국가들의 부채도 똑같은 운명에 처했다. 일본 주식들은 1990년 정점을 찍은 뒤에 무너져 내렸고, 그 직후 스칸디나비아의 은행주들도 똑같은 일을 당했다. 아시아 '호랑이들'의 주식들은 1997년에 과열에서 벗어나 현실성을 되찾았다. 그리고 인터넷 버블은 2000년의 닷컴 붕괴와 더불어 사그라졌다.[2]

일각의 견해에 따르면, 세계 경제에 관한 좋은 소식들이 충분히 납득 가능한 과열 현상을 낳은 것이라는 지적도 있다. 1950년부터

---

2__ Charles P. Kindleberger and Robert Aliber, *Mainas, Panics, and Crashes*(New York: Wiley, 2005). 이 책은 자산 버블에 관한 완벽한 역사를 담고 있다.

2000년까지 세계는 독일과 일본의 르네상스와 냉전의 평화로운 종식, 그리고 신흥시장들의 부상을 목격했다—1950년까지만 해도 이모든 일은 거의 불가능한 것처럼 보였다. 그 사이 나날이 증가하는 젊은 층은 주식에 자금을 쏟아 부었다. 아마도 그 세기 말에 형성된 거품들은 되돌릴 수 없는 황금기가 남긴 허망한 거품에 불과했을지도 모른다. 하지만 이후 그 과정은 가속 양상을 띠었다. 2006년 꺼지기 시작한 미국의 주택가격과 주택저당채권의 거품은 2007년 붕괴된 중국 주식들의 거품에 짓눌려 완전히 무너져 내렸다. 2008년에는 원유와 산업용 금속자재, 식료품, 라틴아메리카 주식, 러시아 주식, 인도 주식, 심지어는 브라질의 헤알real화와 영국의 파운드화, 호주 달러 등 여러 통화들의 거품까지 일제히 붕괴되었다. 그 뒤 2009년에는 역대 초고속 반등이 나타났다. '실제 세상'에서 보도되는 뉴스들로는 이런 상황을 도저히 제대로 설명할 수 없을 정도다.

왜 이렇게 시장들이 새로운 거품들에 더 취약해진 것일까? 과열 양상과 군집행위herding behaviour는 인간 본성의 일부이며, 우리는 흔히 거품에 대한 비난의 대상으로 탐욕을 지목하곤 한다. 그러나 이것만으로는 충분히 납득되지 않는다. 전 세계 사람들이 갑자기 과거보다 더 탐욕스러워졌다는 의미를 함축하기 때문이다. 좀 더 정확한 원인을 지적하자면, 지난 반세기 동안 투자자들의 의사결정 과정에서 두려움이 사라진 현상을 들 수 있을 것이다. 탐욕이 더 이상 두려움에 의해 조절되지 않으면서 투자자들이 과도한 확신을 갖게 된 것이다. 나는 이것이 이른바 시장들의 두려운 상승 때문이라고 생각한다. 글로벌 경제의 더 많은 부분을 커버하기 위한 투자의 기관화와 시장들의 확대는 거품들을 부풀리고 동시발생적인 성격을 갖도록 만들었다. 시장들의 상승은 다음과 같은 추세를 양산했다.

### 주인-대리인의 분리

1950년대의 투자는 아마추어들을 위한 게임이었으며, 뉴욕증권거래소에 상장된 주식들 중 금융기관의 보유율은 10% 이하였다. 하지만 오늘날에는 기관들이 일간 매매를 주도한다. 대출업무의 경우 과거에는 전문가들이 관장하는 영역으로서, 은행들이 거의 모든 결정권을 쥐고 있었다. 오늘날 그 역할은 자본시장들에게 넘어가 있다. 경제학자들의 표현대로 투자와 대출업무 모두에서 '주인'은 '대리인'으로부터 분리되었다. 타인의 돈에 관한 의사결정을 내릴 때, 사람들은 두려움을 잃게 되고 자기 돈에 관해 결정할 때보다 더 위험한 결정을 내리는 경향을 보인다.

### 군집행위

투자산업과 고객들이 전문 투자자들에게 가하는 압박은 이 세대 사람들에게 새로운 현상이며, 그런 압박은 그렇잖아도 강력한 인간의 성향, 즉 무리를 이뤄 함께 움직이려는 성향을 강화시킨다. 전문 투자자들은 다른 이들이 이미 뛰어든 투자에 합세하려는 강력한 인센티브를 느낀다. 기관들의 자금력이 동시에 같은 곳으로 쏠리면 거품이 부풀어 오르게 마련이다.

### 수치상의 안전성

그리 멀지 않은 과거에, 각종 인덱스들은 복잡한 계산자를 사용하는 보험회계사 팀들에 의해 주 단위로 작성되었다. 보장된 배당금이 없는 주식은 채권보다 더 위험한 것으로 간주되었다. 오늘날의 수학 모델들은 리스크를 정밀하게 계산하고, 수익을 올리기 위해 리스크를 어떻게 트레이드해야 하는지 알려준다. 컴퓨터들은 순식간에 필요한 계산을 해낼 수 있다. 애초의 투자이론들은 엄중히 지켜야 할 많은 주의사항들을 담고 있는 듯했지만, 투자자들에게 미치는 심리적 영향력은 미온적이었다. 투자 관련 수학이론들은 시장이 완전히 파악될 수 있으며 심지어 통제될 수도 있다는 인상을 심어주었고, 이는 과도한 확신을 유발했다. 이 이론들은 또한 서로 다른 자산들에 투자하는 전략, 즉 분산투자가 안전하다는 개념을 확산시켰다—이 개념은 리스크 감수를 부추기고 투자자들을 제대로 알지 못하는 새로운 시장들로 끌어들였다. 이런 현상은 다시 시장들 사이에 연관성을 한층 강화시켰다.

### 도덕적 해이

1930년대 대공황 시절에 많은 은행들이 망했던 기억이 차츰 희미해지면서, 은행들은 그 시절에 부과되었던 제약을 우회할 길을 찾았고 정부들은 결국 그 제약을 모조리 폐지했다. 결과적으로 은행들은 훨씬 더 크게 성장했다. 정부의 은행 구제조치는 자금을 더 저렴하게 만들었고, 그러는 동안 은행가들 사이에서는 '곤경에 빠지면 늘 정부의 구제책이 있을 거라는 생각'이 자리 잡았다. 이는 과도한 리스크 감수에 따르는 페널티가 아예 없을 거라는 믿음, 즉 도덕적 해이를 조성했다. 이와 동시에 단기 실적에 따른 거액의 보너스에는 좀 더 장기적인 손실에 대한 페널티나 환수조치가 전혀 없었으며, 이는 헤지펀드매니저들과 투자은행가들로 하여금 대규모 단기 리스크를 감수하도록 부추겼고 더 나아가 과도한 확신을 증폭시켰다.

## 시장의 상승과 은행의 추락

금융의 혁신적 돌파구들은 한때 전문가들만 접근이 가능했던 자산들을 세계 어느 곳의 투자자들이든 마우스 클릭 한 번으로 순식간에 사거나 팔 수 있는 대상으로 변모시켰다. 신흥시장 주식들과 각국의 통화, 신용 그리고 상품들은 한때 단단한 벽으로 분리된 공간 내에서 움직였고 그 나름의 규칙을 따랐다. 이제 그것들은 모두 상호거래가 가능한 금융자산이 되었고, 자금의 대량 유입으로 그 시장들이 확대되자 다수의 위험한 자산들이 동시에 거품을 형성하면서 일제히 치솟았다. 그 사이 이런 여러 영역들에서 전문적으로 활동하던 은행들은 시장에게 자신의 역할을 빼앗겼다는 사실을 깨달았다. 은행들은 빼앗긴 영역에서 발을 빼기보다는 새로운 일거리를 찾아 나섰고, 투기성 짙은 과도한 활동에 차츰 더 매료되었다.

이런 유독한 요인들이 한데 결합해서 미국 서브프라임 모기지시장이 악명 높은 쓰레기로 전락하는 여건을 창출했다. 금융기관은 상환 능력이 없는 사람들에게까지 대출을 확대했고, 그 대출을 재포장해 널리 확산시켰다. 이런 지나친 포장작업으로 인해 향후 그 대출이 부도가 나기 시작했을 때 손실을 떠안게 될 사람이 누구인지조차 제대로 파악할 수 없었다. 이는 미국 금융시스템과 −상호연계된 시장들 탓에− 글로벌 금융에 대한 신뢰를 무너뜨렸다. 플로리다에서 성행한 부실 대출 관행은 전 세계를 동시에 끌어내렸다.

이 책의 취지는 서브프라임이 야기한 대혼란에 관해 자세히 고찰해보려는 게 아니다. 이런 끔찍한 상황을 뒷받침했던 굉장히 복잡한 금융공학의 만행이 재현되어서는 안 된다는 견해에 의문을 제기할 사람은 이제 아무도 없다. 그러나 그런 재앙이 발생할 수 있도록 만든 여러 가지 여건들을 파악하고 처리 방안을 모색한다는 건 훨씬 어려운 일이다. 그것들은 지금도 여전히 그대로 남아 있으며 우리가 당연하게 받아들이는 여러 투자상품들과도 연관을 맺고 있다. 이런 측면에서 그 문제를 해결하는 작업은 매우 어려운 선택들을 수반할 것이다.

나는 가장 극단적인 행위를 저지할 법규가 필요하다고 생각한다. 쉽게 말해 트레이더들과 투자자들의 마음속에 두려움을 다시 주입시켜야 하고, 그들이 투자자금을 마치 자신들의 돈처럼 취급하도록 강제해야 한다. 양떼처럼 우르르 몰려다니는 행위에 보상을 해주고 그런 행동을 부추기는 쪽으로 진화해온 투자산업의 구조도 반드시 재편되어야 한다. 어떻게 그토록 동시다발적인 끔찍한 상황 속으로 전 세계를 끌어들일 만큼 시장들이 상승하게 되었는지를 살펴본다는 건 흥미롭지만 기나긴 이야기다. 많은 주제들이 중복되므로 연대순으로 다룰 예정이다. 다만 시장 상승이라는 거품이 인간의 심리에 뿌리를 두고 있다는 점을 기억하라. 향후에도 거품의 재발은 불가피하겠지만, 2007년과 2008년처럼 너무 급작스럽게 일제히 시장이 붕괴하는 현상은 얼마든지 피할 수 있다. 2011년 말 현재 세계 경제를 위협하는 유럽의 상황들에 대해서도 나름의 시각을 갖게 될 것이다.

# 2 투자가 하나의 산업이 되다



**피델리티 자산운용사가 마젤란펀드를 출시하다**

'집단적 공포심은 군집 본능을 자극하고, 그 무리의 구성원으로 간주되지 않는 사람들을 향한 흉포한 행위를 조장하는 경향이 있다.'

—버트런드 러셀(Bertrand Russell), 《An Outline of Intellectual Rubbish》, 1943

이른바 투자의 기관화 시대다. 이제는 대체로 개인이 아니라 고객을 대신하는 기관들에 의해 주식 매매가 이뤄진다. 전문 투자자들은 최대 투자수익을 올리는 것보다는 운용자금의 규모를 최대화하는 데 우선권을 두는 실적표에 의해 평가받는다. 군중에서 이탈해 독자적인 행동을 하기보다 모든 이들이 다른 이들과 보조를 맞추려 애쓰고 있는 상황에서, 이런 평가방식은 그들을 군집행위로 이끈다. 그리고 그 무리가 향하는 곳에 거품이 형성된다.

투자자산운용사들은 무엇에 대한 대가로 보수를 받을까? 당신은 아마도 고객의 자산을 맡아서 최선을 다해 높은 수익을 내거나 시장을 이기는 것, 즉 시장보다 높은 수익을 내는 역할로 보수를 받는다고 대답할 것이다. 하지만 사실 투자기관들은 수익보다는 대체로 관리자산의 규모를 극대화한 대가로 보수를 지급받는다. 투자자산운용사들은 관리하는 자금의 일정 비율로 수수료를 책정하며, 따라서 그 기관들이 가장 두려워하는 것은 자사의 펀드가 나쁜 성과를 내는게 아니라 고객들이 펀드에서 자금을 회수해가는 일이다. 이것은 우리의 자금이 투자되는 방식에 막대한 영향을 미친다. 자금 회수의 두려움에 의해 동기가 유발될 경우 투자운용사들은 군중과 차별화되는 독자적 행동을 하는 대신에 다른 모든 이들과 동일한 행태를 취하려 들기 때문이다. 그런 행위는 버블들로 직결된다.

항상 그랬던 것은 아니다. 얼마 전까지만 해도 미국의 주식시장은 개인이나 가계가 거의 완전히 장악하고 있었다. 연준위에 따르면, 1952년 미국 주식의 90%는 가계의 수중에 있었다.〈그림 2-1〉에서 볼 수 있듯이 2008년 말이 되자 가계는 전체 주식의 37% 이하를 보유하고 있던 반면, 나머지는 기관들의 차지였다. 주식투자는 한때 부유한 개인들이 자기 책임하에 스스로 운영하는 게임이었지만, 이제는 하나의 산업이 되었다.

어떻게 이런 일이 발생했는지는 쉽게 파악할 수 있다. 전후 '베이비붐 세대'가 나이가 들어가면서 국민연금과 기업연금에 훨씬 더 많은 자금을 집어넣었고, 이런 연기금은 주식에 투자되었다. 연기금 관리를 위해 설립된 기업들은 뮤추얼펀드(유가증권 투자를 목적으로 설립된 법인회사로 주식발행을 통해 투자자를 모집하고 모집된 투자자산을 전문적인 운용

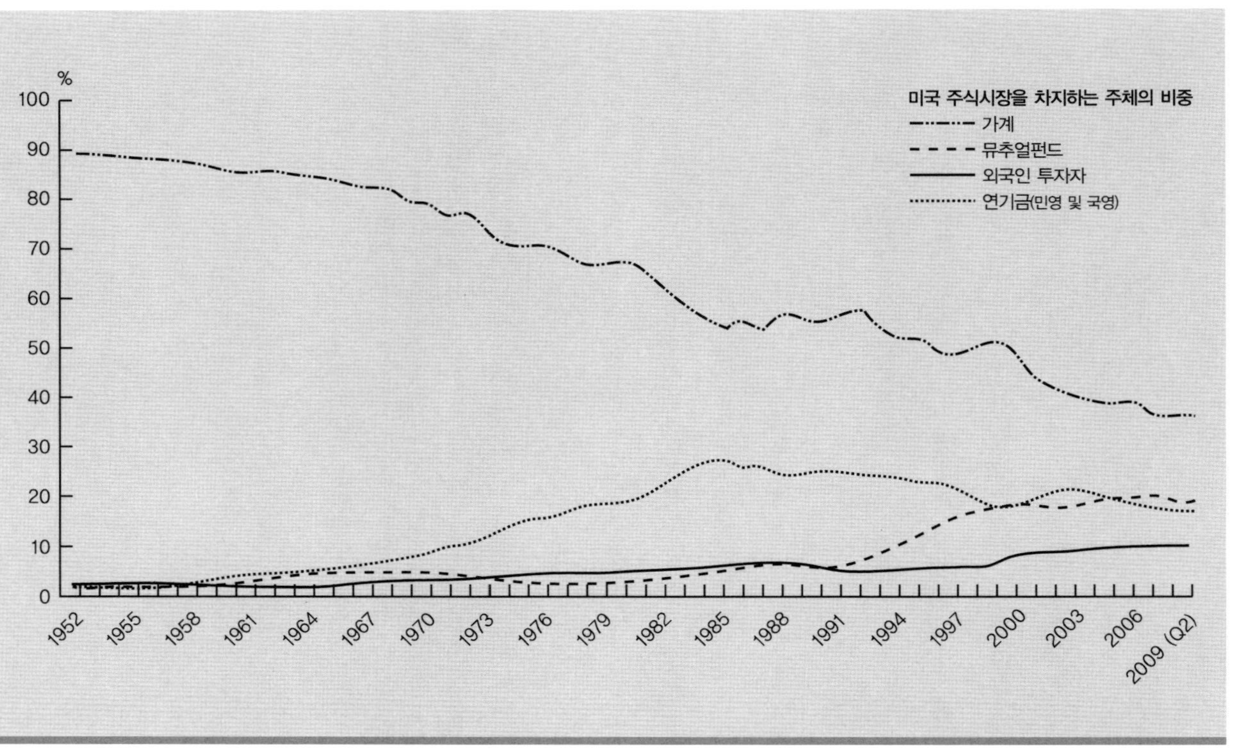
%
100
90
80
70
60
50
40
30
20
10
미국 주식시장을 차지하는 주체의 비중
가계
뮤추얼펀드
외국인 투자자
연기금(민영 및 국영)
1952
1955
1958
1961
1964
1967
1970
1973
1976
1979
1982
1985
1988
1991
1994
1997
2000
2003
2006
2009 (Q2)

회사에 맡겨 그 운용 수익을 투자자에게 배당금의 형태로 되돌려 주는 투자회사)를 통해 일반 대중에게 직접 금융서비스를 제공했다.

여기까지는 쉽게 납득된다. 주식투자는 쉽지 않은 일이며 소액 저축자들은 자신들의 돈을 관리해줄 전문가를 필요로 한다. 하지만 은퇴자금을 모으려고 힘들여 저축하는 사람들인 투자의 '주인'은 자신들의 자금을 운용하는 펀드매니저, 즉 '대리인'과 분리되어 있다. 이제는 주인이 아니라 이런 대리인의 의사결정이 그 시장을 주도한다. 그런데 대리인들이 직면하는 인센티브는 특정 투자처를 중심으로 우르르 몰려들도록 그들을 몰아붙이고 결국 거품 형성에 일조하도록 만든다. 최근 새롭게 감지되는 버블 형성의 경향을 설명하는 어떤 단일 요인이 있다면, 이런 현상을 들 수 있을 것이다. 펀드매니저들은 평가 방식에 부합하는 전략을 취하게 되는데, 1960년대 중반 이래로 그들은 다른 펀드매니저들과 냉정한 비교를 당해왔다. 일반 투자자들은 웹사이트를 통해 특정 펀드가 지난 며칠이나 몇 년에 걸쳐 다른 펀드들에 비해 어떤 평가를 받는지 손쉽게 찾아볼 수 있다. 연기금을 컨트롤하는 신탁회사들은 소수의 글로벌 컨설팅업체에 조언을 구하며, 그런 컨설턴트들은 다시 펀드 실적표들에 따라 조언을 제공한다.

이론상 이런 평가체계는 자산운용사들이 비교 대상인 타 기관들보다 더 나은 성과를 올리도록 자극해야 마땅하지만, 실제로는 군집행위를 부추긴다. 열대초원의 영양羚羊들처럼, 펀드매니저들은 무리에서 떨어져 독자적으로 움직이기보다 서로 같은 전략을 취하려 든다. 뭉치면 살고 흩어지면 죽는다는 식이다. 이런 식의 왜곡된 인센티브가 어떻게 작동하는지 자세히 알아보기 위해, 1964년에 처음 출시되었으며 현대 투자산업이 지금도 여러모로 추종하는 모델인 피델리티 마젤란펀드를 살펴보자. 피델리티는 1977년부터 1990년까지 투자매니저로 활약했던 피터 린치Peter Lynch가 올린 엄청난 수익을 대대적으로 광고했다. 예를 들어 1976년부터 1996년까지 20년 동안 마젤란펀드는 무려 7,445%의 수익을 냈는데, 이는 같은 기간 동안 미국의 주요 주가지수인 S&P 500이 거둔 1,311%의 수익을 한참 웃도는 수준이다.[1] 린치의 명성이 대대적으로 알려진 이후 피델리티는 자사의 최고 펀드매니저 앤서니 볼턴Anthony Bolton의 뛰어난 투자성과를 기반으로 영국에 지사를 설립해 그 방식을 해외에 수출했다.

1990년대 중반까지 마젤란펀드의 가치는 500억 달러 이상이 되었고, 피델리티 전체의 자산 규모는 뉴욕증권거래소의 하루 거래량 중 15%를 차지했다. 1995년 마젤란펀드의 매니저 제프리 비닉Jeffrey Vinik은 기존의 방식으로 수익을 올리기에 마젤란펀드가 너무 거대해졌다는 문제에 맞닥뜨렸다. 소형주들 중에서 작은 수익을 감지해 찾아내는 방식은 더 이상 도움이 되지 않았다. 일례로 마젤란이 1억 달러의 가치를 지닌 기업의 주식을 모조리 사들이고 그 기업의 가치가 두 배로 올라 2억 달러가 된다고 해도 펀드 전체적으로는 겨우 0.2%의 성장밖에 거두지 못할 형편이었다. 이런 식으로는 마젤란펀드가 다른 펀드들을 능가할 수 없었고 결국 더 큰 도박을 걸어야 했다. 그리하여 비닉은 주식시장이 한창 상승 중이던 1995년에 머지않아 주

---

1__  John Authers, 'Victim of Its Own Success,' Financial Times, January 22, 1997; and John Authers, 'Mutuals Manage to Miss the Track,' Financial Times, January 11, 1997 참고.

가가 하락하리라는 판단으로 마젤란의 포트폴리오 중 약 5분의 1에 해당하는 주식을 처분해 국채에 투자했다. 그러나 주식시장은 하락은커녕 계속 활황세를 이어갔고, 마젤란의 포트폴리오에 편입된 채권들은 그 펀드의 상대적 성과를 잠식시켰다(마젤란펀드가 여전히 주식으로 보유하고 있던 자금 덕분에 계속 성장세를 유지하긴 했다). 1996년 마젤란이 최악을 기록한 시점에 그 펀드는 12개월 동안의 성과를 기준으로 미국 내 628개의 주식형 뮤추얼펀드 중에서 590위를 차지했다. 마젤란펀드에 투자한 사람들은 분개했고 주식시장이 활황을 이어간 14개월 내내 투자금을 회수해갔다. 상대적 성과는 다른 모든 것들까지 집어삼켰다.

미국의 유력한 펀드등급 평가기관 모닝스타Morningstar는 모든 펀드를 대상으로 별 하나부터 다섯 개까지 등급을 매긴다. 1996년 판매 중인 모든 펀드의 3분의 1 이하에 해당하는 별 네 개와 다섯 개짜리 펀드들은 신규 총 투자자금의 약 80%를 독차지했다. 비닉처럼 대규모 베팅에 나섰다가 실패한 탓에 그런 높은 등급을 상실하는 일은 자살행위나 다름없었다.

채권에 베팅한 지 몇 달 안 된 시점에 비닉은 피델리티에서 물러났다(그리고 규모가 훨씬 더 작은 자신의 펀드를 운용하면서 제2의 경력을 이어나갔다).[2] 그의 뒤를 이어 마젤란의 펀드매니저가 된 로버트 스탠스키 Robert Stansky. 그 전에는 피터 린치의 리서치 담당자로 일했다는 채권들을 처분하고

<hr>

2__ John Authers and Elizabeth Wine, 'Jeffrey Vinik to leave fund management,' Financial Times, October 27, 2000 참고. 그는 4년 동안 매년 53%의 수익을 올렸고 2000년 시장 붕괴로 수익을 까먹기 전에 펀드를 해체했다.

대형 기술주를 사들였다. 기술주는 당시 한창 인기를 끌고 있었고, 따라서 그것에 투자해 시장수익률을 크게 웃돌기란 어려운 일이었다. 하지만 그것은 중요한 사안이 아니었다. 투자고객을 잃고 싶지 않다면 최우선으로 삼아야 할 목표가 당혹스런 상황을 피하는 것이기 때문이다. 다른 모든 이들과 동일한 주식을 보유하는 것은 손실을 볼 경우 다른 경쟁자들도 똑같은 처지에 놓이게 된다는 의미다. 이런 전략은 다른 모든 이들이 번영을 구가하는 와중에 비닉처럼 대규모 손실을 내는 것보다 피해가 훨씬 적다.

1997년 마젤란펀드는 대규모 자금 유입이 성과에 방해가 된다고 솔직히 시인하면서 신규 투자고객을 더 이상 받지 않았다. 1999년에 그것은 최초로 1,000억 달러 이상의 자금을 보유한 뮤추얼펀드가 되었다. 그렇지만 이 회복은 다른 전략을 구사해 얻은 결과라기보다 다른 모든 이들과 동일한 전략을 취한 것에 근거를 두고 있었다. 비닉과 여타의 투자매니저들에게 펀드의 규모는 투자성과의 적으로 작용했다. 그렇지만 고객이 아닌 펀드매니저들의 입장에서 펀드의 규모는 좀 더 중요하다. 그들이 받는 보수의 금액을 결정하는 것은 성과가 아니라 관리자산의 규모다. 따라서 투자고객의 신규 자금의 모집을 중단하기란 힘든 일이다. 자신의 수입과 영업이익의 포기를 의미하기 때문이다. 하지만 펀드들이 지나치게 대규모로 성장한다면 군집행위가 난무해지고, 이는 또다시 버블을 부추긴다. 투자자들이 1990년대 후반 인터넷주식 위주의 펀드들이나 2006년과 2007년 채권투자에 자금을 퍼부을 당시, 펀드매니저들은 그 투자처들이 고평가되었다고 생각하면서도 거기에 더 많은 자금을 투입해야 할지 아니면 고객이 빠져나가는 상황을 감수해야 할지 사이에서 선택을 해야만 했다. 대체로 그들은 고객을 유지하는 쪽을 택하고 매수를 계속 해나갔다. 그럼으로써 가격을 훨씬 더 많이 상승시키거나 거품을 한 층 더 크게 부풀렸다.

또한 마젤란펀드는 무리에서 벗어난 독자적인 행동의 위험성을 잘 보여준다. 만일 주식시장 하락 쪽에 베팅했던 비닉의 판단이 제대로 적중했더라면 그는 더 많은 자금을 끌어들였을지도 모른다. 하지만 이런 일이 발생할 경우 종종 연기금 컨설턴트들의 대응은 최근 성공을 거둔 펀드들에서 자금을 회수함으로써 그 펀드가 연기금 포트폴리오의 너무 큰 비중을 차지하지 않도록 조정하는 것이다. 한편, 비닉은 판단이 빗나갈 경우 일자리를 잃게 될 수도 있는 큰 리스크를 동시에 안고 있었다. 당시 그에게 주어진 인센티브는 비대칭적인 형태였다. 올바른 판단으로 인한 유리한 측면은 한정적인 반면 실수로 인한 불리한 측면은 극도로 치명적이었다.

다른 펀드매니저들도 똑같은 문제를 갖고 있었다. 뉴욕의 펀드매니저 짐 멜처Jim Melcher는 1990년대에 인터넷 주식이 버블상태라는 점을 파악하고 그것을 회피했으며, 그 결과 약 40%의 투자고객을 잃고 말았다. 그는 이렇게 말했다. "우리는 이런 행태를 수차례 목격한다. 특히 험난한 시기에는 더욱 그렇다. 메이저 투자자들은 마치 늑대들에게 둘러싸인 양떼처럼 행동한다. 그들은 갈수록 더 똘똘 뭉친다. 그 무리의 중간쯤에 끼어 있는 게 상책이라고 생각한다."[3]

마젤란펀드의 또 다른 문제점은 그 펀드의 통상적인 주식선별 전

---

3__ 2009년 12월 1일 짐 멜처와 저자와의 대화. 멜처는 신용 버블이 끝날 것이라는 성공적인 베팅 이후인 2007년에도 200% 이상의 수익을 올렸다.

락을 고수하기보다 채권에 투자함으로써 투자고객들의 기대에 위배되는 일을 했다는 점이다. 펀드에 자금을 적립하는 사람들은 펀드매니저가 예상대로 움직여주기를 바랐다. 게다가 자금의 흐름을 컨트롤하는 브로커와 판매 대행사 및 투자 컨설턴트도 펀드들이 사전에 정해진 역할 내에서만 움직이기를 원한다. 그들의 존재 이유는 고객들에게 서로 다른 성격의 펀드들 사이에 자산을 분산시키고 정기적으로 펀드를 갈아타라고 조언을 제공하는 데 있기 때문이다.

시간이 흐르면서 대규모 뮤추얼펀드운용사들은 자사의 펀드들을 성격 유형별로 엄밀히 나누는 식으로 사업을 확장했다. 그로 인해 펀드매니저들은 자신의 더 나은 판단을 등지고 유사한 무리를 따라 움직이게 되었다. 예를 들어 대기업 주식 위주의 펀드에서 기대되는 상황을 생각해보자. 그것을 운용하는 펀드매니저가 중소형주들이 더 좋은 성과를 낳으리라는 판단을 내렸더라도 그는 '펀드 유형별 원칙'을 고수해 중소형주를 감히 매수하려 들지 않을 것이다. 이 역시도 펀드매니저들이 고평가되었다고 생각하는 자산들로 본의 아니게 몰려들 수밖에 없도록 만드는 여건이다.

마젤란펀드를 통해 잘 알 수 있는 또 다른 사실은 펀드들이 단기성과를 토대로 평가받고 순위가 정해진다는 점이다. 1995년 비닉의 타이밍은 2000년까지도 주식시장이 여전히 상승세를 유지하면서 크게 빗나갔다. 주식시장이 두 차례 폭락을 겪은 이후인 10년이나 15년 뒤에 그가 채권으로 전향한 것에 대해 평가를 받았더라면 그의 결정은 그렇게까지 형편없어 보이지는 않았을 것이다. 하지만 여기에는 가장 최근의 성과에 마음이 흔들리고 그 성과가 지속되리라고 예상하는 인간의 성향이 작용한다. 고객들은 최근 좋은 실적을 보였던 펀드들에 자금을 집어넣는 경향을 보이며, 이는 종종 최고점 때 펀드에 가입해 바닥에서 환매하는 결과를 낳곤 한다.

시장의 전환점을 정확히 맞추려는 시도는 전문가들에게 있어 겉으로는 좋아 보이지만 결과적으로는 파국을 낳는 요인일 수 있다. 역대 주식시장의 최대 광풍으로 추정되는 인터넷 주식들의 붕괴를 예측했던 펀드매니저들의 명단들만 잠깐 살펴보아도 그렇다. 미국의 대규모 자산운용사 GMO의 영국지사를 책임졌던 폴 울리Paul Woolley는 기술주를 전량 매도해 많은 고객을 잃었다. 그는 현재 런던정경대학London School of Economics의 교수로 재직하면서 그 대학에 설치된 자본시장 기능장애 센터Centre for Capital Market Dysfunctionality에 자신의 자금을 기부했다. 한때 런던의 자산운용사 UBS 필립스 앤 드류UBS Phillips & Drew의 수장이었던 고故 토니 다이Tony Dye는 '닥터 둠Dr Doom'이라는 별명을 자처했고 버블이 꺼지기 몇 주 전인 2000년 2월에 일자리를 잃고 말았다.[4] 역사를 돌아볼 때 그들은 실제로 옳았음이 입증되었지만, 만일 그들이 대세를 따라 주식을 계속 보유했더라면 더 나은 보상을 얻었을 것이다. 이는 2007년과 2008년의 금융위기 이전에 신용 버블에서 멀리 떨어져 있었던 (극소수의) 펀드매니저들에게도 해당되는 사실이다.

펀드들이 주식으로만 한정되어 있던 동안, 1960년대의 대형주와 1990년대의 기술주 및 2000년대 중반의 은행주처럼 특정 종류의 주

---

**4__** 2007년 60세로 생을 마감하기 직전, 그는 〈파이낸셜 타임스〉에 글을 보내 세계 금융시스템이 '그간 쌓아온 악폐를 일소할 필요가 있다'고 말했다.

식에 대한 광풍 현상을 살펴보면 군집행위가 확연히 드러난다. 펀드가 활동무대를 넓혀 상품과 외환을 비롯한 다른 자산들을 포함하고 전 세계 대부분을 커버하면서, 그 무리는 지구를 종횡무진 누비고 다니기 시작했고 지나간 뒷자리에 훨씬 더 크고 많은 동시발생적인 거품을 남기고 말았다.

비이성적 과열의 시장

- 투자의 기관화는 투자자들이 무리를 지어 몰려다닐 수밖에 없도록 밀어붙였다. 펀드매니저들에게 관리자산의 일정 비율을 보수로 지급하고 동종의 타 펀드들과 비교해 그들을 평가하는 관행은 그들 모두가 똑같은 투자행태를 보이도록 부추긴다.

- 이에 대한 해결책은 펀드매니저들에게 고정된 보수를 지급하고 능력을 기반으로 한 새로운 평가기준을 모색하는 일일 것이다.

# 3 인덱스와 효율적 시장

**1975년**

**잭 보글**Jack Bogle**이 인덱스펀드를 처음 출시하다**

'투자자산운용사는 단순하고 기초적인 믿음, 즉 전문적인 펀드매니저들이 시장을 이길 수 있다는 신뢰를 토대로 설립된다. 그 전제가 틀렸음이 드러났다.'

—찰스 D. 엘리스(Charles D. Eliies), 〈Financial Analysts Journal〉, 1975년 7월

대부분의 투자자들에게 인덱스펀드는 훌륭한 아이디어지만, 인덱스 펀드들은 더 크게 성장할수록 시장을 더 비효율적으로 만들며 투자 자들이 똑같은 투자행보에 나서도록 더욱더 부추긴다. 그것들은 효 율적 시장에 관한 학술이론에 기반을 두고 있는데, 이런 이론들은 거 품을 부풀리는 과도한 확신의 심리를 조장한다.

지수를 이기려고 하기보다는 지수 변동과 동일한 투자성과를 목표 로 하는 인덱스펀드는 소액투자자들이 훨씬 저렴하게 투자를 할 수 있도록 해주지만 아주 큰 수익은 보장하지 못하는 상품이다. 그것들

은 겨우 1975년에야 등장했으며 시장을 이기는 것이 불가능하다는 점을 견지하는 급진적 학술이론에 뿌리를 두고 있다. 인덱스펀드가 안고 있는 모순은, 좀 더 크게 성장할수록 시장의 비효율성이 증가한다는 점이다. 시장의 비효율성이 커지는 현상은 액티브펀드<sub>active fund, 주로 주식형 뮤추얼펀드를 의미하며 인덱스펀드와 대비되는 개념으로 흔히 사용된다—옮긴이</sub> 매니저들이 보다 쉽게 지수를 능가하도록 해주어야 마땅하다. 그렇지만 액티브펀드 매니저들의 반응은 오히려 지수에 더 가깝게 몰려드는 것이었다.

인덱스펀드들은 또한 거시적인 국제 트렌드에 기초해 투자대상을 선별하는 일종의 '탑다운<sub>top-down</sub>' 투자를 가능하게 해주는데, 이런 식의 투자방식은 전 세계의 초대형 거품을 부풀려왔다. 거의 모든 투자자들이 어느 정도의 인덱스펀드를 보유하고 있었던 동안 우리를 성가시게 했던 모순은, 그것들이 시장에 거품이 끼기 훨씬 쉽게 만드는 데 일조했다는 점이다.


이제 인덱스펀드가 어떻게 발전해왔는지 살펴보자. 주지하다시피 잭 보글이 인덱스펀드의 선구자다. 당시 프린스턴 대학의 열혈 청년이었던 그는 펀드매니저들이 시장을 이길 수 있는가를 주제로 논문을 쓰던 중에 이 아이디어를 떠올렸다. 인덱스펀드에 대한 수요가 그리 많지 않을 것이라는 우려가 있었지만 그는 이에 굴하지 않고 '인덱스펀드는 저렴해야 한다'는 전제를 바탕으로 1975년에 첫 S&P 500 인덱스펀드를 출시했다.[1] 그는 바다에 떠 있는 배 위에(실제로 그의 회사에는 직원이 아니라 '선원들'이 있었다) 자신의 회사명 뱅가드<sub>Vanguard</sub>의 본래 뜻인 '선구자적 기풍'을 기본 틀로 세우고, 주인—대리인 문제의 최소화를 목표로 하는 구조를 도입했다.

펀드매니저들은 대개 100여개의 주식 종목으로 포트폴리오를 구성하기 위해 리서치에 상당히 많은 자금과 시간을 할애한다. 1950년대와 1960년대 미국 대학들에서 발전된 효율적 시장 가설이 정말로 옳다면, 리서치에 들이는 이 자금은 낭비가 된다. 그 논리는 이렇다. 주가에는 항상 알려진 모든 정보가 반영되어 있으며, 따라서 그 움직임은 무작위적이고, 다음 날의 주가는 예측할 수 없다. 주가는 '랜덤워크random walk'를 따른다.[2] 그러므로 값비싼 연구에 돈을 들이는 일은 무용지물인 셈이다.

컴퓨터들도 하나의 지원 세력이 되어주었다. S&P 500 인덱스펀드는 500개의 주식 종목을 포함한다. 매일 자금을 유치하고 주식현금화 비용을 치르며 인덱스를 따라잡기 위해 적정량의 주식을 매매하는 일은 복잡한 계산자로 무장한 펀드매니저들에게는 불가능했지만, 컴퓨터를 활용한다면 액티브펀드들이 시장을 이기려고 애쓰는 과정에서 발생시키는 비용보다 훨씬 저렴한 비용으로 쉽게 처리할 수 있다.

1__ John C. Bogle, *Common Sense on Mutual Funds*, 10th Anniversary Edition (Hoboken, NJ: Wiley, 2009), 155에서 인용. 이 책을 준비하는 동안에는 보글과 인터뷰를 하지 못했지만, 원고를 넘긴 이후인 2010년 3월 〈파이낸셜 타임스〉 기사 작성 차원에서 그와 인터뷰를 진행했다. 그는 3장에서 다루지 못한 두 가지 중요한 사항을 알려주었다. 그의 언급을 그대로 싣자면, 첫째, "인덱싱을 뒷받침하는 이론은 효율적 시장가설(Efficient Market Hypothesis, EMH)과 별로 관련이 없다… 인덱스 관리자에게 중요한 것은 EMH와는 거리가 먼 CMH, 즉 비용이 중요하다는 가설(Cost Matters Hypothesis)이다."
다른 이들은 이 말에 쉽게 동의하지 않을 테고 인덱싱의 핵심 이론으로 효율적 시장가설을 꼽겠지만, 보글은 이 견해에 반대 의사를 표명한다. 둘째, 그는 인덱싱이 시장의 비효율성에 일조한다는 점을 부인했다. "인덱스펀드들은 주식형펀드의 15% 정도를 차지하고, 모든 주식 거래의 약 1%를 차지한다. 다른 모든 펀드들이 광적으로 주식을 매매하지만, 인덱스펀드들은 그런 식의 거래는 거의 하지 않는다. 모든 주식 거래의 겨우 1%에 관여하는 인덱스펀드 집단에게 그 책임을 떠넘기는 것은 지나친 비난이라고 생각한다."

2__ Burton Malkiel, *A Random Walk Down Wall Street* (New York: Norton, 2007) 참고.

컴퓨터가 좀 더 발달하고 인덱스펀드들이 더 크게 성장함에 따라 그 운용비용은 한층 저렴해졌다. 인덱스펀드에 있어 규모는 성과의 적이 아니다. 규모의 경제가 지닌 이점을 누리기 때문이다.

보글은 인덱싱과 관련해 분명 옳은 판단을 내렸다. 1978년부터 1998년까지 S&P 인덱스펀드는 그 오랜 기간 동안 살아남은 모든 뮤추얼펀드들의 79%보다 더 나은 성과를 올렸다-게다가 이는 형편없는 성과로 인해 사라져버린 펀드들을 제외한 결과다. 2008년 12월까지 30년간 주식형 액티브 뮤추얼펀드들이 9.3%의 연수익을 올린 데 비해 S&P 인덱스펀드는 연간 11%의 수익을 냈다.[3] 이것을 지켜본 투자자들은 인덱스펀드로 대거 몰려들었다. 뱅가드의 S&P 500 인덱스펀드는 크게 성장해 1,000억 달러 이상의 가치가 되었고, 2000년 마젤란을 추월해 세계 최대 펀드의 자리에 올랐으며, 위탁회사인 뱅가드 자체도 피델리티를 능가해 미국의 최대 뮤추얼펀드 운용사가 되었다.

보글은 투자지형을 변모시켰다. 하지만 시장이 효율적이라는 이론을 활용했던 그는 오히려 시장을 좀 더 비효율적으로 만드는 데 일조한 것으로 보인다. 그 경위를 살펴보기 위해서는 우선 투자의 핵심적인 미스터리를 풀어낸 듯 보였던 '랜덤 워크'와 더불어 몇 가지 이론들을 살펴볼 필요가 있다.[4] 이런 이론들의 핵심 개념은 리스크를 계산할 수 있으며, 리스크와 수익의 정확한 균형점을 산출해서 균형

---

3__ 수치들은 *Common Sense on Mutual Funds*에서 인용.
4__ Peter Bernstein, *Capital Ideas Evolving* (Somerset, NJ: Wiley, 2005) 참고.

잡힌 자산 배분을 꾀할 수 있다는 것이다. 리스크는 주가 변동의 정도에 따라 정해진다. 일례로 주가 급등과 급락에 피해를 입기 쉬운 주식들은 장기적으로 더 나은 수익을 낼 수 있을지 모르나 어쨌든 안정적인 주식들보다 리스크가 더 큰 것으로 간주된다.

그 이론에서 리스크를 관리하는 방법은 특정 주식의 수익이 다른 것들의 수익과 어느 정도의 상관관계를 지니는지 살펴보는 것이다. 일례로 수익성이 강력하며 변동성이 아주 큰 두 종목의 주식이 있다면, 서로 상관관계가 없다는 전제하에 이 두 종목을 모두 보유하는 것이 하나만 보유하는 것보다 덜 위험할 것이다. 확률상 한 종목이 하락할 경우에도 다른 하나는 괜찮을 것이기 때문이다. 그렇다면 리스크 관리기법은, 리스크를 높이지 않는 가운데 수익을 증진시키는 것이 더 이상 불가능해질 때까지 더 많은 주식들을 추가하는 것이 된다. 주식들의 상관관계가 낮다는 전제하에, 포트폴리오에 위험한 주식들을 추가할 수 있으며 그러면서도 포트폴리오를 덜 위험하게 관리할 수 있다. 이런 통찰은 명쾌한 수학을 통해 완벽히 계산될 수 있으며, 이 개념은 이미 보유한 자산과 상관관계가 낮은 자산들을 사냥하는 데 있어 한 세대 동안 투자자들을 이끌어왔다. 곧 알게 되겠지만, 이는 그들이 동시발생적인 거품을 만들어내도록 유인했다. 투자자들이 상관관계가 없다는 가정하에 어떤 자산을 계속 보유하게 되면 그것들이 서로 연관되는 경향을 보였기 때문이다.


또 다른 핵심 개념은 시장 수익이 자연과학에 적용되는 종형 곡선의 분포를 따를 것이라는 점이다. 예컨대 인간의 키는 종형 곡선을 따라 분포된다. 이것을 시장에 적용하면, 주식시장의 일간 수익 그래프가 매끄러운 곡선 형태를 따르게 되어 있음을 시사한다(〈그림 3-1〉 참고). 일간 수익의 대부분은 평균에 가깝거나 작은 증가를 보일 것이다. 그 중에 며칠은 수익이 아주 나쁘거나 좋은 아웃라이어outliers가 될 것이다. 이것을 전문용어로 이른바 '꼬리tail'라 한다. 하지만 핵심은 모든 것이 양쪽 끝으로 계속 가늘어지는 얇은 꼬리를 지닌 종형 곡선을 따른다는 점이다. 긍정적인 것이든 부정적인 것이든 더 극적인 사건일수록 발생 가능성은 더 낮아진다. 이런 이론들과 몇 가지 데이터로 무장한다면 투자자들은 하루 동안 손실을 입을 가능성이 있는 최대 금액의 정확한 수치를 인지한 상태에서 매일 시장에 접근할 수 있을 것이다.

실제 시장참여자들은 이 학술적 개념을 얼마나 진지하게 받아들였을까? 보글이 거론했듯이, '랜덤 워크'는 적극적인 자산관리가 무용지물이라는 점을 함축한다. 따라서 적극적으로 펀드를 계속 관리해온 실제 투자자들은 이런 이론들이 기껏해야 현실의 근사치라고 가정했어야 한다. 호황과 불황이 교차하는 실제 세상은 '랜덤 워크'가 완벽한 모델이 아니라는 사실을 알려준다. 오랜 기간 안정적인 상황에서는 종종 유효하지만 말이다. 하지만 시장이 완벽히 효율적이지 않다는 사실을 알고 있었음에도 불구하고 투자자들은 주식을 선별하고 리스크를 관리하기 위해 그 가정을 기반으로 한 모델들을 활용했다.

좀 더 중요한 사실은 규제당국이 투자자들로 하여금 그 학술이론을 진지하게 받아들일 수밖에 없도록 강요했다는 점이다. 1974년 의회는 '근로자퇴직소득보장법Employee Retirement Income Savings Act, ERISA'을

 종형 곡선-뭉치면 산다

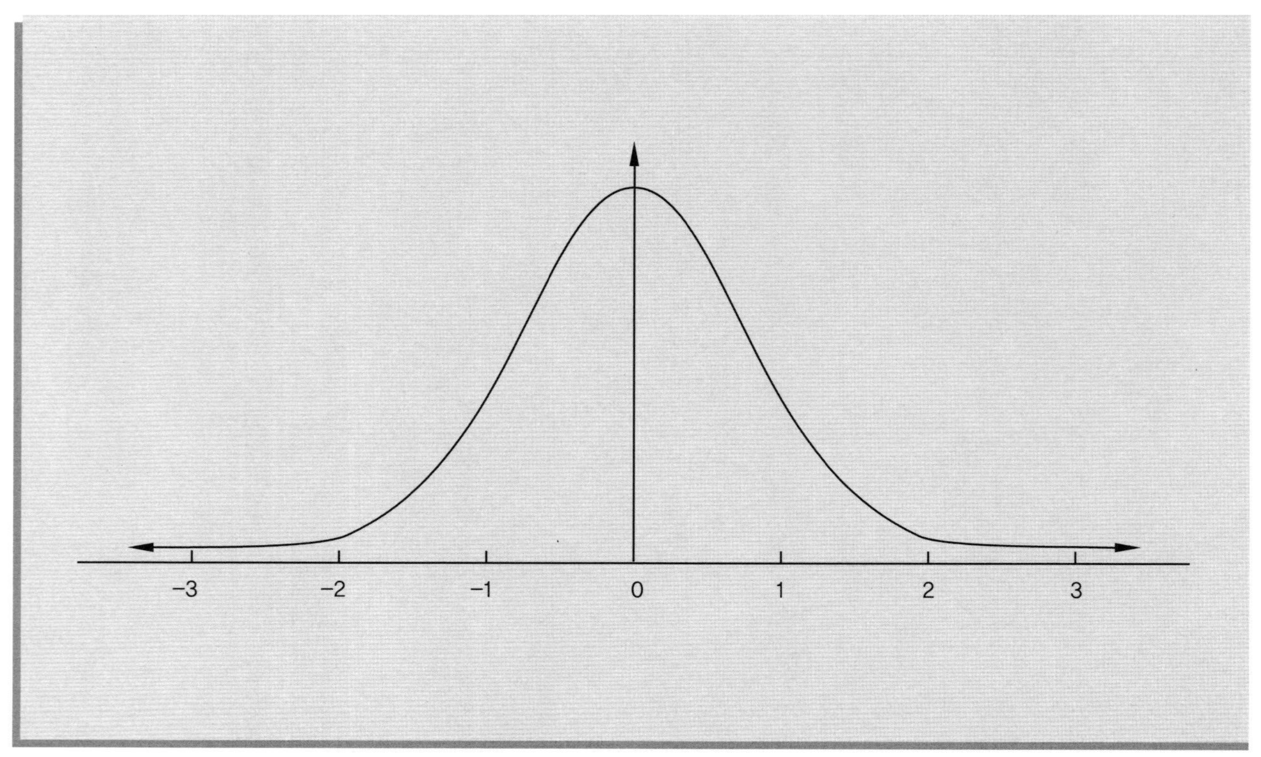

통과시켰는데, 이 법은 우선 미국과 이후 다른 나라에서 연기금 관리 사업에 일대 혁신을 불러일으켰다. 이 법은 자산운용사들에게 '신중한 투자'를 요구했고, 이는 현대적 포트폴리오 이론에 의거해 자산을 관리해야 한다는 의미로 규정되었다. 이것은 무리를 지어 움직이는 경향을 훨씬 더 심화시켰다. 가장 중요한 점은, 그 이론들이 모든 경영대학원의 커리큘럼에서 핵심을 차지했으며 심리적 영향력을 지니고 있었다는 사실이다. 그것들은 리스크에 정확한 수치를 부여함으로써 MBA 학생들이 불확실성에 대해 느끼는 두려움을 덜어주었다. 이는 과도한 확신으로 발전했고, 심지어 경영대학원 학생들이 훗날 투자 현장에 가서 그 이론들이 학교에서 배운 것만큼 딱 떨어지지 않는다는 점을 알고 난 이후에도 그 확신은 여전했다. 보글 자신도 '지나치게 단순화시킨 수학적 정확성에 대한 이런 집중적인 관심은 자산운용사들에게나 고객들이나 시장 자체에도 결코 건강한 상태라고 생각하지 않는다'고 진단했다.[5]

이 모든 일이 문제가 되는 이유는 그 이론구조가 불안전한 근거에 기초하고 있기 때문이다. 이미 밝혀지고 있듯이 리스크는 수학을 통해 정확하게 측정될 수 없다. 주가의 움직임은 무작위적이지 않으며, 극단적 움직임은 종형 곡선이 제시하는 것보다 훨씬 빈번하게 발생한다. 폴란드 출신의 망명 수학자이자 프랙탈 기하학fractal goemetry으로 저명한 베노이트 만델브로트Benoit Mandelbrot는 일찍이 1962년에 이를 입증해냈다. 그는 취미 삼아 금융시장을 연구하면서 주식과 상품

---

5__ *Common Sense on Mutual Funds*, 335 참고.

가격의 일간 움직임을 그래프로 그려보다가 특정 패턴을 발견했다. 그것들은 분명 무작위적이지 않았고, 극단적 사건들이 너무 많이 발생했다. 그는 목화 가격에 관한 논문을 발표해 이 사실을 명징하게 보여주었다. 만델브로트는 "버블과 붕괴는 시장에 내재되어 있는 고유한 특성이다"라고 주장했다. 거품의 형성과 붕괴는 '패턴이 없는 것들에서 일정 패턴을 찾아내려는 인간의 욕구가 낳은 불가피한 결과'였다.[6]

더구나 극단적 사건들은 모든 실적들의 대부분을 설명해준다. 시장이 종형 곡선을 따른다는 가정이 옳다면, 1916년부터 2003년까지 미국의 최장 주가지수인 다우존스산업평균이 3.4% 이상 변동하는 경우는 58일이어야 한다. 하지만 실제로는 1,001일이었다. 7%의 지수 변동은 300년마다 한 번 발생해야 했지만, 20세기에만 48번 나타났다. 하지만 만델브로트가 1962년에 논문을 발표했을 때, 학계는 혹평을 퍼부었다. 그 이유는 분명 종형 곡선이 그들에게 편리한 수단이기 때문이었을 것이다. 기본적인 무작위성을 가정함으로써 시장과 리스크 관리를 통상적인 수학 영역 안으로 가져올 수 있었고, 이는 더욱 심화된 연구를 위한 온갖 탄탄대로를 활짝 열어주었다. 만일 만델브로트가 정말로 옳다면, 지금도 여전히 초창기인 바람의 변동이나 카오스 계측에 필요한 굉장히 난해한 수학을 통해서만 시장을 모델화할 수 있었을 것이다. 그래서 학계 전문가들은 만델브로트를 무시했고 가격의 움직임이 무작위적이라는 가정 위에 모델을 계속 구축해나갔다.[7]

<hr>

6__ Benoit Mandelbrot and Richard L. Hudson, *The (Mis)Behaviour of Markets—A Fractal View of Financial Turbulence* (New York: Basic Books, 2004), 94 참고.

이에 만델브로트는 신랄한 논평을 내놓았다.

"그것은 광고에서 떠드는 대로 작동하지 않는다. 하지만 정확성과 전문성이라는 편안한 인상을 제공해주는 측면은 있다. 그러나 종형곡선의 가정이 진입한 곳은 어디든 오류가 발생했다… 이는 주식 포트폴리오들이 한 곳에 몰려 있음을 의미한다. 그것들은 리스크 관리는커녕 리스크를 확대시키고 있을 것이다."[8]

효율성에 기반한 개념을 따라 시장들이 움직이면서 오히려 비효율성이 훨씬 커졌다. 인덱스펀드들도 시장의 비효율성을 만들어내는 요인이다. 어떤 주식이 고평가 또는 저평가되었는지 찾아내려는 시도를 하지 않기 때문이다. 오히려 인덱스펀드들은 시장의 판단을 수용한다. 버블이 형성되기 시작하면 인덱스펀드들은 자동적으로 고평가된 주식들을 더 많이 매수하고, 저평가된 주식들을 매도하게 된다.

시가총액보다는 매출액이나 배당규모와 같은 주식의 펀더멘탈을 기초로 인덱스를 추종하는 새로운 자산관리기법 '펀더멘털 인덱싱 Fundamental indexing'은 군집 경향을 피하는 데 도움이 될 수 있을 것이다. 이 방식은 고평가된 주식들로 몰려드는 집단을 뒤따라가지 않으면서도 낮은 비용을 유지한다. 하지만 펀더멘털 인덱스펀드가 시장에서 차지하는 비중은 극히 적은 상태다. 그리고 어쨌든 시장들은 리서치를 수행하고 가격의 현실성을 확인하는 액티브펀드 매니저들을 필요로 한다. 그리고 여기에는 개인 투자자들이 인덱스펀드를 더 많이 매입할수록 시장의 비효율성이 야기되고 액티브펀드 매니저들의

---

7__ Justin Fox, *The Myth of Rational Markets* (New York: Collins Business, 2009) 참고.
8__ 위와 동일한 책, 105.

수익을 위한 기회가 증가된다는 모순이 있다. 하지만 액티브펀드 매니저들은 이 기회를 잡지 않는 경향을 보인다. 게다가 인덱스펀드들은 뭉치면 산다는 개념을 추구해야 할 압박을 가중시킨다. 지수에 포함된 주식들을 편입시킴으로써 일반 주식형 펀드들은 시장에 비해 너무 심각한 손실을 입게 되는 상황을 확실히 모면할 수 있기 때문이다. 이른바 가장 유명한 '클로짓 인덱서closet indexer, 유사 인덱스펀드라고도 하며, 시장 평균에 준하는 수익률 획득을 목적으로 상당히 다양한 종목으로 포트폴리오를 구성하는 투자 기법의 하나－옮긴이'라 할 만한 펀드는 마젤란이었다. 로버트 스탠스키의 자산운용 전략의 변화는 그 펀드를 훨씬 더 인덱스펀드와 유사하게 만들었다.

예일 대학교의 금융학 교수 안티 페타지스토Antti Petajisto는 인덱스펀드와 액티브펀드를 가늠하는 개념을 처음 내놓았는데, 그것이 '액티브 셰어active share'다. 이것은 펀드가 보유한 종목 중에서 S&P 500에 포함되지 않는 주식들의 비중을 측정한다. 예를 들어 어떤 펀드들이 S&P의 4%를 차지하는 마이크로소프트 주식 대신 S&P 500 지수에 포함되지 않은 주식을 4% 보유하고 있다는 점을 제외하고 보유 종목이 동일하다면, 그 펀드는 '액티브 셰어'가 4%가 된다. 순수 인덱스펀드는 액티브 셰어가 제로다. S&P 500에 포함되지 않은 주식들에만 투자하는 주식형 펀드는 액티브 셰어가 100%가 된다. 페타지스토 교수의 연구에 따르면, 1970년대 피터 린치하에 마젤란펀드의 액티브 셰어는 90% 이상이었다. 펀드의 규모가 작았을 때는 실제로 주류와 거리가 먼 저렴한 주식들을 매수할 수 있었다. 제프 비닉이 채권에 베팅한 이후, 액티브 셰어는 77%가 되었지만 그래도 여전히 인덱스펀드와는 아주 다른 모습이었다. 스탠스키하에서 마젤란펀드의 액티브 셰어는 33%까지 낮아졌다.[9] 스탠스키는 어떤 베팅도 두렵지 않다고 자부하며 그가 '클로짓 인덱서'라는 견해들을 일축했다. 그리고 5년 동안 그는 S&P 지수보다 약간 더 나은 성과를 올렸다. 하지만 그가 자신의 성공에 대해 스스로 내놓은 설명을 보면 주가지수가 펀드 매니저들을 끌어당기는 중력을 잘 알 수 있다. 그는 한 인터뷰에서 이렇게 반문했다.

"어떻게 S&P 주가지수보다 나은 성과를 거둘 수 있냐고? S&P의 일부 주식종목들의 편입 비중을 높이고 다른 종목들의 비중을 낮추며, 그리고 S&P에 속해 있지 않은 주식들을 보유하는 식으로 그런 결과를 거둘 수 있다."[10]

심리학자들은 형편없는 결정을 내리게 되는 고질적인 문제로 '프레이밍framing'을 지적한다. 일단 우리가 특정 방식으로 어떤 사안의 틀을 형성하고 나면 그것에 달리 접근하기가 어려워지는데, 현재 많은 '액티브펀드' 매니저들의 인식의 틀을 형성하고 있는 것이 바로 인덱스들이다. 펀드매니저들은 운용 중인 펀드에 편입된 어떤 주식이나 부문의 비중을 설명할 때 해당 인덱스에서 차지하는 그 주식의 비중에 비해 '높다'거나 '낮다'라는 식으로 표현한다. 아니나 다를까 다우존스와 S&P, MSCI 바라Barra 및 FTSE처럼 가장 광범위한 지수를 작성해 발표하는 기관들은 막강한 영향력을 행사할 정도로 크게 성

---

**9**____ Antte Petajisto, Magellan's Problem: Closet Indexing, November 15, 2005, http://www.petajisto.net/media/magellan_oped.pdf 참고.

**10**____ Jason Zweig, 'Inside the world's largest fund,' Money Magazine, April 15, 2002 참고.

장했다. 주식브로커들은 지수 변화 예측에 많은 리서치를 수행한다. 주식들이 주요 지수에 포함되어 있을 때 급등하고 그것에서 제외되어 있을 때 곤두박질치곤 하기 때문이다.

페타지스토 교수와 다른 이들의 연구결과는 인덱스들이 모든 자산관리를 장악했음을 보여준다. 1990년대에 순수 인덱스펀드들은 뮤추얼펀드 자산의 1%에서 약 15%로 성장했지만, '클로짓 인덱서들(20%에서 60% 사이의 액티브 셰어를 지닌)'의 비중은 1980년대에 거의 제로였던 데 비해 2003년에는 약 30%로 증가했다. 이런 현상은 사실상 정말로 액티브한 펀드들을 위한 기회를 제공해주었다. 페타지스토 교수의 연구에 따르면 가장 높은 액티브 셰어를 지닌 펀드들은 제반 비용을 감안하고도 연간 1% 포인트 이상까지 인덱스를 능가했다.[11] 하지만 펀드매니저들의 군집 충동은 너무나 강력했고 결국 대부분이 그 기회를 날려버렸다.

보글도 '투자 상대주의investment relativism'를 질타하면서 클로짓 인덱싱 기법이야말로 인덱스를 추종하는 전략들 중에서 가장 '비효율적인' 방식이라고 지적하며 이렇게 말했다.

"일반 펀드매니저들이 높은 수수료의 가식적인 인덱스펀드를 계속 제공한다면, 오늘의 승리를 위한 가능성은 내일의 명백한 패배가 될 것이다."

11__ K.J. Martijn Cremers and Antte Petajisto, 'How Active is Your Fund Manager? A New Measure that Predicts Performance,' March 31, 2009, http://papers.ssrn.com/sol3/papers.cfm?abstract_id=891719.

그것은 또한 거품을 좀 더 확실히 부풀리는 데에도 한몫했다. 그리고 시장들이 상승하는 형국을 볼 때, 머지않아 이 접근방식이 주식투자에서 자금 대출 비용으로 확산되리라는 점은 불 보듯 뻔한 일이다. 한때 은행들이 결정했던 대출 비용은 이제 어느덧 시장들에 의해 결정되고 있다.

비이성적 과열의 시장

- 인덱스 투자는 대부분의 투자자들을 위한 훌륭한 아이디어이지만, 그것은 시장의 효율성을 저해하고 시장이 거품의 피해를 입기 쉽게 만든다. 인덱스펀드들이 고평가된 주식들을 사들이고 한물 간 주식은 회피하는 행태를 보이게 마련이기 때문이다.

- 인덱스펀드의 인기는 액티브펀드 매니저들의 '클로짓 인덱싱'을 부추겼다.

- 효율적 시장에 관한 이론들은 그것이 안고 있는 근본적인 결함에도 불구하고 과도한 확신을 더욱 증폭시켰다.

- 이런 이론들은 많은 투자자들이 이미 보유하고 있는 주식과 역사적 상관관계가 낮은 자산들을 찾도록 이끌었고 그럼으로써 무관했던 시장들이 서로 연관되도록 만들었다.

- 개인 투자자들에게 제시할 수 있는 해결책은 인덱스펀드와 진정한 액티브펀드를 확실히 구분해 매입하라는 것이다.

# 4 은행업무 일부를 대체한 단기금융시장

1975년

## 메릴린치가 수표결제 서비스를 제공하다

"이 소식을 전하게 되어 기쁘게 생각합니다. 여러분과 시장 전반은 연준위의 설립 기반인 핵심 개념과 토대를 완전히 향유하게 되었습니다. 다시 말해 여러분의 원금을 보호하고, 한결같은 유동성과 투명성을 제공하며, 여러분 모두 숙면을 취할 수 있도록 하는 데 초점을 맞춘 확고한 규율이 마침내 확립되었습니다."

—리저브펀드(Reserve Fund) 회장 브루스 벤트(Bruce Bent),
2008년 7월 1일 리먼 브라더스(Lehman Brothers)의 채권들로 인해 손실을 떠안기 몇 주 전[1]

MMF가 수표결제 업무까지 제공하게 되면서 자본시장이 은행의 핵심 기능을 장악해버렸다. 이로써 대출에 관한 결정권이 은행의 대출 책임자가 아니라 심리적 기복이 심한 시장의 수중에 넘어갔고, 은행들이 새로운 영업 부문을 찾아 나설 수밖에 없는 여건이 조성되었다. 은행들이 전혀 경험해보지 못한 낯선 영역들에 자금을 쏟아 붓게 되면서 이런 여건은 투기를 한층 더 부추겼다.

1__ 투자자들에게 제공된 리저브펀드의 연례보고서에서 인용, 2008년 7월—그 펀드가 리먼의 채권들로 인해 손실을 입고 자체 폐쇄에 나서기 몇 주 전 작성. 당시 사건은 최소 한 세기 동안 발생한 위기 중 최악의 금융공황을 촉발했다.

시장이 주인과 대리인을 분리시키는 동안 은행업도 투자산업과 동일한 변화를 겪었다. 1975년 메릴린치는 그때까지 개발된 금융수단들 중 가장 고루한 편에 속하는 레디 애셋 머니마켓펀드Ready Assets money market fund를 출시했다. MMF는 여타의 뮤추얼펀드들과 거의 유사하며, 다만 양도성예금증서나 은행예금, 초단기 채권과 같은 단기금융시장들에만 투자한다는 점에서 차이가 있다. 이런 단기금융상품들은 무시해도 될 정도로 리스크가 아주 낮지만, 최소 투자금이 높아 대부분의 투자자들이 접근할 엄두를 내지 못했었다. MMF들은 그 상품들로 대규모 포트폴리오를 구성한 다음 소액투자자들이 훨씬 적은 최소 투자금으로 펀드 계좌를 확보할 수 있도록 하는 방식으로 그 장벽을 해결했다. 소액투자자들은 이 펀드를 통해 수수료를 제하고도 은행계좌보다 높은 이자수익을 올릴 수 있었다.

이런 식으로 운용된 최초의 펀드인 리저브펀드는 1969년에 출시되었다. 메릴린치는 여기에 추가로 수표결제 서비스를 제공하면서 MMF의 결정적인 전환기를 이끌었다. 이후 고객들은 MMF를 자금 인출이 즉각 가능한 은행계좌와 완전히 똑같은 것으로 인식하게 되었다. 그것은 놀라운 성공을 거두었다. 리저브펀드 출시 첫해에 금리가 상승하면서 개인투자자들은 그 펀드에 자금을 마구 쏟아 넣었고, 펀드의 자산 규모는 80억 달러에서 400억 달러로 급성장했다.[2] 인플레이션과 이자율 억제책이 시행된 1982년까지 고속성장을 이어간 MMF 산업은 2,070억 달러의 예금을 유치했다.

2__ Wiliiam Grider, *Secrets of the Temple—How the Federal Reserve Runs the Country* (New York: Simon and Schuster, 1987)에서 발췌한 수치.

MMF들은 지점을 운영할 필요가 없었고, 은행들에 부과되는 이자율 규제에서도 자유로웠으며, 예금보험공사에 보험료를 납부하지도 않았으므로 은행들보다 제반비용이 확연히 낮았다. 고객들에게 MMF가 정말로 제2의 은행계좌라는 인식을 확고히 심어주기 위해 이자로 축적되는 모든 수익과 별도로 펀드의 순자산가치를 주당 1달러로 고수했다. 하지만 MMF는 외형과 달리 분명 은행계좌는 아니었다. 오히려 그것들은 은행의 권한을 빼앗아 시장들에 넘겨주었다. 예금보험료를 지불할 필요가 없다는 결정적 이점 덕분에 MMF는 대공황기에 은행의 신뢰 구축을 위해 도입된 중대한 개혁들 중 하나를 회피하는 완벽한 수단이 되었다. 그러나 MMF는 예금자보호가 되지 않는 상품이므로 그것이 투자한 대상이 부도가 나거나 가치상의 하락이 발생할 경우 주당 가격이 1달러 이하로 떨어질 수도 있는 (아주 작은) 위험이 있었다. '원금 손실'이 발생한다면 그 펀드들이 은행계좌보다 더 위험해 보일 터였다.

미국의 중앙은행인 연준위의 전설적 총재 폴 볼커Paul Volcker는 MMF에 대해 냉소적 견해를 내비쳤다. 2009년 그는 MMF도 은행과 동일한 규제를 받아야 한다는 생각을 분명히 밝혔다. "전에는 그것들이 존재하지 않았고, 현재는 규제에서 완전히 자유로운 무위험 차익거래의 형태로 존재한다. 그것들은 액면 수익을 약속한다. 수표결제도 가능하다. 이는 본래 은행의 요구불예금이 하는 일인데, MMF들은 지불준비금 및 다른 모든 규제 사항들의 제약 없이 그 일을 할 수 있다."[3]

---

[3]___ 폴 볼커의 연설, 시카고상품거래소의 글로벌 금융 리더십 컨퍼런스에서 (Naples, Florida, November 2, 2009).

규제당국은 몇 가지 새로운 조건을 법률로 정했다. 1983년 미국 증권거래위원회SEC는 MMF가 보유할 수 있는 채권의 신용도와 만기 및 분산에 관한 법규를 마련했고, 필요할 경우 즉시 투자대상을 처분할 수 있어야 한다는 점을 명시했다. MMF들은 이 법규하에서도 펀드의 순자산가치를 주당 1달러로 줄곧 유지할 수 있었다. 다시 말해 그것들은 절대 원금 손실을 보지 않는다는 현실성 있는 목표를 내세울 수 있었다. MMF가 예금보험의 보장을 받지 않는데도 불구하고, 그 법규들 덕분에 MMF에 대한 기존의 인상은 더욱 강화되었고 이는 MMF의 더 폭발적인 인기로 이어졌다. MMF들은 글로벌 투자 공동체를 위한 일종의 주차장이 되었다.

자금이 MMF를 드나드는 속도는 실로 놀라웠다. SEC가 MMF 관련 법규를 도입한 이후 25년 동안 325조 달러가 MMF를 드나들면서 초대형 버블의 성장 양상이 전개되었다(2009년 세계 GDP는 약 70조 달러였다).[4] 그 사이에 MMF들에 보유된 자산은 거침없이 계속 증가했고, 미국 경제보다 훨씬 빠르게 성장했다. 1997년까지 거기에는 처음으로 1조 달러가 쌓였다. 2008년에 이르자 MMF들의 보유 자금은 3조 8,000억 달러가 되었다. 이 기간 동안 은행들은 MMF와 동일한 원리를 적용한 불가사의한 구조들―단기로 자금을 차입하고 그것을 굴려서 나온 수익금을 장기 채권에 묻어두는 방식―을 개발했고, 이후 국제적인 초대형 은행들만 활용할 수 있는 이른바 '그림자 금융시스템 shadow banking system'을 발명하게 된다. 금융계의 이런 신종 야수들에

---

4__ Paul Schott Stephens, 'Of Black Swans and Money Funds' (speaking at the Investment Company Institute, New York City, October 6, 2008).

게는 먹잇감이 필요했다. 어느덧 미국의 주들과 도시들은 채권을 발행해 MMF에 판매하는 방식으로 훨씬 더 쉽게 자금을 차입할 수 있게 되었다. MMF들은 또한 기업어음CP. 대기업들이 활용하는 초단기 대출로, 이전에는 은행들이 담당했던 업무 영역이다을 매수하는 주요 주체가 되었다. 대개 이런 대출들에 적용되는 조건은 부도를 감안할 필요가 없을 정도로 상당히 짧은 기간이었다―대기업이라도 향후 20년 사이에는 부도가 날 수 있겠지만, 다음 달 안으로는 거의 틀림없이 파산할 리가 없다. MMF들은 은행보다 제반비용이 훨씬 낮았기 때문에 기업들이 더 낮은 금리로 자금을 빌려가도록 해줄 수 있었다.

여기까지는 그런 대로 괜찮았다. 기민한 금융공학을 통해 미국 경제 내에 있는 거의 모든 사람들이 대출 비용을 낮출 수 있게 되었고, 저축자들은 집이나 은행에 고스란히 묵혀뒀을 자금으로 더 높은 수익을 거둘 수 있었다. 대출기관과 대출자 모두 엄격한 규제를 받는 은행들로 인해 발생하는 거액의 간접비를 피해갈 수 있었다. 하지만 거기에는 문제가 있었다. 미국의 어느 주나 대기업의 신용은 꽤 튼튼한 편이지만, 미국 정부나 은행예금만큼 충분히 튼실하지는 않다. 그래서 전자가 약간 더 높은 이자를 지불한다. 이런 채권들은 리스크가 낮기는 하지만 무위험 투자처는 아니었다. 간혹 부도가 날 경우 여기에 투자한 어떤 MMF는 손실을 입고 순자산가치가 주당 1달러 이하로 내려갈 수도 있었다. 게다가 MMF들은 서로 경쟁을 하고 있었다. 더 높은 수익률은 더 많은 매출 기회를 안겨줄 테지만 동시에 리스크도 증가시켰다. 그리고 MMF가 은행을 능가할 수 있었던 이유는 은행이 망하는 것을 방지하기 위해 마련된 규제들을 회피하는 데 크게 힘입은 덕분이었다. 이것이 MMF가 '원금 손실'을 견뎌낼 수 있다는 의미였을까? 그 답이 '아니다'라는 사실은 곧바로 드러났다. 그들이 제안했던 바는 '약간 더 많은 리스크를 지는 대신 더 많은 수익'이 아니라 '약간의 리스크조차 없는 더 많은 수익'이었다. 1990년대에 MMF들은 보유한 증권의 가치가 하락하는 경우를 몇 차례 당했고, 그럴 때마다 모기업이라 할 수 있는 위탁회사management company에 의해 긴급 구제되었다. MMF들은 다른 많은 수입원이 있는 대규모 펀드신탁회사의 관리하에 운영되는 게 일반적이었고, MMF가 내는 손실은 아주 작은 편이었기 때문에 긴급 구제 작업은 비교적 수월했다. 이 경우 최종적으로 타격을 감내했던 주체는 MMF에 투자한 사람들이 아니라 위탁회사의 소유주들이었다. 연이은 몇 번의 사건들 덕분에 MMF가 어떤 경우에도 원금 손실을 내지 않을 것이라는 인식이 지배적으로 자리 잡았다.

그러던 중 1994년에 예외적인 사건이 발생했다. 캘리포니아 남부의 오렌지카운티가 파산에 이른 것이다. 당시 커뮤니티 뱅커스 MMFThe Community Bankers US Government Money Market Fund는 큰 손실을 입었고 주주들에게 달러당 94센트를 지급하면서 펀드를 해체했다. 이 펀드는 무조건적인 지원을 제공해줄 대규모 위탁회사가 없었고, 머니펀드 치고는 꽤 적은 자금인 8,200만 달러를 보유하고 있었다. 그 사건은 MMF에 대한 투자자들의 신뢰를 크게 훼손하지는 않았다. 이 렇듯 MMF는 자금 조달 비용을 저렴하게 해주면서도 펀드 자체가 더 위험해 보이지 않도록 하는 방식을 통해, 또는 행여 문제가 발생하더라도 거기에 항상 구제조치가 있을 것이라는 인상을 확산시키는 식으로 발전을 거듭해갔고, 이런 상황은 그 펀드매니저들과 거기에 투자하는 사람들로 하여금 더 큰 리스크를 감수하게끔 부추겼다—이는 경제학자들 사이에 '도덕적 해이'로 잘 알려진 것으로 씁쓸하게도 이제 어느덧 친숙해진 개념이다. 이런 관행들은 또한 더 위험한 자산에 투입할 자금의 공급을 크게 증가시켰고, 그럼으로써 투기를 더욱 자극했다. MMF가 없었다면 예금보험의 보장을 받는 투자처에 안전히 넣어두었을 자금을 MMF에 계속 묻어두도록 투자자들을 설득함으로써 그것들은 뱅크런의 위험이나 은행에 대한 느닷없는 신뢰 급감의 위험성을 높여놓았다.

종합적인 차원의 또 다른 문제도 있었다. 많은 측면에서 MMF들은—그리고 그림자 금융시스템 내에 있는 그것과 유사한 여러 구조들은— '단기'라는 대출 조건에서 기인하는 안전성을 리스크 관리수단으로 활용하고 있었다. 재무구조가 건전한 기업들이 단 며칠 또는 몇 주 내에 파산에 이르는 법은 없기 때문이다. 이는 자금 조달에 열을 올리는 투자은행들이 아주 단기간 동안 자금을 빌리려는 유혹을 증가시켰다. 이런 방식은 투자은행들이 지불할 이자 비용을 낮춰주었고 더 쉽게 돈을 벌 수 있도록 해주었다. 하지만 그것은 또한 MMF가 그들에게 자금 대여를 중단할 경우(기업어음 매수를 거절하는 식으로), 삽시간에 그들의 자금이 바닥날 수도 있음을 의미했다. 2007년과 2008년 마침내 세계적으로 동시에 거품이 붕괴되었을 때 모두가 알게 되었듯, 이런 자금 대출 관행은 금융시스템을 좀 더 불안정하게 만들었다.

단기금융시장의 상승이 야기한 또 다른 결정적인 부작용은 은행들에게서 핵심 업무를 박탈했다는 점이다. 은행들이 가장 잘하는 업무가 꽤 괜찮은 이자율로 당좌예금계좌를 제공하는 일이나 대기업에게 단기로 자금을 대출해주는 일이 아니라면, 그들의 핵심 업무는 무엇이란 말인가? 과거에는 이 업무가 상업은행의 몫이었다. 단기 대출의 가능 여부는 은행의 대출 책임자들이 결정했다. 이제 그 업무는 기업들이 MMF에게 기업어음을 판매하는 형태로 바뀌었다. 그리고 시장이 단기 대출의 가격을 결정했다. 군집행위와 과잉반응을 모두 동원해 그 시장은 과거에 은행 직원들이 수행했던 업무를 접수해버렸다.

은행 경영진이 MMF에 대응할 수 있는 방법은 둘 중 하나였다. 업무 영역의 축소를 인정하고 은행 규모를 줄이거나 또는 발 빠르게 움직여 다른 사업 부문을 모색하거나….

인간의 본성에 미루어 알 수 있듯이 전자를 택하고 싶어하는 은행은 거의 없었다. 그리하여 은행들은 앞 다퉈 새로운 수익원을 찾아나섰다. 이를 테면 지난 30년간 과도한 투기가 성행했던 신흥시장이나 부동산 개발업체, 기업사냥꾼 또는 서브프라임 모지기 대출기관에 자금을 빌려주는 업무에 뛰어든 것이다. 이런 부문들을 수차례 휩쓸었던 호황과 불황을 주도했던 것이 바로 새로운 사업 부문을 찾아 헤매다 바위투성이의 낯선 지역에 있음을 깨달은 은행들이었다. 결국 인덱스펀드처럼 MMF도 모순을 안고 있다. MMF에 투자하는 개인투자자들의 수는 가히 압도적이다. 사실상 그러지 않을 이유도 거의 없다. MMF는 모든 사람이 필요로 하는 은행계좌와 유사할 뿐 아니라 리스크도 거의 없이 더 많은 돈을 안겨주기 때문이다. 하지만 총체적으로 그것은 과도한 확신을 북돋웠고, 위험한 단기 상환 조건 하에 자체적으로 자금을 조달할 인센티브를 제공했다. 돈의 가치가 더 이상 금과 연동되지 않기에 MMF의 역할은 더더욱 중요했다.

■ MMF는 은행의 핵심 업무를 빼앗아 시장에 넘겨주었다. 이 펀드들은 기업들에게 더 저렴한 자금 조달을, 저축자들에게는 더 높은 이자를 제공해준다.

■ 하지만 MMF는 예금보험이 적용되지 않으며 은행들이 초단기 금융에 의존하도록 부추기기 때문에 뱅크런이 발생할 가능성을 증가시켰다. MMF에 '원금 손실'이 발생하는 일을 막기 위해 위탁회사들이 개입한 탓에 도덕적 해이가 조성되었다.

■ 은행과 마찬가지로 펀드도 규제를 받도록 조치하고 예금보험에 들게 한다면 이런 문제를 해결할 수 있다.

# 5 금본위제에서 석유본위제로



## 금값이 온스당 850달러로 정점에 이르다

"금본위제도 추종자들에게 요구합니다. 노동자의 이마를 가시 돋친 면류관으로 찌르지 마십시오. 인류를 황금의 십자가에 못 박으면 안 됩니다."

—윌리엄 제닝스 브라이언, 1986년 7월 9일, 국민민주협의회(National Democratic Convention)

1971년 미국의 금본위제 폐지는 뒤이어 발생한 호황과 불황의 필수 조건으로 작용했다. 세계 금융시장에서 금이 일종의 닻의 역할을 할 경우 환율은 거의 움직이지 않는다. 금본위제가 폐지된 상황에서는 각국의 통화가치가 중앙은행의 신뢰도에 따라 결정된다. 그리고 중앙은행들이 신뢰를 잃게 될 경우, 세계 통화를 정박시키는 닻의 역할은 금이 아니라 유가로 옮겨간다.

금은 희소하다. 지금껏 생산되고 판매된 금을 전부 녹이면 각 변의 길이가 20미터인 정육면체에 꽉 들어찰 것이다. 이 귀한 물건은 현대식 대형 선박의 저장고를 꽉 채울 것이다. 하지만 금은 밀도가 높은 물질이므로 그 배는 곧 바다 속으로 가라앉고 말 것이다. 희소성 덕분에 금은 수세기 동안 매력적인 자산의 위상을 유지했다. 하지만 1980년처럼 금이 엄청난 각광을 받은 적은 일찍이 없었다. 1971년까지 수십 년간 온스당 35달러에 고정되어 있던 금값은 1980년 금화 매입 열풍을 타고 24배나 올라 온스당 850달러까지 치솟았다. 이는 세계대전 이후 처음 발생한 세계적 투자 거품이었고, 그 거품을 부풀린 요인은 세계의 금융 역학을 근본적으로 바꿔놓은 정치권의 기회주의적인 조치였다. 이 일로 인해 다양한 시장들이 동시에 버블을 형성하면서 일제히 과열 양상으로 치닫는 일이 가능해졌다.

한때 금은 세계 금융시스템을 군건히 고정시키는 역할을 했다. 고정된 것이 풀리고 나자 자본주의 세계는 호조세를 되찾기 전까지 10년간 '스태그플레이션'에 시달렸다. 그 새로운 시스템의 핵심 요소는 통화의 가치가 중앙은행들의 신뢰도에 좌우된다는 점과 국제무역의 거래조건을 약정하는 환율이 정부가 아닌 시장들에 의해 결정된다는 점, 그리고 유가가 그 시스템을 정박시키는 닻으로서 금값을 대체했다는 점이다. 1971년 전까지 자본주의 세계는 1944년 뉴햄프셔 주 브레튼우즈 리조트에서 연합국이 개최한 정상회담의 결과를 따랐다. 그들은 오랜 기간 존속해온 시스템으로 회귀했다. 그 시스템하에서 유통되는 지폐는 일정량의 금으로 태환될 수 있었다. 금은 희소한 자원이기 때문에, 그 체제는 정부들이 발행할 수 있는 통화량에 엄격한 제한을 가했다. 제1차 세계대전의 여파 속에서 독일이 전쟁부채를 갚기 위해 돈을 마구 찍어내는 바람에 하이퍼인플레이션에 빠져든 사건은 연합국 리더들에게 과거 체제로의 회귀가 필수적인 조치라는 점을 시사했다.

브레튼우즈체제하에서의 금값은 달러를 기준으로 온스당 35달러에 고정되었고, 다른 통화의 환율은 달러에 고정되었다. 이에 따라 금은 모든 통화를 안정적으로 묶어놓는 닻의 역할을 하게 되었고, 각국 통화들은 서로에 대해 대체로 고정된 상태를 유지했다. 통화 공급이 제한되어 있어서 인플레이션이 유발되기도 힘든 상황이었다. 브레튼우즈체제가 가동되는 동안 자본주의 세계는 대체로 금융위기와 투자 거품을 피해갈 수 있었다. 간간이 경기침체가 끼어들기는 했지만 경제는 꾸준히 성장했다. 하지만 그 체제는 거액의 정책자금을 필요로 하는 야심찬 정부들을 구속하는 족쇄가 되었고, 미국에게 전체 자본주의 세계를 위한 은행가의 책임을 부과했다. 미국은 차츰 이 역할을 버거워하게 되었다.

1971년까지 금본위제는 미국 경제에 마치 대형 선박에 금괴를 실어놓은 듯한 영향을 미쳤다. 달러의 금태환에 한층 열을 올렸던 해외 정부들은 미국이 태환을 목적으로 보유고에 따로 떼어놓았던 180억 달러를 훨씬 웃도는 360억 달러를 요구했다.[1] 이와 동시에 베트남전쟁 자금과 1960년대의 광범위한 사회정책 집행 비용은 미국의 정부 예산을 더 무겁게 짓눌렀다. 그리고 당시 대통령이었던 리처드 닉슨 Richard Nixon은 이듬해 대통령 선거에서 재선되기를 바라고 있었다. 미국은 장부의 균형을 맞추기 위해 이미 많은 조치를 취하고 있었지

---

1__ Greider, *Secrets of the Temple—How the Federal Reserve Runs the Country*, 337 참고.

만, 금 보유고는 좀처럼 늘지 않았다. 대통령 별장인 캠프 데이비드 Camp David에서 여름 주말을 보내며 중대한 결정을 내린 닉슨은 조촐한 행사를 열어 미국의 금태환 중단을 발표했다. 닉슨은 그 조치에 대해 '승리이자 새로운 시작'이라고 설명했다.[2]

이로써 닉슨은 금본위제를 반대했던 대중영합적 전통에 부합하는 입장을 취하게 되었다. 미국의 이런 전통은 최소한 대선후보였던 윌리엄 제닝스 브라이언 William Jennings Bryan의 시대로까지 한참 거슬러 올라가는데, 1896년 그는 미국이 '황금 십자가에 못 박혔다'고 거세게 주장했으며 금화에 다른 금속을 섞어 통화를 주조하고 은화 자유 주조를 허용함으로써 통화 공급을 늘릴 것을 요구했다.


단기적으로 볼 때 닉슨의 금태환 정지 조치는 경기부양책의 확대를 가능하게 했으므로 브라이언이 상상했을 법한 형태의 경제적 대성공으로 간주할 만했다. 닉슨이 물가를 통제하고 있었던 상황이므로 연준위는 인플레이션을 염려할 필요가 없었다. 따라서 더 많은 달러를 찍어내는 일을 막아설 요인이 전혀 없었다. 1971년 총 통화 공급량은 약 10%까지 증가했고(기록상 최대 증가폭), 이듬해에 미국 경제는 5%의 인상적인 성장을 이뤘으며, 닉슨은 재선에 성공했다. 이런 성급한 조치는 금본위제의 많은 문제점을 부각시켰다. 금에 대한 수요 자체는 비이성적이다–금의 가치는 거의 전적으로 보는 사람의 시각에 따라 달라진다. 금광이 새로 발견될 경우 금의 공급이 극적으로 증가할 수도 있다. 금본위제하에서 이런 요인들은 경제의 통화 공

**2__** Charles R. Morris, *The Sages—Warren Buffett, George Soros, Paul Volcker and the Maelstrom of Markets* (New York: Public Affairs, 2009), 126 참고.

급에 중대한 영향을 미친다. 1990년대에 점점 더 많은 국가들이 자본주의의 품 안으로 들어오면서, 세계는 도저히 금에 묶인 상태를 유지할 수 없었다. 그 개념은 이미 완전히 한물 간 것이 되었다. 하지만 금본위제를 대체할 무언가가 필요했다. 통화가 금과 연계되지 않는다면 그것은 단지 정부의 명령이 낳은 창조물에 불과해진다. 이 경우 통화의 힘은 중앙정부의 평판에 따라 좌우된다. 이것이 훨씬 더 나은 대안인지에 관해서는 확신이 없다. 이런 체제에서는 중앙은행들에 대한 베팅의 기회가 생겨나고, 투자자들은 그 기회를 가차 없이 이용해왔으니 말이다. 금본위제 지지자로 유명한 전문작가 제임스 그랜트James Grant는 혹평을 제기한다.

"지폐 인쇄기에 걸려 있는 신규 통화들 중 반 톤 정도 없애는 일은 엄청난 기술을 요하는 일이 아니다. 이는 인플레이션의 역사가 입증해준다. 금 채굴은 훨씬 더 힘든 문제이며, 바로 그래서 우리 선조들은 금본위제를 권장했던 것이다."[3]

닉슨이 단행했던 기회주의적 조치는 당장에 세계 무역의 규칙을 바꿔놓았다. 우선 달러화에 즉각적인 영향이 미쳤다. 몇 달 사이에 금값은 온스당 35달러에서 44달러로 상승했다. 달러 뭉치들을 계속 보유하고 있던 무역 거래 당사자들은 그 돈으로 이전보다 25% 더 적은 금밖에 살 수 없다는 사실을 깨달았다. 이로써 브레튼우즈 시대가 막을 내렸다. 통화들이 변동환율제의 적용을 받았고, 환율이 제각기 갈 길을 찾아 뿔뿔이 흩어졌으며, 세계는 확고했던 균형 시스템이 처

3__ James Grant, *Mr. Market Miscalculates—The Bubble Years and Beyond* (Edinburg, Virginia: Axios, 2008), xvii 참고.

음으로 지각변동을 일으키는 상황에 맞닥뜨렸다. 현재 이 균형 시스템은 석유시장에 의해 운영된다.

닉슨은 미국이 의존하는 석유 수출국들의 우려를 자아낼 정도로 석유 대금으로 지불되는 금의 양을 대폭 축소시켰다. 1971년부터 1973년 말까지 배럴당 금으로 책정된 가격은 3분의 2까지 하락했다. 이것이 OPEC 카르텔이 1973년 10월 유가를 세 배나 인상했던 부분적인 요인이었다. 그리고 미국의 물가가 상승하면서 달러화의 가치가 약화되었고 이는 그 10년을 마감하는 시점에 OPEC의 제2차 유가 폭등을 촉발한 자극제가 되었다. 금을 결제조건으로 하는 유가는 산유국들이 가격을 올리는 것 이외에 대안이 거의 없음을 시사한다(《그림 5-1》 참고). 그래프에서 볼 수 있듯이 달러로 책정된 유가는 1970년대에 천장을 뚫을 기세였지만, 금으로 가격이 책정된 경우 안정적인 모습이었다—두 차례의 유가폭등은 달러화의 취약한 구매력을 조정하려는 시도에 불과했다. 금본위제였던 1971년에 금 1온스로 약 11배럴의 석유를 구매할 수 있었던 데 비해 1979년 11월에는 금 1온스로 12배럴의 석유를 살 수 있었다. 금본위제를 폐지하고 난 뒤 미국은 새로운 '석유본위제'에 묶여버렸음을 깨닫게 되었다.


OPEC의 유가 인상 조치는 다시 금의 버블을 부풀렸다. 물가 상승세가 강력해지면서 투자자들은 자산 가치를 지킬 수 있는 유일한 방법이라는 믿음으로 필사적으로 금화를 사들였다—이는 금값이 '지폐 관리자들에 대한 전 세계의 상호 신뢰'라는 제임스 그랜트의 견해를 입증하는 듯하다. 인플레이션에 대한 공포가 만연해지자 투자자들은 중앙은행 총재들에 대한 신뢰를 잃어버렸다. 투자자들이 금의 합

## 1970년대: 금본위제에서 석유본위제로

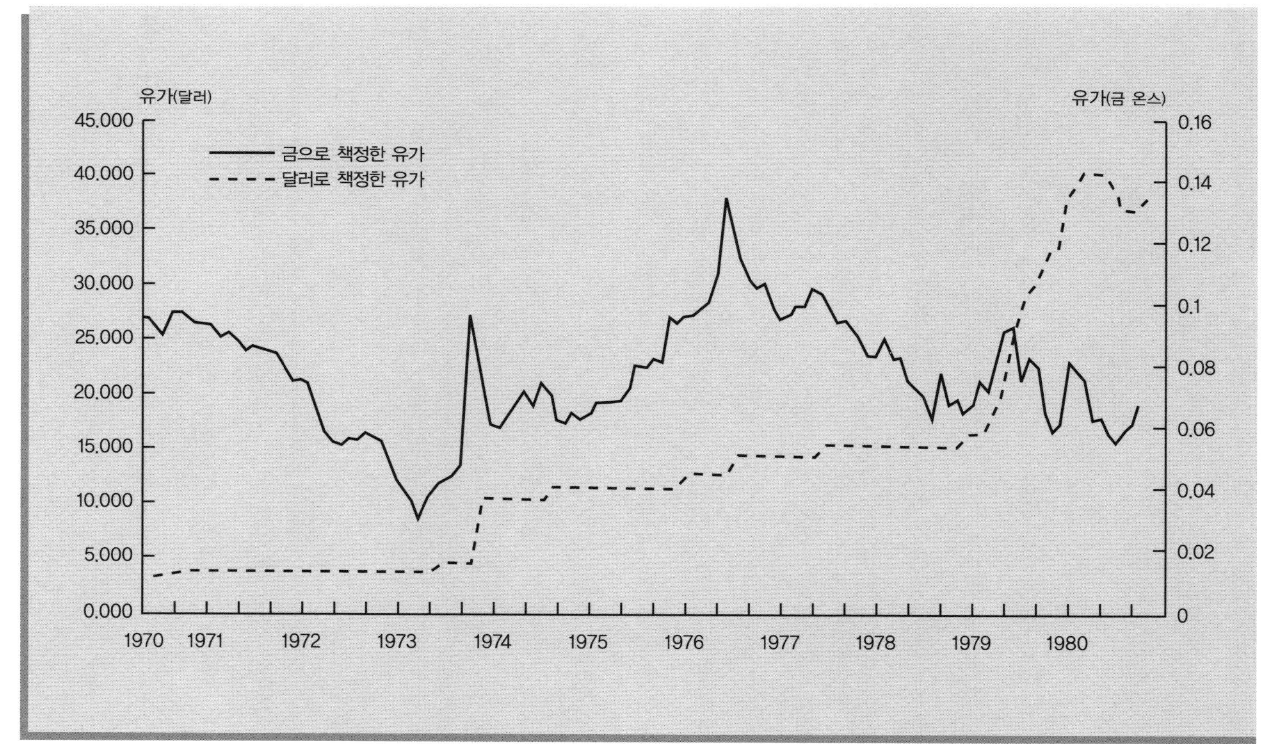

리적 가격을 계산하기보다는 다른 이들의 행위를 기준으로 베팅을 거는 식으로 금값을 지불하기 시작하면서 투기의 파도는 한층 더 높아졌다. 이것이 겨우 9년 사이에 금 1온스가 35달러에서 850달러까지 치솟게 된 경위다.

이 구도에 진입할 때와 마찬가지로 거기서 벗어날 수 있었던 요인도 정치적 편의에서 기인한 미봉책에 기초하고 있었다. 1979년 여름 미 대통령 지미 카터Jimmy Carter는 심각한 경제적 문제로 곤경에 처해 있었다. 정치적 재기를 위한 노력의 일환으로 내각을 개편하는 과정에서 그는 어렵게 신임 재무장관을 물색한 끝에 마침내 당시 연준위 의장을 그 자리에 임명했다. 이 인사 조치로 연준위 의장석에 구멍이 생기면서 시장들은 공포에 휩싸였다. 카터의 자문관들은 서둘러 연준위 의장 자리를 대체할 인물을 찾아 나섰고 그 주 주말 월스트리트의 전문가들에게 조언을 구한 뒤, 당시 뉴욕 연방준비은행을 책임지고 있던 경제학자이자 평생 공무원으로 봉직한 폴 볼커가 시장을 진정시키기에 적임자라는 판단을 내렸다. 다급한 결정으로 연준위 의장이 된 볼커는 훗날 일종의 새로운 금본위제를 구현하게 될 인물이었다.

볼커는 달러에 대한 신뢰를 회복시키기 위해 과감한 조치를 취했다. 그는 금리를 거듭 인상했고, 대출을 극도로 어렵게 만들었으며, 미국을 또 다른 침체로 몰아넣었다. 그러자 시장들이 급락했다. 1982년 여름까지 볼커의 냉혹한 처방으로 인해 주식시장은 하락세를 면치 못했는데, 당시 주식시장의 시가총액은 인플레이션을 감안했을 때 1954년의 수준에 불과했다. 실업률은 10.8%로 정점을 찍었다.[4] 이렇게 극단까지 몰아붙인 끝에 볼커는 신뢰를 회복했다. 그의 처방은 금본위제나 다름없는 직설적인 방식이었지만, 시장들은 단호한 연준위가 뒷받침하는 달러화의 가치를 믿을 수 있게 되었다. 인플레이션에 대한 우려가 없는 상황이었으므로 투자자들은 장기 채권에 대해 높은 금리를 요구하지 않았고, 이에 따라 금리도 하락했다. 그리하여 역사상 최장기간으로 기록될 만한 주식시장의 상승장세가 시작되었다.

유가폭등 및 경기침체와 더불어 닉슨이 단행한 달러의 평가절하에 뒤이은 국제적 역학은 지금도 여전히 남아 있다. 트레이더들은 이제 취약한 달러나 높은 인플레이션이 더 높은 유가를 의미하게 되리라는 점을 잘 알고 있다. 따라서 미국에서 인플레이션 우려가 제기될 경우 그들은 석유를 매입할 것이다. 금과 달리 석유는 그나마 풍부한 편이다. 석유를 가득 채운 유조선들은 전 세계를 누비며 거래를 하고 있다. 하지만 금과 달리 석유는 산업경제가 돌아가는 데 핵심 역할을 수행하며, 그것의 큰 가격 변동은 대혼란을 만들어내곤 한다. 새롭게 생겨난 사실상의 '석유본위제'는 1970년대에 불안정한 양상을 보였고, 2008년과 2009년에도 그러했다. 석유는 동시에 움직이는 21세기의 시장들을 쥐락펴락하는 힘을 지녔다고 볼 수 있다.

날로 중요성을 더해가는 석유는 그 전과는 다른 시장 질서를 만들

---

4__    Bureau of Labor and Statistics, 'Databases, Tables & Calculators by Subject,' http://data.bls.gov. 참고.

어냈다. 그것은 다름 아닌 얼마 전만 해도 자본주의 시스템에서 제외되어 있던 개발도상국들로 더 많은 자금이 몰리도록 이끌었다. 결국 1980년대에 개발도상국과 선진국의 관계는 훨씬 더 밀접하게 연계된다.

### 비이성적 과열의 시장

- 경제적으로 중요한 시장들인 석유 및 외환시장이 서로 밀접히 연계되었다. 금본위제하에서 유가와 환율은 시장 영역 밖에 있었고 정부에 의해 결정되었다. 지금은 시장이 유가와 환율을 결정한다.

- 21세기에는 아마도 금본위제 작동이 불가능할 테지만, 그 체제는 달러의 과도한 평가절하와 인플레이션을 억눌러주었고, 동시발생적인 버블의 성장을 저지했던 것으로 보인다.

- 금본위제의 자리는 석유가 접수했다. 이제 평가절하와 인플레이션은 유가를 너무 높은 수준까지 이끌어서 세계의 성장세를 약화시키는 작용을 한다.

- 투자자들은 평가절하와 인플레이션을 회피하는 훌륭한 헤지 수단으로 석유를 활용한다.

# 6 신흥시장으로 이름 바꾼 개발도상국

1982년

**세계은행이 '개발도상국'에 '신흥시장'이라는 새로운 이름을 붙이다**

"예일 대학교에 재학 중인 청년들 중 누구도 미국 이외의 국가에는 투자하지 않고 있어, 나는 이런 생각이 들었다. '아주 독선적인 태도다. 어째서 그리도 근시안적으로 오로지 미국에만 초점을 맞추는가? 좀 더 열린 자세를 가져야 하지 않겠는가?'"

—신흥시장 개척자 존 템플턴 경(Sir John Templeton)

신흥 주식시장에서 주식을 매입하는 투자펀드들의 출시는 새로운 자산집단을 탄생시켰고 투자자들이 처음으로 개발도상국에서 손쉽게 자금을 운용할 수 있도록 해주었다. 이런 현상이 나타나기 이전에 신흥시장들은 선진시장들과 완전히 무관했다. 하지만 2009년 이후 신흥시장과 선진시장의 움직임이 동일해졌다.

1982년까지 세계 개발도상국들LDCs의 금융은 상품가격과 서구 은행들이 주도했다. 유가 상승으로 더 많은 부가 창출되었고 서구 은행들이 신사업 원천을 찾아다니는 동안, 은행들은 신흥국가들의 기업이 아닌 정부에게 직접 변동금리 대출을 내주게 되었다. 당시 멕시코 대통령 호세 로페즈 포르티요Jose Lopez Portillo는 원유 생산을 확대하면서 국민에게 '풍요를 운영하는 방법을 배워야' 한다고 말했다. 그동안 멕시코의 석유사업에 자금을 대준 서구 은행들은 국가가 파산할 리 없다는 믿음으로 별다른 걱정을 하지 않고 있었다. 하지만 1982년 멕시코가 자국 통화를 평가절하하고 대외부채 상환기한을 재조정해야 할 압박에 놓이자, 개발도상국 모델은 붕괴되고 말았다. 그로부터 1년 사이에 그 자리에는 개발도상국 정부에 대한 대출을 대신해 '신흥시장'이 들어앉았다. 펀드산업은 해외 증권거래소들을 투자대상으로 하는 투자상품을 제공하기 시작했다. 이것이 이른바 제3세계 국가들에게 막대한 영향력을 미쳤다. 또한 투자자들의 행태를 변화시켰고 세계 시장들의 동시적인 팽창과 수축의 원인이 되었다. 1980년대에 신흥시장들과 선진세계는 서로 아무런 관련이 없었고, 상관관계도 전혀 보이지 않았다. 2009년이 되자, 그들 사이에 거의 완벽한 상관관계가 나타났다.

이런 변화를 이끈 원동력은 무엇일까? 당시 신흥시장들 중에서 가장 발전된 최대 국가였던 멕시코는 지나친 포부로 몸살을 앓고 있었고, 미국 은행가들은 이 포부에 기쁜 마음으로 자금을 조달해주었다. 미국 은행들은 자국의 기업어음 시장에서 잃어버린 수입을 대체할 새로운 사업 원천을 절실히 필요로 했다. 한편, 폴 볼커가 미국 내 자금 조달 비용을 높이고 있었기에 다른 곳에서 저렴한 투자처를 찾는 편이 훨씬 나았다. 미국 은행들은 또한 투자자금을 꽤 많이 확보하고 있었다. 유가폭등은 OPEC의 대규모 산유국들에게 이른바 페트로 달러petro-dollar, 석유를 팔아 얻은 달러라는 잉여 자금을 남겨주었고, 이 자금들은 미국과 서유럽의 은행들에 유치되었다. 금고가 대폭 불어 나면서 은행들의 활동이 차츰 무책임해졌다—2007년과 2008년의 유가급등 기간 동안 이 현상이 재발되었다.

개발도상국들은 1960년대 이래로 꾸준히 성장해오고 있었고, 1973년 유가폭등 탓에 성장의 비용이 상승한 이후 자금 조달의 필요성이 차츰 증가하고 있었다. 라틴아메리카에서 서구 은행들의 대출 조건들을 수용하는 데 열을 올렸던 국가 리더는 로페즈 포르티요만이 아니었다. 그리하여 미국 은행들의 자금은 라틴아메리카로, 그리고 특히 멕시코로 대거 유입되었다. 1970년 말에 라틴아메리카는 총 290억 달러의 해외채무를 안고 있었다. 1978년 말 제2차 유가폭등이 발발하기 직전, 라틴아메리카의 해외채무는 1,590억 달러였다. 1982년 위기 당시 그 지역의 채무는 다시 두 배로 뛰어 3,270억 달러가 되었다.[1] 서구 은행들은 라틴아메리카 대출 사업에 앞 다퉈 뛰어들었고, 이 대출금은 변동금리의 적용을 받았으며 달러로 액수가 명시되어 있었는데, 이는 해당 국가의 통화가 평가절하될 경우 대출상환금이 급증할 수밖에 없음을 의미했다. 당시 시티코프Citicorp의 수장이었던 월터 리스튼Walter Wriston의 표현대로 "국가는 부도가 나지 않는다. 상황이 얼마나 악화되든 간에 어떤 국가든 '빚진 것'보다 더 많은 것을 '소유하고 있을' 것이다"라는 전제하에 대출 게임은 기업들에 투자하기보다 국가의 정부들에 자금을 빌려주는 형태로 전개되

---

[1]　연방예금보험공사의 리서치 및 통계 부서 자료 참고. 'History of the Eighties—Lessons for the Future Volume 1, An Examination of the Banking Crisis of the 1980s and Early 1990s,' http://www.fdic.gov/bank/historical/history/191_210.pdf. 5장에서 개발도상국의 위기를 다루고 있다.

었다.[2]

그러나 간혹 국가들도 부도를 낸다. 멕시코와 미국 은행들이 애초에 서로 손을 잡도록 이끈 정황들은 궁극적인 재앙의 씨앗을 품고 있었다. 인플레이션이 팽배해진 멕시코에서 해외 자금은 지속 불가능한 호황에 불을 댕겼다. 그 사이 볼커하의 미국에서 더 높아진 금리와 보다 낮아진 인플레이션은 달러의 가치를 상승시켰고, 이와 더불어 멕시코가 상환해야 할 대외부채 비용도 증가했다. 로페즈 포르티요는 '개가 집을 지키듯' 페소의 가치를 방어하겠다고 맹세했지만, 1982년 여름 미국 주식시장이 상승하기 시작하면서 그에게는 평가절하 이외에 선택할 수 있는 대안이 없었다. 페소화 평가절하 조치는 멕시코와 그 채권자들에게 재앙을 의미했고, 로페즈 대통령이 멕시코의 모든 은행들을 국유화하자 상황은 더더욱 악화되었다.[3]

멕시코가 선두에 섰던 그곳에 다른 국가들도 뒤따라왔다. 1983년 10월까지 27개국이 대외채무 상환기한을 재조정했고 라틴아메리카 지역은 이른바 '잃어버린 10년'에 빠져들었다. 한편, 멕시코의 통화위기는 즉각 미국의 금융위기를 자극했다. 멕시코와 브라질, 베네수엘라 및 아르헨티나는 미국의 8대 대형 은행들에게 총 370억 달러의 해외부채를 지고 있었다. 이는 당시 미국의 해당 은행들이 자본금과 지불준비금으로 보유한 자금보다 거의 50%나 많은 액수였다. 미국

---

**2__**   Moira Johnston, *The Tumultuous History of the Bank of America* (Frederick, Maryland: Beard Books, 2000), 181에서 인용.

**3__**   로페즈 포르티요는 2004년까지 살았다. 그는 끝내 국민에게 용서받지 못했고 식당에 들어설 때마다 멕시코인들은 그를 조롱했다. 말년에 노후자금마저 다 떨어지자 그는 심지어 새로운 브랜드의 테킬라에 자기 이름까지 제공하며 근근이 생계를 이어나갔다.

의 규제당국은 은행들이 모든 손실액을 인정하도록 강요하기보다 생명유지 장치에 매달려 목숨을 연명하도록 허용해주었고, 그동안 라틴아메리카 국가들이 대외채무 상환에 대한 재협상을 벌이며 이 위기를 해소하기까지는 거의 10년이 걸렸다. 미국 당국의 이 관대한 처방은 향후 더 큰 리스크를 감수하는 행위를 부추겼다.

개발도상국의 위기는 오늘날 수차례 반복된 특정 패턴을 형성했다. 미국 은행들은 상환이 불확실할 수 있음을 알면서도 대규모 해외 대출을 내주는 묘기에 가까운 기술을 보여주었다. 가난한 자들(이 경우 라틴아메리카의 국가들)의 곤란한 문제들은 즉각 부유한 자들(미국의 대형 은행들)의 문제로 자체 돌변했다. 높은 상품가격은 판단력을 흐리게 했고 소규모 시장들로 막대한 자금이 유입되도록 했으며, 그럼으로써 그 시장을 불안정하게 만들었다. 그리고 그 위기를 이끈 원동력들은 멕시코라기보다 원유의 국제가격과 미국 신용시장의 상황이었다. 이 모든 요인들은 2008년 위기 때 재등장했다.

한편, 1982년에 세계은행은 '가난한 나라들이 급속한 성장을 도모하는데 필요한 자금을 어떻게 조달할 수 있을 것인가'라는 문제를 숙고하고 있었다. 가난한 국가들에 대한 자금 대출은 위험한 일이었고, 그 국가들 자체도 부채 의존도를 줄일 필요성이 절실했다. 당시 세계은행에 근무했던 벨기에 출신의 앙트완 반 아그마엘Anthoine van Agtmael은 성장 기업에 직접 투자를 하는 것이 더 호소력이 클 것이라고 생각했다. 일이 잘 풀릴 경우, 거기에는 향후 얻게 될 잠재적 수익이 훨씬 더 많을 터였다. 상황이 생각대로 잘 풀리지 않더라도 기업들이 채무를 불이행할 확률보다 이익배당금을 지불하지 못하게 될 가능성이 더 클 것이었다. 한국이나 브라질 같은 국가들에서 기업을 심사하고 평가하는 작업은 대부분의 투자자들이 엄두도 못 낼 만큼 많은 비용이 들었다. 그런 기업들은 종종 한눈에 파악할 수 있는 대차대조표나 회계기준조차 갖추고 있지 않았다. 정치적, 문화적, 언어적 장벽도 꽤 높았다. 기업들이 약속을 이행하지 않을 경우, 해당 국가의 법원들에게 지원을 요청하기도 힘들었다. 세계은행은 제3세계의 주식시장에서 주식을 매수하기보다는 주로 기업들의 지분을 직접 인수하는 쪽을 택했다. 결국 제3세계에 명백한 성장의 기회가 있더라도 서구의 펀드매니저들은 그런 기회를 굳이 찾아야 할 이유가 없었다.

아그마엘이 해결할 필요가 있었던 또 다른 문제는 단순한 이미지 또는 '브랜딩'이었다. 1982년 이후 개발도상국에 투자하려는 사람은 아무도 없었다. 결국 반 아그마엘이 떠올린 답은 펀드를 설립하는 것이었다. 아그마엘과 그의 동료들은 펀드 관리에 열과 성을 다할 것이고 투자자들은 큰 수익을 목표로 삼을 수 있을 것이라고 보았다. 포트폴리오 분산화나 '뭉치면 산다'는 개념도 도움이 될 것이었다. 최대한 많은 국가에 투자한다면 그 국가들 중 어느 한 곳에서 정치적이거나 법적 혼란이 발생해도 총체적인 리스크는 줄일 수 있었다. 아그마엘은 이 펀드의 명칭을 제3세계 주식펀드Third World Equity Fund로 하자고 제안했지만 그의 동료들은 펀드 명칭이 별로라는 의견을 내놓았다. 당시 상황에 대해 반 아그마엘은 이렇게 말한다.

"머릿속의 전구에 불이 나간 기분이었다. 하긴 누가 제3세계에 투자하고 싶겠는가? 2류도 아닌 3류 국가에 투자하고 싶은 사람이 어디 있겠는가? 그때 떠올린 말이 한층 활기찬 기운을 풍기는 '신흥시장'이었다."[4]

그 명칭은 '제3세계'에 흔히 따라붙는 스태그네이션의 뉘앙스보다는, '발전과 희망, 활력'의 느낌을 주었다.[5] 간단히 말해 그는 제3세계를 중심으로 한 대규모 지역에 새로운 이름을 붙이고 투자자들이 투자할 만한 신규 자산집단을 창출하고자 했던 것이다. 그리고 반 아그마엘은 성공을 거뒀다.

개발도상국에서 신흥시장으로의 명칭 변화는 주효했다. 전자가 당시 '잃어버린 10년'의 수렁에 빠져 있던 라틴아메리카를 상기시키는 경향이 있었던 반면, 후자는 동남아시아의 호황을 구가하는 '호랑이들'을 연상시켰다. 21세기 역사상 가장 훌륭한 성공 스토리라 할 만한 한국은 전쟁으로 황폐화된 농업국가에서 고도의 발전을 이룬 현대적 수출 강국으로 전환을 끝마치던 참이었고 올림픽도 유치할 예정이었다. 대만은 잠에서 거의 깨어난 시기였고 태국과 말레이시아도 그 뒤를 따랐다. 그러나 반 아그마엘과 세계은행은 그 시장에서 오랫동안 독보적 위상을 누릴 수 없었다. 그 모델이 제대로 먹혀들자 즉각 다른 이들도 시장에 진입했기 때문이다. 후발주자들의 활동은 한결 더 수월해졌고, 모건스탠리 캐피탈 인터내셔널Morgan Stanley Capital International, 현재 MSCI Barra이 1988년 초 신흥시장지수를 작성해 발표하기 시작한 이후 '신흥시장'의 정의도 보다 명확해졌다. MSCI는

---

4__    앙트완 반 아그마엘과 저자와의 대화, 2009년 9월.

5__    Antoine van Agtmael, *The Emerging Markets Century—How a New Breed of World—Calss Companies is Overtaking the World* (New York: Free Press, 2007), 5에서 인용.

흩어져 있는 것을 하나의 그룹으로 묶는 지수를 제공함으로써 투자자들에게 좀 더 안정적인 인상을 심어주었다. 다른 지수들과 마찬가지로 MSCI 신흥시장지수도 소극적 벤치마크로서의 역할을 즉각 뛰어넘어 신흥시장 투자를 위한 적극적 가이드가 되었다.

이 지수에 대한 투자는 막대한 수익성이 있었다. 1988년 새해 첫날 MSCI 신흥시장지수는 100에서 출발했다. 1994년 11월까지 그 지수는 563에 이르렀다—세계 각지에서 유입된 자금 규모를 감안할 때 사실상 부진한 성장이라고 할 수 있다. 처음에는 세계 선진시장을 커버하는 MSCI 세계지수와 신흥시장지수의 상관관계가 극히 미미했다. 심지어 1989년에는 잠깐 동안 역의 상관관계를 보였는데, 이는 신흥시장들이 세계 다른 지역에서 발생하는 사건들을 회피하는 진정한 헤지를 제공했음을 시사한다.[6]

하지만 차츰 더 많은 투자자들이 신흥시장 주식 매수 대열에 합류하면서 그들의 자금이 신흥시장을 주도하기 시작했다. 투자자들이 낙관적일 때, 신흥시장은 그들로 하여금 더 큰 수익의 기회와 함께 더 많은 리스크를 감수하도록 이끌었다. 투자자들의 견해가 비관적으로 돌아설 때는 위험한 신흥시장 주식들은 최우선 매도 대상이 되곤 했다. 그리고 시간이 흐를수록 MSCI 신흥시장지수는 선진국 시장들과 훨씬 더 밀접한 상관관계를 보였다. 〈그림 6-1〉이 보여주듯이, 2009년까지 신흥시장지수의 일간 움직임 대부분은 세계지수의 변화를 통해 설명이 가능했다. 투자자들은 신흥시장의 변동성에 쉽사리

6__    MSCI 바라의 피터 베토(Peter Veto)가 제공해준 수치.

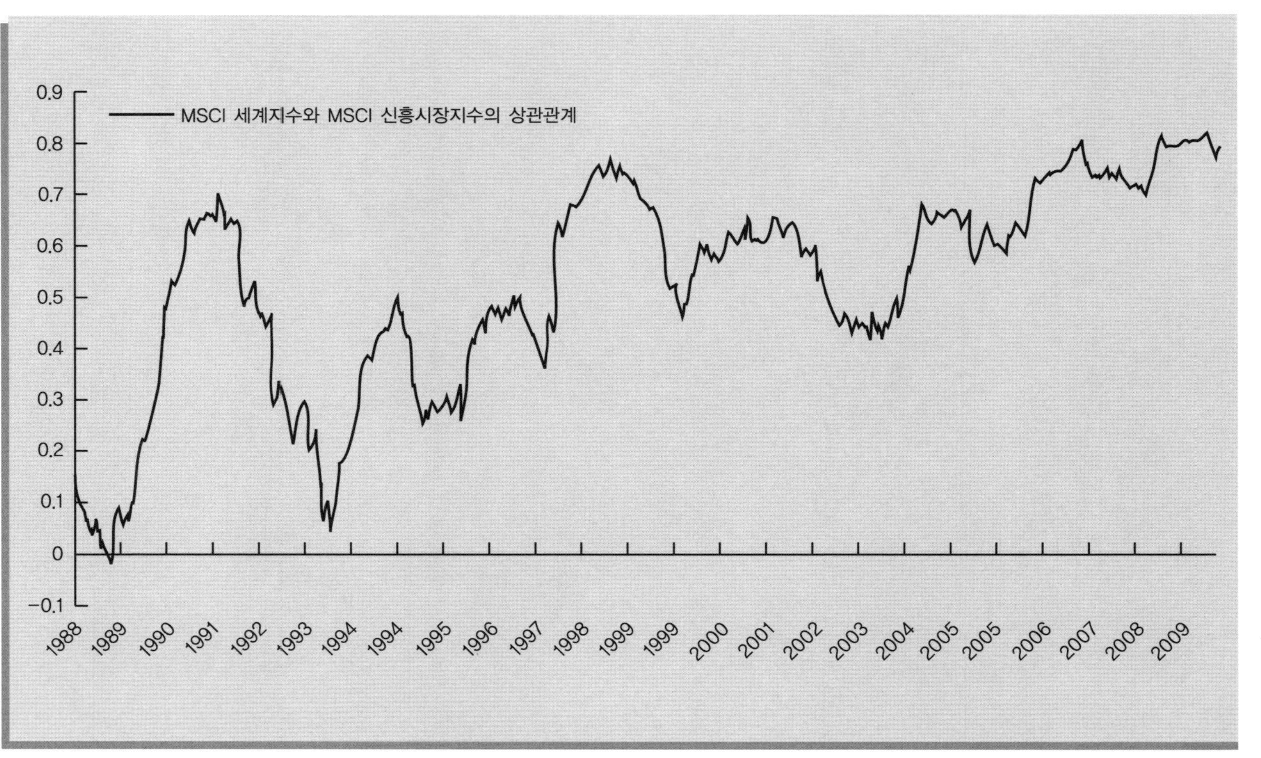
MSCI 세계지수와 MSCI 신흥시장지수의 상관관계
0.9
0.8
0.7
0.6
0.5
0.4
0.3
0.2
0.1
0
-0.1
1988
1989
1990
1991
1992
1993
1994
1994
1995
1996
1997
1998
1999
1999
2000
2001
2002
2003
2004
2005
2005
2006
2007
2008
2009

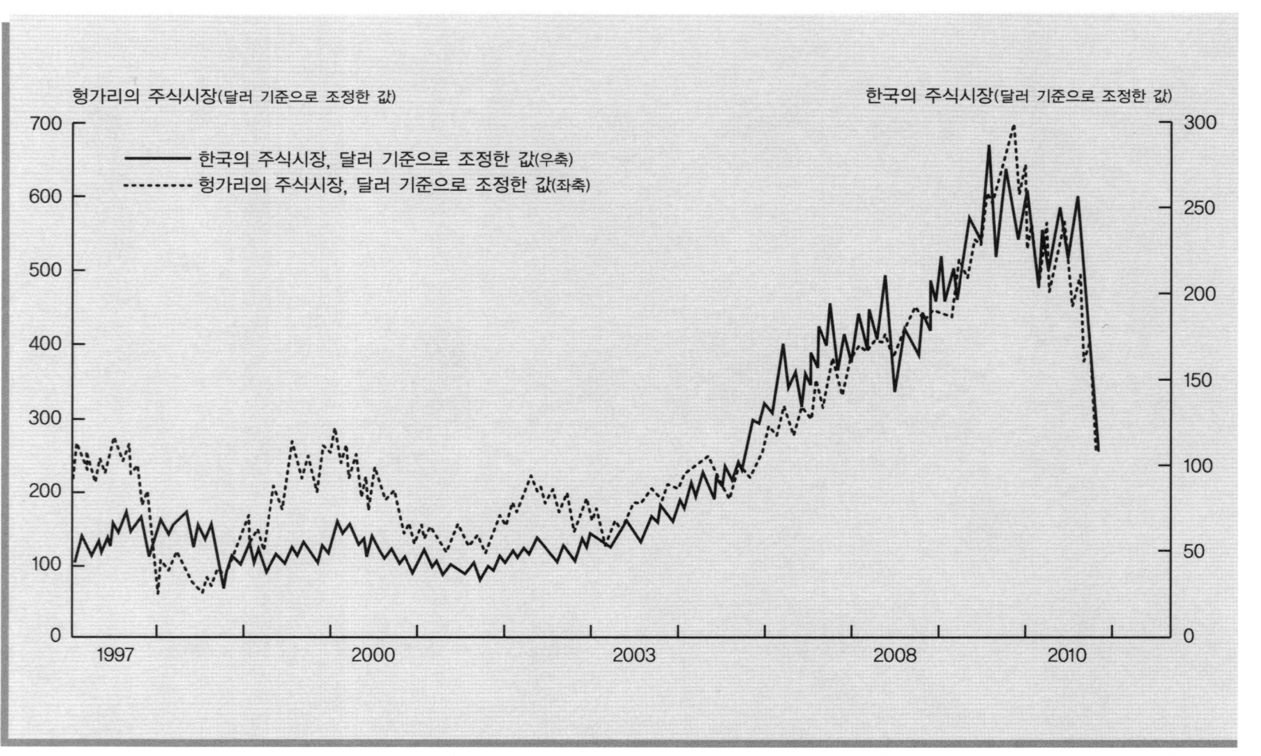
헝가리의 주식시장(달러 기준으로 조정한 값)
한국의 주식시장(달러 기준으로 조정한 값)
한국의 주식시장, 달러 기준으로 조정한 값(우축)
헝가리의 주식시장, 달러 기준으로 조정한 값(좌축)
700
600
500
400
300
200
100
0
300
250
200
150
100
50
0
1997
2000
2003
2008
2010

노출될 수 있었다. 하지만 더 우려스러운 일은 아마도 신흥시장들이 어느덧 서구 투자자의 변덕스러운 행위에 노출되어버렸다는 점일 것이다.

이 지수들을 살펴보면 전혀 다른 시장들이 동반 상승했다는 사실을 확인해볼 수 있다. 예를 들어 한국과 헝가리는 공통점이 거의 없지만(그리고 양국 모두 에스토니아와 공통점이 별로 없다), 점진적으로 이 국가들과 다른 모든 신흥국가들의 움직임이 유사해지기 시작했다(〈그림 6-2〉 참고). 하지만 신흥시장의 성장은 금융공학이 어떻게 실물경제에 지속적인 변화를 야기하는지 보여주는 고전적 사례였다. 머지않아 이 금융공학은 미국 신용시장에서도 똑같이 심각한 악영향을 미치게 된다.

- 개발도상국, 즉 신흥시장 펀드들은 서구 투자자들이 제3세계에 쉽게 투자할 수 있는 방안이 되어주었고, 투자자들은 실제로 이를 적극 활용했다. 그럼으로써 한때 상관관계가 없었던 신흥시장들은 선진시장 및 서로간에 보조를 맞춰 함께 움직이기 시작했다.

- 신흥시장들은 상품가격과 미국의 신용시장에 의해 주도되었다. 이는 동시다발적인 움직임을 위한 충분요인이다. 그리고 신흥시장들은 서구 자본의 갑작스런 철수에 따른 피해를 입기가 쉬워졌다.

# 7 고수익 채권 정크본드의 탄생

1989년

**마이클 밀켄**Michael Milken**이 체포되면서 탐욕의 시대가 막을 내리다**

"어쨌든 탐욕은 괜찮다. 당신이 그것을 알았으면 한다. 나는 탐욕이 건전한 것이라고 생각한다. 당신은 탐욕적일 수 있으며 그러면서도 스스로에 대해 만족할 수 있다."

—이반 보에스키(Ivan Boesky), 캘리포니아 대학 버클리 캠퍼스 연설에서, 1986년 5월 18일

정크본드와 증권화된 모기지들은 고위험 기업과 모기지 대출기관에게 자금을 빌려주는 업무를 은행으로부터 빼앗아 시장들에 넘겨주었다. 이것은 대출 리스크를 떠안는 사람과 대출 승인 결정을 내리는 사람 사이를 확연히 분리시켰고, 리스크를 감수하려는 행태를 부채질했다. 그 결과 모기지 금리가 다른 시장들과 동시에 치솟고 폭락하는 등 유사하게 움직이게 되었다.

1980년대에 가장 널리 알려진 투자자는 실제로 투자를 했던 인물이 아니라 배우인 마이클 더글러스Michael Douglas였다. 1987년에 개봉

한 영화 〈월스트리트〉에 나오는 허구의 차익거래 투자자 고든 게코 Gordon Gekko의 '탐욕은 좋은 것이다'라는 연설은 금융계의 과도한 버블 시대를 압축적으로 잘 보여주었다. 하지만 주요 금융가들의 불명예스러운 사건과 1990년의 경기침체 여파로 그 시대는 막을 내리는 듯했다. 그러나 금융계의 혁신은 내구성이 강했고, 20년이 지난 오늘날에도 여전히 시장에서 발생하는 극적인 사건들의 핵심 주제가 된다.

탐욕은 항상 월스트리트를 주도한다. 1980년대에 월스트리트 사람들에게 더 많은 부를 안겨주었던 것은 금융공학이었다. 당시는 인플레이션 통제 정책으로 인해 이자율이 낮은 수준이었고 큰 변화가 없었으며, 이는 금융혁신을 자극했다. 학술이론들은 투자자들이 신종 자산으로 투자를 다각화하도록 만드는 원동력이 되었다. 그리고 규제완화는 시장들이 은행으로부터 더 많은 영업 부문을 빼앗도록 해주었고, 이에 은행들은 서둘러 새로운 투자처로 이동했다.

한편, 1984년 가장 중요한 돌파구가 등장했다. 그 해에 레이건 행정부는 금융개혁을 통해 은행들이 모기지 대출을 채권으로 전환해 투자자들에게 판매할 수 있도록 허용했다. 이후 주택저당채권을 거래할 수 있는 유동적 시장이 형성되었고, 주택자금 조달에 대한 권한이 그 시장으로 넘어가게 되었다. 그 전까지만 해도 모기지 대출은 영국 빅토리아 시대의 '주택금융조합building societies'을 중심으로 구축된 모델을 따르고 있었다. 주택금융조합들은 저축예금을 받아 대출을 내주는 상호기관들로, 대출 시에는 신중을 기해 한집 한집 꼼꼼하게 조사하고 철저히 대출금을 회수했다. 이 활동은 비효율적이며 비용이 많이 들었지만, 부도 발생을 최소화할 수 있었다. 미국의 '저축 대부조합Savings and Loans'을 시작으로 1970년대 스페인, 2000년대 멕시코에 이르기까지 많은 국가들이 줄이어 이런 식으로 새로운 중산층에게 주택자금을 융자해주었다.

이제 월스트리트로 들어가 보자. 모기지는 계약조건이 분명하게 명기된 금융계약이고, 그 계약하에 대출자는 특정 액수의 이자와 원금을 갚아나갈 것을 약속한다. 이 상환금을 받을 권리는 다른 누군가에게 판매될 수 있다(해당 주택소유자가 채무를 불이행하거나 상환만기 이전에 전액을 갚아 이자수익이 사라지게 될 위험도 추가로 얹어서 말이다). 충분한 양의 모기지들을 한데 모아놓는다면, 분산의 이점 덕분에 모든 모기지들을 일일이 확인하는 실사 과정을 생략해도 무방해진다. 광범위한 통계적 패턴들은 이미 많은 시간을 들여 분석해놓은 경제의 흐름은 물론이고, 대출의 부도율을 예측하는 데에도 도움이 된다. 이번에도 그 길잡이가 되는 원리는 '뭉치면 산다'는 개념이다. 각각의 대출자들을 일일이 면밀하게 조사하는 일은 불가능하지만, 충분히 많은 모기지들을 확보한다면, 그래서 그 개념이 유효해진다면, 철저한 실사 작업이 반드시 필요하지는 않게 된다. 정치권의 승인이 떨어지자 투자은행들은 볼커 시절의 고금리로 인해 힘들어하던 다수의 모기지 대출기관들로부터 모기지 뭉치를 대거 사들이기 시작했고 그것들을 한데 묶어 포장한 뒤 증권의 담보자산으로 활용했다. 그 증권의 매수자들은 애초의 대출자들이 지불하는 이자를 받는 형식이었다. 모기지 상환이 안정적으로 이뤄지는 경향이 있었기 때문에 이 상품은 충분히 용인될 만했다. 국채보다 약간 더 큰 리스크를 감수하는 대신 국채로 얻을 수 있는 수익보다 약간 더 높은 수익을 제공해주었기 때문이다.

　연방저당금고Federal National Mortgage Association와 연방주택담보대출공사Federal Home Loan Mortgage Corporation를 전신으로 하는 패니메이와 프레디맥은 주택대출시장의 양대 중심축이었다. 패니는 뉴딜 시절에 설립된 정부보증 금융기관으로 주택시장의 활기를 도모할 책임을 맡고 있었지만, 1968년 린든 존슨Lyndon Johnson 대통령은 연방정부 예산의 균형을 맞추려는 -결국 실패한- 시도로 이 기관을 민간에 매각했다. 그렇지만 패니는 경영진이 주주를 위해 수익을 내야 하는 상장회사가 되었음에도 불구하고 '공공기관형' 사기업의 입지를 유지해왔다-다수가 공공기관으로 인지하는 한, 그 기관이 보유한 모기지들과 관련해 무언가 잘못될 경우 어쨌든 암묵적인 정부보증을 받게 되리라는 인식이 일반적이었다. 그래서 패니와 프레디가 모기지 채권을 인수해 시장에 판매했을 때 트레이더들은 그 채권이 연방정부의 보증을 수반하고 있는 것으로 간주했다. 여기에서 이 기관의 채권이 제시하는 바는, 국채보다 약간 높은 수익을 제공하면서도 추가적인 리스크는 '아예' 없다는 것이었다. 덕분에 패니와 프레디는 채권 이자를 더 적게 지불해도 되었으며, 따라서 다른 기관들로부터 모기지 채권들을 사들이기 위해 더 높은 금액을 제시할 수 있었다. 이 상황은 주택대출시장을 과열시켰다. 정부의 모호한 암묵적 보증은 패니와 프레디의 경영진과 그 투자자들로 하여금 과도하게 큰 리스크를 감수하도록 충동질했다.

　그 시장에서 패니와 프레디의 존재는 예측하지 못한 결과를 지니고 있었다. 대출기관들이 페니와 프레디와의 경쟁이 어렵다는 점을 깨닫게 되면서, 그들은 이 기관들이 진입할 수 없는 부문, 즉 연방정부의 지원을 받기에는 너무 값비싼 '점보jumbo' 모기지들과 신용이 불량한 사람들을 위한 서브프라임 모기지와 같은 것들로 시선을 돌리곤 했다. 이런 금융혁신의 결과, 애초에 주택대출을 승인해준 대출업체들은 더 이상 부도 리스크의 부담을 질 필요가 없었다. 대출을 승인한 책임자가 그 리스크를 다른 누군가에게 팔아넘길 수 있었으니 말이다. 이번에도 주인과 대리인이 분리된 셈이다.

대리인 역할을 하게 된 투자은행들은 책임감이 다소 약한 편이었다. 지금껏 출간된 금융서 중 단연 가장 흥미진진한 책으로 꼽을 만한 마이클 루이스Michael Lewis의 폭로성 저서 《라이어스 포커Liar's Poker》 덕분에 이런 현실은 영구히 기록으로 남게 되었다.[1] 그 책에서 루이스는 주택저당증권 시장의 독보적인 업체 살로먼 브라더스에서 영업사원으로 일했던 시절을 거론했는데, 그 시장에서 모기지 트레이더들은 하루 종일 소란스럽게 서로 도박을 벌이곤 했다. 투자은행들은 놀라울 정도로 부유해졌다. 애초에 대출을 내준 은행들도 금융증권화에서 이익을 챙겼다. 금융증권화 덕분에 모기지들과 그에 수반된 리스크들을 대차대조표에서 제거할 수 있었기 때문이다. 그들은 고객에게 내준 모기지들을 투자은행 등에 판매해 얻은 자금을 챙겨서 다른 부문으로 계속 이동하곤 했다. 이 아이디어는 영국에 전파되었고, 훨씬 나중에는 유럽대륙으로까지 확산되었는데, 유럽대륙의 경우 대출자들

---

1__ Michael Lewis, *Liar's Poker: Rising Through the Wreckage on Wall Street* (New York: Penguin, 1990).

이 좀 더 보수적인 까닭에 금융증권화의 필요성이 덜했으며 은행들이 보다 강력한 힘을 발휘하는 경향이 있었다. 그런데도 그 기법은 유럽에서도 의도했던 역할을 수행했다. 그것은 주택대출 자금을 조달하고 리스크를 분산시키는 일을 한결 수월하게 만들어주었고, 덕분에 사람들이 주택을 마련하는 데에도 도움이 되었다. 하지만 주인과 대리인이 분리된 여건하에 거기에는 탐욕과 두려움 사이의 변동들로 인해 주택 마련에 따른 감당 능력을 변화시킬 위험이 있었다.

또한 은행들은 또 다른 시장혁신인 '정크본드junk bond' 탓에 규모가 작거나 위험한 사업체에 자금을 대출해주는 핵심 기능에 대한 통제권도 잃어버렸다. 인덱스펀드와 마찬가지로 정크본드(공식적으로는 '고수익 채권'으로 알려진)도 기원을 추적해보면 학술이론으로 무장한 기업가적 금융업자로 거슬러 올라간다. 투자은행 드렉셀 번햄 램버트Drexel Burnham Lambert의 마이클 밀켄은 대학에서 경제학을 공부하는 동안 정크본드에 대한 아이디어를 떠올렸다. 당시 그는 우연히 월터 브래독 힉맨Walter Braddock Hickman. 나중에 연방준비은행장이 된다이 발표한 논문을 읽게 되었다. 그 논문은 1900년부터 1943년까지 낮은 등급의 회사채로 구성된 분산 포트폴리오가 더 높은 등급의 우량채권들보다 나은 성과를 낳았으며, 그것도 더 높은 리스크를 감수하지 않고도 이런 결과가 나왔음을 보여주었다. 1945년부터 1965년까지 분석한 추가적인 연구에서도 동일한 결론이 나왔다.[2]

그 핵심 열쇠는 '뭉치면 산다'의 또 다른 형태인 분산화였다. 투자자들을 설득해 자금을 유치하기 위해 더 높은 채권이자를 지불해야

---

2__ Hickman, W. Braddock, *Trends and Cycles in Corporate Bond Financing* (National Bureau of Economic Research, 1952) 참고.

하는 낮은 등급의 채권들을 충분히 많이 매수한다면, 그것들 중 충분히 많은 수의 채권들이 부도를 내지 않고 살아남아서, 더 적은 이자를 지급하는 우량채권에 투자한 경우보다 더 나은 성과를 안겨줄 것이었다. 신흥시장에 대한 투자와 마찬가지로 대개 엄두도 못 낼 정도의 엄청난 연구를 필요로 하는 위험한 투자대상들은, 금융업자들이 그런 투자대상을 충분히 많이 확보해 한데 묶어 포장한다면 구미가 당기는 상품이 될 수도 있었다. 그 이론에는 한 가지 결함이 있었다. 세계대전 이전에, 낮은 등급의 채권들은 보기 드물게 이례적인 현상이었다. 대개 그 채권들은 발행 시점에 신용이 훌륭했으나 단지 그 이후 힘겨운 시기에 봉착하게 된 기업들이 발행한 것이었다. 그것은 투자를 위한 하나의 자산집단으로 간주되었다기보다 우연에 의한 결과물이었지만, 물이 완전히 빠져나간 썰물기에 그 채권들을 매수하는 일은 장기적으로 좋은 결과를 안겨줬다. 하지만 채권 발행 시점에 신용이 불량한 기업들의 채권들에 대해서도 마찬가지 결과가 나올지는 불분명했다.

그럼에도 불구하고 밀켄은 기회를 놓치고 싶지 않았다. 충분히 많은 수의 고위험 기업들에게 채권을 발행하도록 설득한다면, 투자자들이 더 높은 수익을 좇아 시장에 진입하도록 좀 더 쉽게 설득할 수 있을 것이었다. 그리고 충분히 많은 투자자들이 정크본드 시장에 뛰어들도록 설득한다면, 기업들도 더 열심히 채권을 발행할 것이었다. 일단 시장이 형성되고 나면, 중소기업들의 전반적인 전망이 향상되어 자금을 늘리기가 한결 수월해질 것이었다.

이 투자 전략은 제대로 먹혀들었고 밀켄은 월스트리트에서 가장 부유한 금융업자가 되었다. ‘정크본드’들은 시장을 민주화시켰다. 그것들에 대한 수요는 급속히 증가했고 기업을 공격하는 무기가 되기도 했다. 기업사냥꾼들이 기업인수에 고수익 채권을 활용했기 때문이다. 디킨스의 소설과 가장 근접한 서술방식이라 할 만한 저널리즘 식으로 집필된《문 앞의 야만인들Barbarians at the Gate》의 이면에 놓여 있던 것이 이런 채권들이었다.[3] 그 소설은 식품 및 담배를 제조하는 대기업 RJR 내비스코RJR Nabisco가 고수익 채권으로 조달된 투자자 컨소시엄에게 250억 달러에 인수된 경위를 다루고 있다. 20년이 넘는 세월이 흐른 지금도 그것은 월스트리트 역사상 최대 규모의 기업인수로 꼽힌다. RJR은 당시 감당해야 할 막대한 이자 지급에 발목이 잡혀버렸지만, 그 기업인수는 많은 금융업자들을 더욱 부유하게 만들어주었다.

정크본드는 또한 은행의 또 다른 기능도 접수해버렸다. 전통적으로 고위험 기업들에 대한 대출은 은행의 몫이었다. 당시 은행들은 대출을 원하는 기업에 가까이 접근해 경영진과 직접 이야기를 나누며 기업 부지를 돌아볼 수 있었다. 그러던 것이 이제는 투자자들이 감수하게 될 리스크를 꼼꼼히 검토하고 챙기기보다 단순히 다양한 채권들을 매수하는 형태로 바뀌었고, '뭉치면 산다'는 개념—몇몇 채권들은 부도가 날 테지만, 대부분은 별 문제 없을 것이다—이 그들을 도와주곤 했다. 이번에도 역시 학계의 이성적인 통찰은 투자자들에게 리스크 관리가 가능하다는 확신을 주었다. 설 자리를 잃은 은행들은 정크본드에 대한 수요에 가담했다. 미국의 모기지 대출기관인 저축대부조합은 고객들의 예금 덕분에 자금이 풍부했지만, 자본시장을 통

---

3__  Bryan Currough and John Helyar, *Barbarians at the Gate* (New York: Random Century, 1990) 참고.

해 자금을 조달하는 다른 모기지 대출기관들이 그들보다 저가로 대출상품을 판매할 수 있었기 때문에 그런 풍부한 자금을 제대로 활용하기 어려운 처지였다. 월스트리트의 영업사원들은 이에 대한 해답을 갖고 있었다. 그들은 저축대부조합에게 고수익 채권들을 판매하기 시작했는데, 이 채권들은 최소한 이론상으로는 모기지들과 아주 유사하게 취급해야 할 것들이었다. 따라서 2007~2008년의 재앙적 사태를 불러일으킬 몇 가지 중대한 요인들은 이미 존재했던 셈이다. 경제를 구성하는 여러 부문의 가격들이 이제 은행이 아니라 해당 시장에 맡겨졌고, 은행들은 더더욱 할 일이 없는 처지가 되었다. 신용이 낮은 채권들의 거래가 가능해졌고, 모기지도 거래될 수 있게 되었다. 이제 남은 유일한 작업은 그 둘을 합쳐서 정크 모기지를 만들어 매매하는 일이었다.

정크본드가 안고 있는 문제점들은 머지않아 명백히 드러났지만, 그 시장은 살아남았다. 고도로 레버리지된 몇몇 기업들이 시인했듯이 그들은 자신이 떠안았던 막대한 이자를 제대로 지급할 수 없었고 1989년 정크본드의 가격은 11%나 폭락했다. 1980년대가 끝나는 시점에 리퍼 애널리티컬 서비스<sub>Lipper Analytical Services</sub>에서 나온 보고서에 따르면, 정크본드 펀드에 투자된 자금은 1980년 이후 145% 증가했다. 나름 괜찮은 수준으로 보였지만, 같은 기간 동안 투자적격 회사채가 올린 수익률 202%나 사실상 무위험 투자수단인 미국 국채의 수익률 177%에 비하면 형편없는 성과였다. 드렉셀이 1977년부터 발행해온 정크본드들은 1990년까지 약 4분의 1이 부도를 냈다—이례적으로 높은 실패율이다.[4] 이는 저축대부조합의 끔찍한 위기에 일조했는데, 이들 기관 중

대다수는 사기성 범죄를 저질렀음이 밝혀졌고 1990년대 초 경기침체기에 대규모 정부 구제자금을 필요로 하는 상황에 이르렀다.

밀켄은 감옥에 갔고, 암에 걸렸으나 이겨냈으며, 자선사업가로 제2의 전성기를 누렸다. 그의 흥망성쇠에 관한 이야기는 실험적 발레 공연의 주제가 되기도 했다. 하지만 1980년대 미국의 과도함은 동일한 시기에 일본을 장악했던 투기적 광풍에 비하면 아무것도 아니었다. 그리고 일본의 몰락은 어이없게도 미국인들에게 새로운 저리자금의 풍부한 원천을 제공해주었다.

4__ James B. Stewart, *Den of Thieves* (Riverside, NJ: Simon & Schuster, 1991), 503~504에 인용된 수치.

# 8 저렴한 자금의 원천 엔화, 캐리트레이드

1989년 12월 31일

**일본 경제가 정점을 찍고 상승세의 역사가 막을 내리다**

"우리가 목격하고 있는 일은 단지 냉전의 종식이나 전후 역사의 특정 시기를 지나가는 모습이 아니라, 그 역사의 종말이다. 다시 말해 이것은 인류의 이데올로기적 진화의 마지막 지점이자 인간 정부의 마지막 형태로 자리 잡은 서구자유민주주의의 보편화다."

—프랜시스 후쿠야마(Francis Fukuyama), 1990

'캐리트레이드carry trade'는 저금리 통화로 자금을 빌려 고금리 통화에 투자해 차익을 챙기는 방식으로 저렴한 자금을 창출한다. 1990년 일본 시장이 붕괴되면서 우선적으로 금리인하 조치가 취해졌고 이후 엄청난 캐리트레이드가 발생했다—그리고 2009년 미국 시장의 붕괴 이후 투자자들은 또 다른 캐리트레이드로 미국 달러를 활용했다. 그 저렴한 자금은 버블을 부풀렸다. 투자자들이 주식투자 자금을 조달하고자 이런 저리자금을 활용하면, 주식시장들이 엔화의 환율에 따라 오르내리게 된다.

일본은 베토벤 교향곡 제9번 〈합창〉으로 새해를 축하하곤 한다. 1980년대를 마감하는 날 밤, 교향곡 제9번 마지막 악장인 '환희의 송가'는 당시의 상황과 꽤 부합되는 듯했다. 베를린 장벽이 붕괴되었고 동구권 전역에서 공산주의가 무너졌으며, 이는 즉각 자본주의 세계에게 새로운 신흥시장의 방대한 영역을 열어주었다. 그로부터 몇 달 전에는 중국에서 발발한 학생 시위가 천안문광장 대학살로 끝이 났다. 이 사건으로 중국 최고지도자 덩샤오핑은 국민에게 새로운 무언가를 약속해야 할 입장에 놓였다. 중국 정부는 민주주의를 제약하는 대가로 경제성장을 보장하기로 했다. 중국은 무자비한 자본주의를 통해 성장을 달성할 예정이었고, 1990년에 1947년 공산주의 반란 이래 폐쇄되었던 상하이증권거래소를 다시 개장했다.

이 사건들은 자본주의의 면면을 바꿔놓았다. 하지만 훨씬 엄청난 충격을 가했던 것은 일본이었다. 1989년 12월 말 일본 주식시장은 버블의 절정에 이르렀다. 이 버블이 터질 경우 발생할 부의 손실에 따른 국제적 영향은, 1929년 월스트리트 대공황에 이어 발생한 금융위기 및 경기침체와 맞먹을 정도로 심각할 가능성이 다분했다. 일본은 그 위기에 맞서 맹렬히 저항했고, 이 과정에서 일본의 통화는 세계 다른 국가들을 위한 저렴한 자금의 원천이 되었다. 이렇게 해서 발생한 이른바 '엔 캐리트레이드<sub>yen carry trade</sub>'는 결국 전 세계를 넘나드는 자산에 버블이 형성되도록 만들었다. 일본의 경우 버블의 광기나 그 뒤 이어진 처참한 상황은 과장이 힘들 정도다. 1989년 미국 경제 규모의 약 3분의 1에 해당했던 일본 경제는 세계 GDP의 겨우 8%를 차지했지만, 그 주식시장 가치는 전 세계 주식시장 가치의 절반 이상이었다.[1] 이는 비정상적인 현상이었다. 토지와 부동산 가격은 훨씬 심각하게 고평가되어 있었다. 도쿄의 경우, 일본 황궁이 위치한 땅이 캘리포니아 땅을 모두 합친 것보다 더 비싼 적도 있었다.[2] 1980년대의 금융자유화로 인해 모기지 확보가 한결 쉬워졌고 이는 해외투자를 부추겼으며, 이런 현상이 버블을 계속 키워냈다. 1985년부터 1989년까지 일본의 주요 주가지수인 니케이 225는 네 배로 뛰었다. 그리고 다음 5년 동안 그 지수는 80% 이상 폭락했고 그 뒤로도 지속적인 회복세에 안착하지 못했다. 2009년을 마감하는 시점에 니케이 지수는 1985년에 처음 도달했던 1만선 부근에 머물러 있었다. 주식시장 초절정기에 그 지수는 거의 4만에 육박했었다.

일본의 거품은 스스로의 무게에 짓눌려 붕괴되었다. 주택가격이 너무 올라서 사회적 안정을 위협했고, 이에 정부가 나서서 모기지 대출을 억제하자 대출자들은 파산했고 땅값은 폭락했으며 주가도 동반 하락했다. 당시 상황은 일종의 멕시코 위기가 재현된 바나 다름없었다—광적인 자본 유입과 과도한 대출로 거품이 형성되었고 지나치게 비대한 은행이 생겨났다. 이 두 국가의 결정적인 차이는 일본의 사태가 멕시코보다 훨씬 대규모였다는 점이다. 멕시코에서처럼 일본 은행들도 취약점으로 작용했다. 광기에 가까운 투자 열기 속에서 확대된 많은 모기지들은 회수될 리 없었다. 일본 은행들이 상황을 인정하고 실제 가치대로 자산을 장부에 기록했다면 금융시스템 전체가 거의 파산상태에 이르렀을 것이다. 그래서 일본 규제당국은 현실

---

1___ 이 수치들은 데이터스트림(Datastream) 주가지수에 기초한 것이다.
2___ Kindleberger and Aliber, *Manias, Panics and Crashes* 참고.

적인 장부 기재를 강요하지 않았고, 은행들은 경제에 활력소가 되기는커녕 제 기능도 제대로 못할 정도로 휘청거렸으며, 그 사이 일본은 자금이 고갈되면서 전면적인 디플레이션에 빠져들었다.

당시 국제 투자자들이 볼 때 그 문제에 대한 실마리는 일본 정부의 대응에 있었다. 일본 당국이 내놓은 대책은 금리를 인하해 시중에 자금을 유통시키는 것이었다. 1990년의 새해가 밝기 하루 전, 일본 중앙은행의 목표 대출금리는 4.25%였다. 그 이후 일본 경제의 활력이 저하되고 저리자금의 반복 처방이 경제를 자극하거나 은행에 생명을 불어넣는 데 실패하면서 금리가 오랫동안 꾸준히 하강하는 상황에 이르렀다. 1995년까지 일본의 할인율discount rate, 중앙은행이 상업은행에 대해 적용하는 공정할인율-옮긴이은 0.5%까지 낮아졌다. 2001년 할인율은 0.1%에 도달했고 계속 그 수준을 유지했다. 〈그림 8-1〉은 일본 경제의 활력이 서서히 사라져가는 과정을 보여준다.

이 사태는 외부와 별개의 일이 아니었다. 일본의 저금리는 엔화를 약화시켰고 일본인들은 자국 내에 저축하기를 극도로 꺼렸다. 이는 외환시장에 접근 가능한 국제 트레이더들을 위한 기회를 창출했고, 이것이 이른바 '엔 캐리트레이드'로 발전했다. 이것은 글로벌 버블에 관한 가장 큰 논란의 소재이면서도 가장 비가시적인 부분일 것이다. '캐리'는 자금을 보유하는 비용을 일컫는 트레이더들의 전문용어다. 예를 들어 금괴를 보관하는 데는 비용이 든다. 금괴 저장고가 매우 비싸기 때문이다. 하지만 엔화로 자금을 빌리는 데는 거의 아무런 비용이 들지 않는다-1990년대 후반부터 그 비용은 고작 일본인들의 예금계좌에 적용되는 최소한의 이자율에 불과한 수준이었다.

**붕괴 이후: 저리자금과 디플레이션**

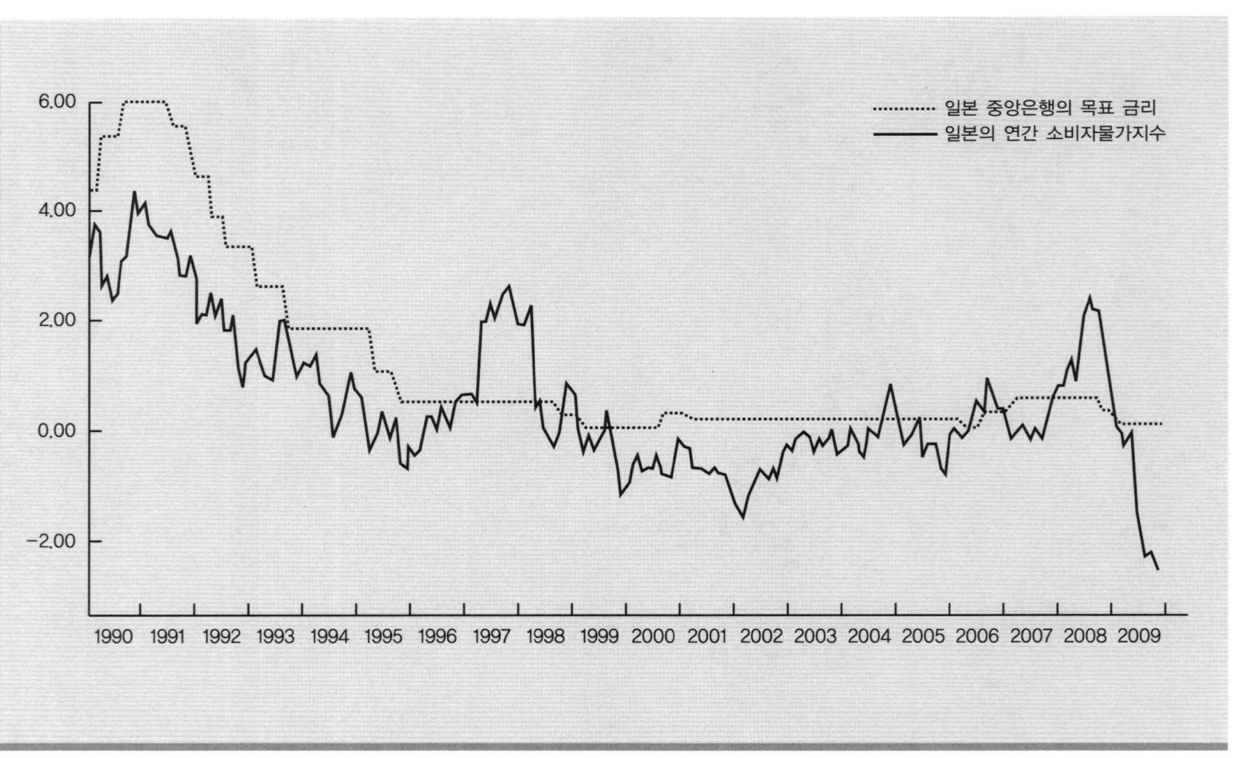

고금리는 통화를 강화시키는 경향이 있다. 예를 들어 미국이 금리를 동일하게 유지하는 동안 영국이 금리를 인상하면, 파운드화가 자금을 넣어두기에 좀 더 매력적인 수단이 되기 때문에 달러에서 빠져나간 자금이 파운드로 몰려든다. 이런 자금 흐름은 파운드화의 가치를 강화시킬 것이다. 이처럼 저금리는 통화가치를 취약하게 만드는 경향이 있다. 그리고 이는 대규모 '캐리트레이드'—엔화로 자금을 빌려서 금리가 더 높은 통화에 투자해 차액을 챙기는 방식—의 가능성을 활짝 열어놓는다. 갑작스러운 엔화 평가절상도 불가능하다. 대외채무 상환금이 높아지기 때문이다. 시장들의 자기실현적인 본성도 여기에 한몫한다. 더 많은 투자자들이 캐리트레이드를 시도할수록, 이 베팅은 그만큼 더 안전해질 것이다. 더 많은 엔화가 일본 밖으로 유출되어 엔화가 더 취약해질 것이기 때문이다. 하지만 변동성이 커지거나 투자자들이 불안감을 느낄 경우, 그들은 캐리트레이드로 거둔 이익을 실현할 것이고 그 과정에서 엔화가 강력해질 것이다. 당시 이 투자전략은 대체로 잘 먹혀들긴 했지만, 변동성의 급증이 모든 트레이더들의 계산을 엉망으로 만들어버릴 위험이 상존했기 때문에 그것은 본질적으로 자금을 조달하기에 위험한 방식이었다. 다시 말해 일본이 경제위기에 빠져 있는 동안, 엔화는 일본 경제의 고질적인 요인들보다는 세계 투자자들의 야성적 충동animal spirits에 따라 움직였다는 의미다.

정확히 누가 엔 캐리트레이드의 주범이었는지는 뜨거운 논쟁의 주제로 남아 있다. 정확한 분석이 쉽지 않기 때문이다. 그 용의선상에는 일본의 전형적인 소액투자자를 일컫는 '와타나베 부인'이 있다.

이 부인들은 일본 국내의 은행계좌나 주식시장을 통해서는 돈을 벌
수 없었지만, 해외에 투자함으로써 비정상적으로 가치가 하락한 통
화 덕분에 수익을 올릴 수 있었다. 더 많은 일본 투자자들이 저축자
금을 해외에 맡겨둘수록 엔화의 가치는 점점 더 취약해졌다. 이렇게
자국의 통화가 취약해지는 현상은 와타나베 부인을 더욱 부자로 만
들어주었고 그녀의 친구들도 같은 일을 하도록 충동질했다. 그 틈을
타 일본에서는 '유리다시Uridashi' 채권과 같은 신종 저축상품도 생겨
나 일본 투자자들에게 뉴질랜드나 호주 달러, 또는 남아프리카 랜드
rand—훨씬 높은 금리의 통화라면 무엇이든—로 표기된 수익을 안겨
주었다. 하지만 그 용의자는 와타나베 부인들만이 아니었다. 국제 트
레이더들도 캐리트레이드를 통해 수익을 챙겼다. 전 세계 투자자들
의 리스크 감수 욕구의 변화로 인해 몇 분 사이에 엔화가 급등세를
보이곤 했던 모습에서 이를 확인해볼 수 있다—와타나베 부인들은
그런 변화의 속도를 감히 따라잡을 수 없었을 것이다. 그리고 다음
10년 동안 일본 이외의 대규모 경제들에서 발생한 금리하락에 힘입
어 미국 달러와 스위스 프랑과 같은 통화들로 캐리트레이드가 확대
된 현상과 와타나베 부인은 아무런 관련이 없었다.

2001년 9·11 테러의 여파로 연준위가 1% 정도의 낮은 수준까지
금리를 인하한 이후, 국제결제은행Bank of International Settlement, BIS은 다
수의 트레이더들이 캐리트레이드의 일환으로 달러를 차용하기 시작
했음을 파악했다.[3] 또 다른 저금리 통화였던 스위스 프랑에도 동일한

<hr>

3__ Gabriele Galati and Michael Melvin, 'Why has FX trading surged? Explaining the 2004
triennial survey,' BIS Quarterly Review, December 2004 참고.

현상이 나타났다. 공산주의에서 벗어난 헝가리인들은 종종 스위스 프랑으로 액수가 매겨진 모기지를 택하곤 했다. 그들은 스위스 프랑을 통해 저금리로 주택자금을 조달했고 해외투자를 위한 자금의 여지를 확보했지만, 한편으로 자국 통화인 포린트가 하락할 경우 잠재적 재앙에 노출될 수밖에 없었다. 2007년 1월까지 18개월 동안 헝가리인들은 주택대출로 약 32억 5,000만 스위스 프랑(당시 환율로 26억 달러)을 빌렸고 한편, 헝가리의 스위스 프랑 대출 총액은 당시 헝가리 GDP의 약 7.5%에 달했다.[4] 캐리트레이더들이 종착지로 삼은 통화들은 경이로운 성장을 누렸다. BIS에 따르면, 2001년부터 2004년 사이 호주 달러의 회전율은 150%나 증가했다−이 기간 동안 호주의 금리는 상승했고 미국 달러의 금리는 하락했으며, 호주 달러는 한층 강력해졌다. 이런 통화 매매는 온라인 투자에 의해 주도되었는데, 당시 온라인 기술의 발달 덕분에 통화 매매가 한결 수월했고 그만큼 캐리트레이드의 활용도 증가했다.

일본의 붕괴는 거대한 자금 흐름의 방향을 바꿔놓았다. 투자자금들은 새롭게 떠오르는 국가들로 눈을 돌려 버블을 부풀렸으며, 또한 세계 전체에 저렴하지만 불안정한 자금을 제공함으로써 동시발생적인 초대형 버블을 부풀리는 데 일조했다. 그 관행이 투자시장을 장악하면서 일부 통화들은 저평가되었고 일부는 고평가되었으며, 이로 인해 세계 경제와 글로벌 무역의 거래조건들도 왜곡되었다.

〈그림 8−2〉에서 볼 수 있듯, 2003년부터 2009년까지 엔화 대비 호

---

4__ Christopher Condon and Peter Carnham, 'Swiss franc wins foreign favour in funding asset purchases,' Financial Times, March 22, 2007 참고.

그림 8-2 잘못된 상관관계: 미국 주식과 캐리트레이드

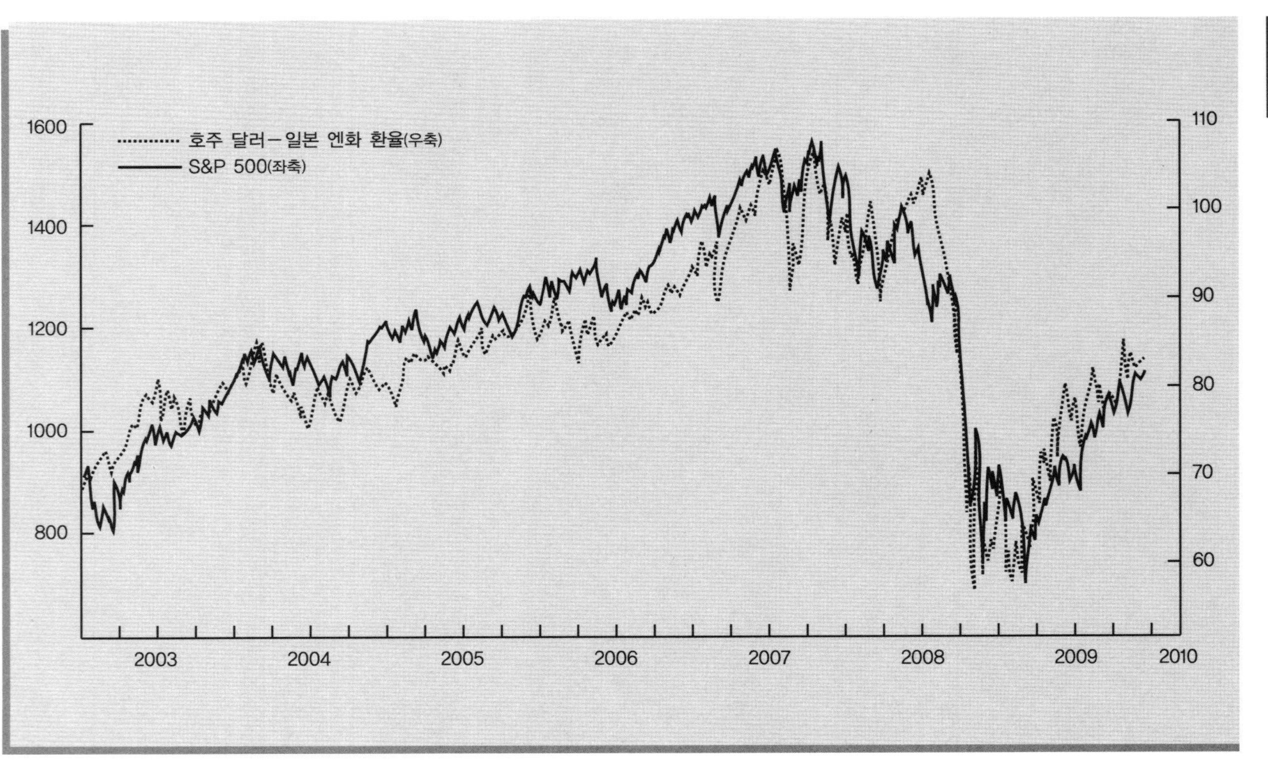
호주 달러-일본 엔화 환율(우축)
S&P 500(좌축)
1600
1400
1200
1000
800
110
100
90
80
70
60
2003
2004
2005
2006
2007
2008
2009
2010

주 달러의 캐리트레이드 환율은 미국의 S&P 500 주가지수와 거의 완벽히 일치했다. 이는 기이한 현상으로 양쪽 시장 모두 가격이 비효율적이었음을 보여준다.

역사는 1990년에 끝나지 않았다. 엔 캐리트레이드는 금본위제 폐지 이후 투자자들이 어떻게 외환으로 돈을 벌 수 있었는지 보여주는 유일한 사례가 아니었다. 1990년대가 전개되는 동안, 외환은 어느덧 하나의 자산집단이 되어 있었다.

■ 일본의 거품 붕괴는 다른 국가들의 금융위기로까지 확산되지는 않았다. 그 이유는 세계 투자자들이 일본의 저금리가 주는 이점을 향유하게 해준 새로운 시장들의 출현과 캐리트레이드 때문이었다.

■ 캐리드레이드는 추가적인 투기자금을 창출했고 엔화와 달러 및 주식시장들 사이에 밀접한 상관관계가 나타나도록 만들었다. 캐리트레이드는 낮은 변동성에 거는 도박이라고 할 수 있다.

# 9 자금 흐름을 증폭시킨 외환시장

1992년 9월 16일

**조지 소로스가 잉글랜드은행(영국중앙은행)을 상대로 승리를 거두다**

"오늘은 정말로 힘들고 혼란한 하루였다."

—영국 재무부장관 노먼 러몬트(Norman Lamont), 1992년 9월 16일

외환은 추가적으로 가치를 창출할 수 없는 일련의 제로섬 게임이어야 한다. 하지만 1990년대의 연이은 통화 쿠데타는 투자자들이 통화를 나름의 자산집단으로 간주하도록 만들었다. 주식 및 채권 투자자들이 통화시장에서 투자활동에 나섰고 환율이 주식시장과 연동해서 움직이기 시작했다.

1992년 9월 16일 수요일, 시티 오브 런던런던 가운데서도 특히 금융의 중심지를 말한다—옮긴이에서 매매가 시작되자마자 충격적인 소식이 날아들었다. 당시 영국 정부로부터 완벽히 독립된 기관이 아니었던 영국중앙

은행이 기준금리를 10%에서 12%로 2% 포인트 인상한 것이다. 그날은 분명 정부가 아닌 시장이 환율을 성한다는 사실이 처음으로 명백히 입증된 날이라고 할 수 있다-그리고 그날을 계기로 많은 주류 투자자들은 외환시장에 진입할 확신을 가졌고, 그들이 외환시장에서 투자활동을 벌이면서 시장들이 더욱더 동시다발적으로 움직이는 결과가 나타났다.

영국 대부분의 주택소유자들은 변동금리 주택대출을 받은 상태였고, 부동산 경기침체에 시달리고 있었다. 영국중앙은행의 금리인상 조치는 모기지 상환액이 매달 20%까지 증가한다는 것을 의미했다. 또한 영국 정부가 파운드화의 가치를 방어하는 데 필사적으로 매달리고 있다는 뜻이기도 했다. 파운드화는 지난 2년간 유럽의 주요 통화 간 협약인 유럽통화제도European Monetary System의 환율조정체제에 속해 있었다. 그리고 그날 영국중앙은행의 극단적인 금리인상은 파운드화의 가치를 유지하기 위한 방편이었다.


파운드화는 계속 하락했다.

점심식사를 마치고 오후 2시에 사무실로 돌아온 런던의 일부 금융업자들은 영국중앙은행이 금리를 한 차례 더 인상할 계획이라는 사실을 알게 되었다. 이번에는 3% 포인트 인상되어 15%가 되었다. 더 나아가 파운드화를 방어하려는 정부의 의지가 워낙 확고한 나머지, 주택소유자들의 대출 비용이 하루 사이에 50%나 증가해버렸다. 이는 믿기 힘든 일이었다. 영국 재무부가 파운드화를 방어하려는 차원에서 외환보유고마저 털어 파운드화 매입에 적극 나섰음에도 불구하고 파운드화는 계속 하락했다. 그날 밤 영국 재무부장관 노먼 러몬트는 유럽 환율조정체제에서 '탈퇴하겠다고' 발표했고 현재도 재가입 없이 그대로 유지되고 있다. 파운드는 그날 몇 시간과 다음 날 사이에 달러 대비 약 10% 하락했고, 라몬트 장관은 금리를 9%로 인하했다.

이 사건은 영국 정치사에 '검은 수요일Black Wednesday'로 기록되었는데, 당시 집권당이었던 보수당은 이를 계기로 10년이 넘도록 야당 신세를 면치 못했다. 정확한 내막을 알 수 없었던 글로벌 투자자들은 서둘러 진상 파악에 나섰다. 그로부터 약 열흘 후 런던의 〈더 타임스The Times〉는 국제적 투자 거물인 조지 소로스George Soros와 인터뷰를 진행했다. 소로스가 털어놓은 바에 따르면, 그의 펀드는 파운드화 하락을 이용해 9억 5,000만 달러의 수익을 올렸고, 유럽 환율조정체제를 중심으로 발생한 혼란을 틈타 다른 통화들에 투자함으로써 그 정도의 돈을 추가로 더 벌어들였다.[1]

당시의 경제 상황을 면밀히 관찰한 소로스는 영국이 유럽 환율조정체제 내에서 독일 마르크 대비 파운드의 가치를 지켜낼 수 없으리라고 판단했다. 영국 경제는 불황에 빠져 있었고, 독일 정부가 금리를 낮춰 영국을 도와줄 기미도 보이지 않았다. 또한 파운드화에 불리한 약간의 움직임만으로도 압도적 힘을 발휘할 것이며 따라서 그의 투자 움직임이 자기실현적인 예언이 되리라는 판단을 내렸다.

〈더 타임스〉와의 인터뷰에서 소로스가 한 말에 따르면, 그는 미리

---

1__ Anatole Kaletsky, 'How Mr. Soros made a billion by betting against the pound,' The Times of London, October 26, 1992 참고.

10여 개 은행들과의 신용한도<sub>line of credit, 은행이 일정기간 동안 일정금액 범위 내</sub>

에서 자금을 대출하기로 약정하는 제도-옮긴이 협상을 통해 100억 달러의 자금을 마련해두었다. 이어 영국중앙은행이 금리를 12%로 인상하자 이를 파운드화 폭락이 임박했다는 신호로 받아들이고 최대 한도의 파운드화를 차입해 전액 마르크화에 집어넣었다. 이는 파운드화의 하락을 크게 압박했다. 파운드가 10%까지 폭락하자, 소로스는 갖고 있던 마르크를 다시 파운드화로 바꿔 10%의 수익을 올렸다. 이 상세한 설명을 들은 영국인들은 소로스를 마치 제임스 본드<sub>James Bond</sub>의 영화에 나오는 악당처럼 여겼다. 하지만 투자자들에게는 소로스의 설명이 외환(이른바 '포렉스<sub>forex</sub>')에 투자 기회가 있다는 말로 들렸다. 외환자체가 하나의 자산집단이 될 수도 있다는 의미였으니 말이다.

외환이 투자대상이 될 수 있다는 견해에 반대하는 강력한 주장들도 있다. 주식이나 채권과 달리 외환은 시간이 흘러도 추가적인 가치가 창출될 수 없다. 모든 외환 거래에는 승자와 패자가 있다. 당신이 유로화를 사고 달러를 팔았는데 유로화의 가치가 상승한다면, 당신은 이익을 얻게 된다. 그리고 당신의 달러를 구매한 누군가는 당신이 이익을 본 액수와 똑같은 금액의 손실을 본다. 여기까지 보면 모든 외환 거래는 거래자들의 이익과 손실의 총합이 항상 제로가 되는 '제로섬 게임'이다. 반면 기업이 꾸준히 수익을 낼 경우 주식의 총 가치는 해마다 증가한다. 그러나 매년 외환시장에서 발생하는 총 가치는 제로가 되어야 마땅하다. 브레튼우즈체제가 힘을 발휘하고 환율이 금에 고정되어 있었던 동안, 외환에 투자해 이익을 볼 기회는 어쨌든 극히 제한적이었다. 하지만 실상은 더 복잡하다. 외환은 현존하는 최대 규모의 가장 유동적인 시장이다. 매일 3조 2,000억 달러 정도가 각국의 통화 사이를 오고간다. 이런 자금 흐름의 대다수는 투자자들의 수중에서 이뤄지지 않는다. 주로 여행자나 수입업자 또는 외국 통화로 대금을 받는 수출업자에 의해 매매가 이뤄진다. 이런 사람들은 대개 환율의 유불리를 떠나 당장의 실질적인 필요에 의해 외환을 거래하며, 그렇기에 외환시장의 추세를 애써 예측하려 들지도 않을 것이다. 결국 외환은 일련의 제로섬 게임으로서 그 게임에 참여한 다수의 경쟁자들은 필사적으로 이득을 챙기려 들지 않거나, 손해 볼 가능성이 높은 때라도 어쩔 수 없이 게임에 참여하게 된다. 그런데 이런 까닭에 외환은 오히려 매력적인 투자 기회로 보이기 시작했다. 외환에 투자하는 경쟁자가 그만큼 더 적을 테니 말이다.

또한 1990년대에 외환은 주식들과 상관관계가 없다는 이점이 있었고, 따라서 리스크를 분산시킬 기회가 되어주었다. 그리고 브레튼우즈체제의 종식에서 기인한 단점—환율의 급격한 변동—도 또 다른 기회를 제공해주었다. 시카고상업거래소Chicago Mercantile Exchange는 1972년부터 외환선물계약을 매매하기 시작했다. 이것을 통해 기업들은 향후의 거래에 대해 환율을 고정시킬 수 있었고, 덕분에 환율의 급격한 변동에 따른 리스크를 어느 정도 회피할 수 있었다. 하지만 다른 한편으로 투기꾼들은 외환선물계약을 통해 환율의 향후 움직임에 대해 훨씬 쉽게 도박을 걸 수 있었다. 그리하여 펀드들과 대규모 투자기관들은 외환 투자를 목표로 하는 별도의 자금을 할애하기 시작했다. 1992년 파운드 위기 사태를 통해 소로스가 투자자들에게 확고히 인식시켜주었듯, 인위적으로 설정된 환율은 투자자들이 그것에 불리한 행보를 취하기로 결정할 경우 지속될 수 없을 터였고, 소로스의 환투기 이후에는 여기에 정부들의 개입 가능성도 추가되었다.

1994년 또 다른 고정환율제가 외부 압력에 짓눌려 찌그러졌다. 이번 희생자는 다소 친숙한 멕시코였다. 그 주범은 훗날 개발도상국과 일본을 휩쓸었던 무자비한 국제 역학이었다. 신흥시장들이 호황을 구가하면서 멕시코에도 해외 자금이 쏟아져 들어왔다. 한 차례 금융위기 이후 민영화로 체제가 전환된 멕시코 은행들은 또다시 흥청망청 대출 잔치를 벌이고 있었다. 1987년 연준위의 폴 볼커를 대신해 의장 자리에 오른 그린스펀은 1990년부터 반등하기 시작한 시장들의 고삐를 쥘 필요가 있다고 판단했다. 그는 금리를 인상했고, 채권 투자자들은 심각한 손실을 입을 수밖에 없었다. 멕시코에도 그 불똥이 튀었다. 미국의 금리인상 조치로 달러의 가치가 상승했기 때문이다. 신자유주의에 대항하는 사파티스타 반란Zapatista Rebellion과 그해 초 발생한 대선후보 피살 사건 이후 멕시코의 대외신용도가 급격히 실추되었으며, 자체 지정한 환율 제한선 이내에서 페소화를 묶어두려고 안간힘을 쓴 탓에 외환보유고는 급속히 바닥을 드러내고 있었다. 12월 에르네스토 세디요Ernesto Zedillo 대통령이 이끄는 새로운 정부가 들어섰다. 세계 시장에서 신뢰를 쌓을 시간적 기회가 없었던 새 정권은 달러에 연동된 페소화의 환율 변동폭을 확대하기로 결정했다.

12월 20일 신임 재무장관 하이메 세라 푸셰Jaime Serra Puche는 페소화의 15% 평가절하를 발표했고 이내 시장에 대혼란이 발생했다. 이틀 뒤 그는 고정환율제를 포기해야만 했고, 페소화는 즉각 50% 이상 폭락했다. 불운의 세라 푸셰는 재무장관 자리에서 채 한 달도 버티지 못하고 물러나야 했다. 사실, 정부 조치 이전에 페소화는 아주 약간 고평가된 상태였다. 하지만 당시로선 투기성 맹공격으로 보였던 그 사건은 거의 우발적으로 발생한 일이었다. 1994년 사건 발생 얼마 전 멕시코 정부는 페소로 지급이 가능하나 달러에 연동된 테소보노스 tesobonos라는 채권을 발행해 외국인에게 판매하기 시작했다. 이 채권은 페소의 가치가 하락할 경우 달러와 연동된 대외채무 규모가 크게 증가할 수밖에 없는 구조였다. 하지만 멕시코 정부는 페소화가 평가절하될 리스크에 대해 투자자들을 안심시킬 필요가 있었다—반면 멕시코 입장에서는 자칫 통화가치가 하락할 경우 페소화를 대규모로 확보해야 할 리스크를 떠안고 있었다.

당시 발행된 테소보노스에는 160억 달러가 투자되었고 투자 주체는 주로 미국 은행들이었으며 투자금 거의 전액이 멕시코 은행들로 유입되었으나 규제당국은 이를 미처 파악하지 못하고 있었다. 그리고 멕시코 은행들은 달러 계좌에 준하는 금리를 미국 은행들에게 지불하고 있었다. 멕시코가 통화위기를 잘 모면했다면 은행들은 별 문제없이 제 기능을 수행했을 것이다. 테소보노스가 높은 금리를 보장하고 있었기 때문이다. 하지만 페소가 하락하기 시작하자 멕시코 은행들의 대외채무 규모는 계속 증가했고, 미국의 은행들은 자금 회수를 요구하기 시작했다. 채무를 변제하기 위해 멕시코 은행들은 페소를 팔고 달러를 사들여야 했으며, 이는 페소화를 한층 더 하락시켰다.[2]

뉴욕 소재의 은행들에게 곤란을 안겨줄 것으로 보였던 페소의 평

---

2__ David O. Beim and Charles Calomiris, *Emerging Financial Markets* (New York: McGraw Hill, 2001) 참고.

가절하는 오히려 멕시코시티에 있는 은행들에게 대재앙을 안겨주었다. 그 위기가 마무리될 때까지 멕시코 은행의 전체 자산 중 절반 이상이 증발했고, 멕시코 금융시스템의 90% 이상이 외국인 수중에 넘어갔으며, 당시의 상황을 일컫는 이른바 '테킬라 위기Tequila Crisis'는 라틴아메리카 전역으로 흘러들어가 위기를 더욱 확산시켰다. 멕시코 사태는 시장들이 얼마나 가깝게 연계되었는지 잘 보여주었다. 미국의 금리인상은 다른 국가들에서 예기치 못한 큰 결과를 유발했다. 그 사이 현대의 국제 금융흐름은 그 영향이 어디에서 감지될지 정확히 판별해내기 어렵게 만들었다. 또한 금융기관들이 외환 투자로 한꺼번에 몰려드는 현상도 심화되었다. 데킬라 위기는 분명 세계 시장들에게 끔찍한 순간이었지만, 다른 한편으로 페소화의 하락에 베팅을 건 동시에 주식과 채권 투자를 운용한 사람들에게는 편안한 순간이었을 것이다.

외환에 대한 투자는 2007년 금융위기까지 수년 동안 정점에 달했다. 국제결제은행BIS에 따르면 2007년 전체 외환의 일간 회전율은 평균 3조 2,000억 달러에 육박했다. 소로스가 파운드화를 공격했던 1992년보다 4배 높은 수준이다.[3] 이 중 40%가 비은행계 금융기관—대체로 외환을 투자대상으로 삼는 투자펀드들—에게서 야기되었다. 10년 전에는 그들이 외환 규모에서 차지하는 비중이 20%였다. 이렇게 외환 거래는 폭발적으로 증가했고 그와 같은 증가의 대부분은 하나의 자산집단으로서 외환을 매매하는 새로운 투자자들로부터 비롯

---

3__　'Triennial Central Bank Survey,' Bank of International Settlements, http://www.bis.org/publ/rpfxf07t.htm 참고.

된 것이었다. 이는 시장들이 한꺼번에 일제히 움직이도록 만드는 강력한 요인이 되었다. 예컨대 브라질의 성장 전망을 밝게 보는 펀드매니저는 브라질 통화레알화와 주식을 동시에 매수하곤 했다. 이 두 행위 모두 레알화의 가치를 상승시켰고, 더 많은 투자자들이 그 대열에 동참하도록 부추겼다. 이로써 세계 여러 부분이 국제 투자자들의 심리 변화에 두 배로 취약해졌다―하지만 국제 투자자들의 입장에서 다행인 점은, 미국의 투자자들이 비이성적 과열 양상을 보이고 있었다는 사실이다.

■ 외환이 주식시장의 특징인 군집 성향을 보인다는 전제하에, 그것은 이제 시장들을 위한 게임이 되었다.

■ 외환시장의 많은 참여자들이 특별히 수익을 목표로 하지 않기 때문에, 오히려 외환투자가 수익성 있는 투자대안이 될지도 모른다. 하지만 실제로 외환투자는 주식과 상품시장에 의해 주도되는 자금의 흐름만 증폭시켰을 뿐이다.

■ 대부분의 투자자들은 최소한 외환이 주식과 상관관계를 보이는 동안에는 외환투자에 손대지 않는 게 좋을 것이다.

# 10 비이성적 과열의 시장

1996년 12월 5일

**그린스펀이 비이성적 과열을 경고하다**

"비이성적 과열로 우리의 자산 가치가 지나치게 상승한 탓에, 지난 10년간 일본을 장악한 예상 밖의 장기화된 경기위축에 빠져들지도 모를 일이지 않습니까?"

—앨런 그린스펀, 1996년 12월 5일

베이비부머 세대가 뮤추얼펀드로 대거 몰려들었다. 이는 주가를 부풀렸고 펀드매니저들이 너도나도 무리를 이뤄 '핫hot'한 주식으로 몰리게 했다. 1997년의 아시아 금융위기는 베이비부머 세대가 전 세계 투자자들의 최후의 보루였음을 보여주었다. 아시아 금융위기를 계기로 중국을 위시한 아시아 국가들은 달러의 대량 비축에 나섰다. 이는 미국의 금리를 하락시켰고 더 많은 거품이 형성되도록 만들었다.

중앙은행 총재들이 아주 높은 신망을 받고 있을 때에는 단 하나의 가정적 의문을 제기하는 것만으로도 시장을 쉽게 움직일 수 있다. 앨런 그린스펀이 이 장의 도입부에 있는 질문을 제기한 이후인 1996년 12월 6일, 바로 그런 일이 발생했다. 앨런 그린스펀은 장황하고 복잡한 연설 도중에 이 질문을 제기했고 사실상 특별한 답변을 원하거나 스스로 이에 대한 답을 내놓지도 않았다. 그렇지만 그린스펀이 그런 질문을 제기했다는 단순한 사실만으로도 시장에는 불안한 기색이 역력해졌다. 이 질문은 곧 그가 자산가격 수준을 우려하고 있으며, 거품 형성을 막기 위해 금리인상을 단행할 수도 있다는 의미였기 때문이다. 게다가 일본에 빗대어 미국의 상황을 거론했다는 점에서 도발적 인상을 남겼고 이로써 그의 메시지는 충분한 영향력을 지녔다.

유럽 주식시장은 몇 시간 만에 4% 이상 폭락해 그간 몇 년 사이의 변동폭 중 가장 급격한 변화를 보였다.[1] 그러나 몇 달 뒤 미국 주식시장이 다시 고점을 경신하자 그린스펀은 자신의 견해를 관철시켜 대출 금리를 인상했고 이에 미국 주식은 10%의 '조정'을 받았다. 하지만 그 주가 수준은 오래 가지 않았고 얼마 지나지 않아 또다시 치솟았다. 그린스펀은 분명 당시의 뿌리 깊은 과열 양상을 정확히 진단했지만, 사실상 그 뿌리는 비이성적이지 않았음에 틀림없다. 1996년까지 전후 '베이비붐 세대'의 나이는 50대에 접어들었다. 은퇴라는 현실이 빠르게 가까워지고 있었고 저축액을 불릴 필요가 있었다. 1982년 볼커의 인플레이션 통제정책 이래 주식시장은 단 1년을 제외하고 매년 상승했으며 따라서 베이비붐 세대가 주식을 최고의 투자수단으로 여기는 것도 무리가 아니었다.

1__ Steve Thompson, 'Greenspan Speech Triggers Big Market Slide,' Financial Times, December 7, 1996 참고.

1970년대의 ERISA근로자퇴직소득보장법, 1974년 연금개혁법은 투자처를 결정할 책임을 개인들에게 이전시켰다. 그 전까지만 해도 그 책임은 근로자들의 마지막 봉급의 일정 비율에 해당하는 연금을 보장했던 온정주의적인 연기금에게 있었다. 연기금 관리기관들은 자산을 비교적 보수적인 채권에 배분하는 전략을 유지해왔다. 하지만 개인에게는 투자할 펀드에 대한 훨씬 광범위한 선택권이 주어져 있었다─그 범위는 미국 국채부터 전 세계 주식들에 이르기까지 실로 광범위했다. 일찌감치 저축을 하지 않았던 것을 후회하며 그간 잃어버린 시간을 만회할 계획이었던 많은 이들은 주식시장에 자금을 쏟아 부었다. 거의 모두가 맹신했듯이, 대량 투매 사태가 발생할 경우 현명한 대처방안은 '저가 매수' 기회를 잡는 것이었다. 또한 당시 각광받던 신기술인 인터넷 덕분에 개인들도 주식투자에 쉽게 뛰어들 수 있었다. 소액투자자들은 간단한 마우스 클릭으로 펀드에 자금을 넣거나 다른 펀드로 갈아탈 수 있었다. 대체로 그들은 가장 최근의 펀드 수익률에 따라 자금을 투자했다. 그린스펀이 비이성적 과열을 언급한 직후부터 1997년 첫 9개월까지 소액투자자들은 뮤추얼펀드에 1,770억 달러를 퍼부었다. 10년 전인 1987년 10월 블랙 먼데이 사태 이후 10배 증가한 2조 4,000억 달러가 주식형 펀드로 몰렸고 이로써 투자의 기관화가 거의 완성되었다. 그런데 사실 펀드매니저들은 막대한 자금이 유입되면서 분별 있는 투자가 힘들어지자 조금씩 우려를 내비치기 시작했다.

잭 보글이 설립한 자산운용사 뱅가드는 경쟁사들보다 상당히 높은 펀드 판매고를 올리고 있었지만, 그 사실이 마냥 행복하지만은 않았다. 1997년 초 뱅가드가 기록적인 펀드 판매이익을 발표했을 때 뱅가드의 대변인은 이렇게 말했다.

"매우 우려되는 상황이다. 우리 회사는 사실 이 상승세를 꺾으려는 노력 중에 있다. 상황이 이대로 지속된다면 주식시장의 밴드웨건bandwagan에 엔진이 추가될 것이고, 더 많은 사람들이 여기에 올라타려고 할 것이다. 결국 빠르게 질주하는 밴드웨건에 너도나도 황급히 몸을 싣고자 할 텐데, 이 얼마나 위험천만한 일인가!"[2]

당시 미국 증권거래위원회 수장으로서 주식시장을 규제하는 최고 책임자였던 아서 레빗Arthur Levitt도 시장에 주의보를 내보냈다. 그는 이렇게 말했다.

"투자자들은 마땅히 갖춰야 할 정보도 확보하지 못한 상태다. 이 사실이 특히 문제인 이유는, 대부분의 신규 투자자들이 오로지 상승장만 경험해봤기 때문이다. 하락장이 전개될 경우 리스크에 대한 이해가 부족한 수많은 개인투자자들이 돌발적이고 경솔한 행동에 나설 수 있고, 이는 그들 자신과 우리 시장들에 어마어마한 비용을 초래할 것이다."

다시 말해 주식시장에서 어떤 악재가 처음 등장하자마자 엄청난 자금이 시장에서 황급히 빠져나갈 수 있다는 의미였다.

1997년 10월 27일 비이성적 과열은 중요한 실험대에 올랐다. 동남

---

2__ John Authers and Emiko Terazono, 'Sales of mutual funds hit record—Concerns grow that bull market may have given retail investors unrealistic expectations,' Financial Times, April 14, 1998 참고.

아시아의 '호랑이들'에게 발생한 금융위기가 문제였다. 일본의 거품이 붕괴된 이후 일본 기업들은 이웃국가에 투자하기 시작했다. 서구의 투자자들도 합세했다. 1990년대 상반기에 아시아 지역의 성장 중인 주변국인 태국과 말레이시아, 그리고 인도네시아의 주가는 300에서 500% 사이의 상승률을 보였다.[3] 하지만 동남아 지역은 몰려드는 막대한 자금을 활용할 데가 없었다. 폭발적인 성장의 기간이 거의 끝날 무렵이었고, 기업이익도 침체되었다. 그 지역의 리더 격인 한국의 경우 1996년에 30대 대기업의 절반이 손실을 기록했다.[4] 해외에서 대거 유입된 자본은 생산적인 거처를 찾기는커녕 부동산가격에 거품만 잔뜩 부풀려놓았다. 부동산가격이 하락하기 시작하자, 부동산 마련에 자금을 조달해준 은행들은 심각한 타격을 입었다. 국제 투자자들이 타이의 은행들에 문제가 있음을 감지하자마자 해외자본의 흐름은 급격히 방향을 전환했다.

해외 투자자들이 자금을 철수하는 과정에서 동남아 지역의 고평가된 환율이 공격을 받았고 그 이면에 있던 취약성이 드러났다. 동남아 국가들의 통화가치가 급락하면서 대외부채 규모는 감당이 불가능할 정도로 급증했다. 상황이 이렇더라도 정부들이 대규모 외환보유고를 확보하고 있었다면 그것을 처분해 자국 통화를 방어할 수 있었을 것이다. 하지만 위기를 타개하기에는 외환보유고가 턱없이 부족했고 결국 태국을 시작으로 말레이시아, 인도네시아 및 한국 정부가 차례로 통화를 평가절하했다. 아시아의 '전염병'이 환태평양 전역

<hr>

3__ Kindleberger and Aliber, *Manias, Panics and Crashes*, 156~157에서 참고한 수치.
4__ Beim and Calomiris, *Emerging Financail Markets* 참고.

에 확산되는 동안 서구 시장들은 신경을 곤두세운 채 기존의 입지를 단단히 고수하고 있었지만, 그대로 끝날 리가 없었다. 1997년 10월 27일 아시아 지역의 최대 금융 중심지이며 자국 통화를 미국 달러에 연동해 운영하던 홍콩이 마침내 무릎을 꿇고 말았다. 홍콩의 주가는 7% 폭락했고, 뉴욕과 런던에 심판의 날이 다가왔다.

일찌감치 시작된 투매는 시간이 흐를수록 더 격렬해졌다. 점심시간 직후 월스트리트의 다우존스산업평균은 350포인트나 급락했고, 10년 전 블랙먼데이 이후 뉴욕증권거래소에 도입된 '서킷 브레이커circuit-breaker'가 가동되었다. 이는 30분간 주식 거래를 중지시키는 조치로 시장을 진정시키려는 취지로 마련된 장치였다. 하지만 이 장치는 의도와 정반대의 결과를 낳았다. 갑작스런 주식 거래 중단에 불안을 느낀 많은 트레이더들은 거래가 재개되자마자 '매도' 버튼을 눌러 댔다. 몇 분 사이에 다우지수는 또다시 200포인트 하락했고, 몇 차례 서킷 브레이커가 발동되면서 뉴욕거래소는 거의 한 시간이나 일찍 마감했다. 투매 사태가 다음 날까지 계속되어 전멸의 상황으로 돌변했다면, 진정한 글로벌 금융재앙이 발생할 가능성도 있었다. 월스트리트 전문가들은 그날 저녁 소액투자자로 구성된 신생군이 어떤 반응을 보일지 촉각을 곤두세웠다. 과연 그들이 계속 주식을 매도할 것인가?

그들의 걱정은 기우로 드러났다. 소액투자자들은 이미 오히려 주식을 매수하고 있었다. 미국 최대 디스카운트 브로커discount broker, 종합 증권사에 비해 저렴한 수수료를 받는 대신 투자정보 제공 등의 서비스를 하지 않는 증권업체—옮긴이

찰스 슈왑Charles Schwab에 그날 밤 사이 들어온 주식 매수 주문은 '매도' 주문보다 세 배 더 많았다-반면 아시아와 유럽 주식시장들은 뉴욕에서 발생한 사태에 대한 반응으로 투매 주문이 압도적이었다. 막상 날이 밝자 매수 주문량이 계속 급증했고 슈왑의 총 거래량도 평균보다 세 배 많았다. 모든 대규모 뮤추얼펀드에도 동일한 현상이 나타났다.[5] 소액투자자들에게서 기인한 매수력이 주가를 높이고 있다는 사실을 트레이더들이 깨닫게 되면서 뉴욕거래소의 공황상태가 안도의 분위기로 바뀌기 시작했다. 전문 트레이더들도 매수 대열에 합류했다. 그날 다우지수는 약 5% 반등했다. 소액투자자들은 어느덧 구세주가 되어 있었다. 아서 레빗이 우려했던 일은 발생하지 않았다.

버블의 필수 구성요소인 과도한 확신은 또 다른 국면에 접어들어 있었다. 고객들의 의중을 알아보기 위해 슈왑은 화요일 방문객들 중 500명을 대상으로 설문조사를 실시했다. 그들 중 족히 92%는 시장이 조정을 받을 것으로 예상하고 있었고-그렇다면 왜 그 전에 주식을 매도하지 않았을까?- 반면 81%는 '더 낮은 가격에 더 많은 주식'을 매수할 계획이라고 응답했다. 주식의 장기적 상승세를 확신하는 투자자들이 주도하는 시장에서 주가가 택할 수 있는 길은 상승 말고는 없었다. 이런 정황 속에서는 자본의 합리적 가격 책정이 불가능했다.

투자기관들에게도 서서히 그 영향이 미쳤다. '일자리 리스크'는 모든 다른 고려사항을 제압했다. 논리적으로 생각해볼 때, 이 시점에 합리적 행동은 그 무리와 함께 돌진하기보다는 '가치주대차대조표상의 자

---

5__  John Authers, 'Growling at the bears—Everyman in the News,' Financial Times, October 22, 1997 참고.

산 가치에 비해 저렴해 보이는 주식'에 투자를 하는 것이다. 하지만 직장을 잃고 싶지 않은 한 펀드매니저들은 정반대로 움직여야 했고, 이는 또 고객들의 과도한 확신만 확대시킬 뿐이었다. 가치투자자들이 일자리를 잃는 동안 주류 펀드매니저들은 인기 있는 주식들에 몰려들었다. 주식시장의 과열은 정치인들의 '일자리 리스크'도 창출했다. 어느덧 뮤추얼펀드의 자산 규모는 은행의 전체 자산을 넘어섰다.

주식시장이 폭락한다면, 펀드 투자자들(그들은 동시에 유권자들이기도 하다)은 즉각 그 사실을 알아차리게 될 것이었다. 그렇지 않아도 정치권은 대체로 금리인상을 꺼려왔다. 대출이나 자금 조달이 어려워져서 국민의 원성을 사기 십상이기 때문이다. 여기에 추가로 이제는 정치권이 앞장서서 주가 하락을 방어할 인센티브마저 생겨나고 말았다.


미국의 베이비부머들은 세계 투자자들의 최후의 보루였다. 애초에 아시아 호랑이들의 경제를 들어 올렸다가 내려놓은 장본인이 궁극적으로 그들의 자금이었고, 아시아 통화위기를 저지시켰던 것도 시장에 더 많은 자본을 공급하려던 그들의 의지였다. 금융위기 이후 아시아 국가들은 수년간 경기둔화에 시달렸다. 자국 통화의 방어 역량을 갖추기로 단단히 결심한 그 국가들은 달러 매입에 나섰고, 투기 자금을 유인할 가능성이 높은 고정환율제 대신 변동환율제를 채택했다—아시아 국가들은 주로 미국 정부나 패니메이와 프레디맥이 발행한 채권으로 달러 자산을 대량 쌓아올렸고, 자국 통화가 다시 공격을 받게 될 경우 방어 차원에서 그 채권을 대량 매각할 가능성이 커졌다.

그들이 미국 국채를 대량 매수하면서 국채 수익률이 하락했고, 자연히 미국 금리도 낮아졌다. 그리고 미국의 저금리는 신용 버블의 마지막 단계에 불을 댕겼다.

시장들의 국제적 상호 연관성은 이제 과거 어느 때보다 강력해졌고 치명적인 수준에 이르렀다. 1990년대 후반, 늙어가는 베이비붐 세대는 기관화된 투자산업에 합세해 주식시장의 하락이 거의 불가능한 상황을 조장했다.

■ 비이성적 과열은 미국의 소액투자자들을 투자의 마지막 보루로 만들었고, 이들이 전 세계에 걸쳐 자산가격을 상승시켰다. 당시의 과열 양상은 정부마저 앞장서서 주가 하락을 막아서도록 위협했고 도덕적 해이를 부추겼다.

■ 이 상황은 1997년 아시아 금융위기가 더 확산되지 않도록 하는 데 도움이 되었다. 하지만 금융위기를 계기로 아시아 정부들은 달러를 열심히 사들였고, 이는 다시 미국의 대출금리를 하락시켰다.

# 11 초대형 대마불사 은행들의 탄생



### 시티코프와 트래블러스가 합병해 시티그룹이 탄생하다

"바보는 일을 더 크게, 더 복잡하게, 더 지독하게 만들 수 있다. 그 일을 제대로 돌려놓는 데는 천재—그리고 많은 용기—의 손길이 필요하다."

—앨버트 아인슈타인(Albert Einstein)

세계적인 초대형 기업합병으로 '대마불사too big to fail'—국가 경제에 너무나도 중요한 역할을 하는 탓에 망하도록 방치해둘 수 없는 상태— 은행들이 탄생했다. 망하는 것에 대한 두려움이 없어진 은행들은 리스크를 회피할 인센티브를 거의 느끼지 않았고 이것이 '도덕적 해이'를 조장했다. 정부의 뒤이은 규제조치는 은행들에게 투기에 대한 더 많은 인센티브를 안겨주었다. 그리고 대마불사 은행들은 진정한 글로벌 금융기관이 되어 전 세계에 엄청난 영향력을 발휘했다.

성주간Holy Week에 해당하는 1998년 4월 5일 종려주일Palm Sunday에

변호사들은 금융계의 대변혁이라 할 만한 기업합병을 마무리 지었다. 오랫동안 가장 실질적인 국제은행으로 입지를 굳혀온 시티코프가 트래블러스 그룹Travelers Group과 합병을 하려는 참이었다. 기업가 샌디 웨일Sandy Weill이 금융서비스업을 종합해 만든 트래블러스 그룹은 대규모 투자은행들과 대부업체들, 그리고 보험회사 하나가 포함되어 있었다. 이 인수합병은 대공황 이후 미국 은행에 대한 엄격한 규제의 최종적 폐지를 알리는 신호탄이 되었고, 규제가 사라진 자리에는 은행들이 마음껏 활보하며 덩치를 키울 수 있는 여건이 조성되었다.

트래블러스의 웨일과 시티코프의 존 리드John Reed는 급조한 듯한 그룹명과 로고를 발표하며 합병 소식을 세상에 알렸다─ '시티그룹' 이라는 사명이 트래블러스의 우산 로고 아래 놓인 형태다. 당시 기준으로 대략 7개국을 제외한 세계 GDP보다 더 큰 액수인 약 7,000억 달러에 이르는 총자산을 지닌 이 합병기업은 예전에는 상상조차 할 수 없었던 규모의 금융회사가 되었다. 하지만 센세이션을 불러일으킨 요소는 시티그룹의 자산 규모만이 아니었다. 이 합병 자체는 분명 불법이었다.

1934년부터 효력을 발한 '글라스-스티걸 법Glass-Steagall Act'하에 예금을 받는 상업은행은 보험업체나 투자은행과 동일한 지붕이나 우산 아래에 있을 수 없었다. 그런데 이제 시티뱅크Citibank는 두 가지 업무를 모두 하게 되었다. 은행가들은 종종 글라스-스티걸 법의 허점을 찾는 데 도움을 주곤 했던 규제당국과 함께 한동안 이 법을 우회할 방법을 찾아 헤맸다. 글라스-스티걸 법은 시대착오적으로 보였고 세계 다른 국가들에 비해 미국이 뒤지게 만들었다. 예를 들어 유럽의 경우 '원스톱 숍one-stop shop'의 일환으로 고객에게 보험을 판매하는 대규모 은행들은 물론 '방카슈랑스bancassurance, 은행이 제공하는 보험 업무'가 일반적이었다. 웨일은 이제 글라스-스티걸 법을 완전히 무력화시킬 수 있다는 자신에 차 있는 듯했다.

정치적 여건이 다른 상황이었다면 웨일의 자신감은 자만심으로 비칠 여지가 있었지만, 1990년대 말 당시에는 주식시장에 방해가 될 만한 일에 앞장을 서고자 하는 정치인이 없었다. 의회의 공화당원들은 빌 클린턴 대통령(그들이 겨우 몇 달 전에 탄핵하려고 애썼던 인물)과 심오한 논의를 거쳐 합의안을 들고 나왔다. 그렇게 글라스-스티걸 법의 핵심 조항들이 폐지되고 그것들을 대체할 만한 취약한 가이드라인만 남게 되었다. 심지어 웨일은 합병을 체결하는 의례적인 서명식에 대통령도 초빙했다.


시티그룹의 합병은 1998년 성주간에 이뤄진 첫 번째 대규모 거래에 지나지 않았다. 성금요일Good Friday 주말에도 거대한 두 개의 은행이 탄생했다. 노스캐롤라이나 주의 샤롯데Charlotte에 기반을 둔 지역 은행 네이션스뱅크NationsBank가 전 세계 영업망을 갖춘 캘리포니아의 거대한 은행 뱅크아메리카BankAmerica를 666억 달러에 인수했다.

한편, 미국 중서부에서 가장 강력한 영향력을 지니고 있었으며 오랜 역사를 자랑하던 퍼스트 시카고 NBDFirst Chicago NBD는 뱅크원Bank One에게 자사를 매각했다. 이런 거래들 역시 대공황 이후에 도입된 금융구조가 사실상 끝났다는 사실을 확인시켜주었다. 몇 십 년 동안 미국 은행들은 근거지로 삼은 주 바깥에서의 영업이 금지되어 있었는데, 이에 따라 그 산업은 다수의 작은 영역으로 분할된 모습이었다. 1980년대에는 미국에 1만 5,000개에 달하는 많은 은행들이 있었고, 그들 중 다수는 단 하나의 지점을 갖추고 있었다. 초대형 합병 바람이 불어닥쳤을 때에도 미국에는 여전히 9,000개의 많은 은행들이 있었다. 동일한 시기에, 미국과 유사한 측면이 많은 영국과 캐나다에는 각각 212개와 53개의 은행이 있었다. 미국의 금융시스템이 영국만큼 집중화되어 있었다면, 미국에는 많아봐야 1,000개의 은행이 있었을 것이다. 캐나다만큼 집중화되었다면, 겨우 500개의 은행밖에 없었을 것이다. 컴퓨터 덕분에 좀 더 대규모 은행들은 규모의 경제를 창출하고 있었고, 미국 은행가들은 규모의 경제가 고객들에게 더 나은 가치를 제공하도록 해줄 것이라고 주장했다.

하지만 금융기관의 규모는 이른바 '도덕적 해이'를 야기했다. 금융 규제는 궁극적으로 인간의 두려움이 적용된 자본주의에 기초하고 있다. 만일 은행들이 과도한 리스크를 운용하고 있다면 우리에게도 그 은행이 파산하게 될 리스크가 부과된다. 하지만 은행이 한껏 비대해진다면 그것의 붕괴가 경제에 미칠 파급력이 너무 크기 때문에 아무리 냉정한 정부라도 그대로 보고만 있을 수는 없을 것이다. 언제 그런 일이 발생할지 정확히 예측하고 가늠할 방법은 없지만, 눈으로 직접 확인하는 순간이 바로 그날이 되는 셈이다. 예컨대 합병으로 새롭게 탄생한 뱅크오브아메리카Bank of America는 분명 대마불사였다. 은행이 절대 망할 리 없다는 점을 스스로 깨닫고 나면 그 은행에게는 과도한 리스크를 회피할 인센티브가 사라진다. 이것이 도덕적 해이다. 결코 성스럽다고 할 수 없는 그해의 성주간은 결국 미국 정부가 치명적인 결정을 내릴 수밖에 없도록 만들었다―그리고 은행들은 원하던 것을 얻어냈다. 이 두 건의 대규모 합병과 여타의 몇몇 합병들은 일종의 신호탄 역할을 했고 이후 몇 개월 사이에 과거의 규제는 거의 사라져버렸다.

합병에 대한 충동은 미국 은행들만 느꼈던 게 아니다. 유럽의 은행들도 나날이 규모를 키워갔고 미국으로 들어갈 공간을 찾고 있었다. 글라스-스티걸 법이 사실상 폐지되면서 유럽 은행들도 월스트리트의 중개업체들을 집어삼킬 수 있게 되었다. 아니나 다를까, 2000년에 스위스의 금융그룹 UBS는 미국의 증권회사 파인 웨버Paine Webber를 인수했다. 금융계에서 월스트리트가 차지하는 중요성이 워낙 지대했던 터라 미국은 세계 모든 대형 은행들에 대한 사실상의 규제당국 역할을 자처하고 있었다. 일례로 스위스연방은행Union Bank of Switzerland, UBS과 스위스은행Swiss Banking Corporation이 세계대전 이전에 홀로코스트 희생자들이 예금한 돈을 여전히 보유하고 있다는 사실이 밝혀지자, 미국 규제당국은 이 스위스 은행들의 합병을 저지하고 나섰고 그 바람에 합병이 지연된 적이 있었다.[1]

미국의 보수적인 금융 규제당국은 반세기가 넘는 기간 동안 은행들의 '대마불사'에 따른 문제를 잘 피해왔지만, 유럽은 이미 이런 문제들에 몸살을 앓고 있었다. 미국이 마침내 법규를 완화하면서 흥청망청 합병 거래가 이뤄지는 사태만 심화시켰을 뿐이다. 2007년 금융위기가 강타한 시점에 미국의 총 은행자산은 대략 그 나라의 GDP와 맞먹었다. 전 세계에서 금융시스템이 가장 과장된 아이슬란드의 경

1__ John Authers and Richard Wolffe, *The Victim's Fortune—Inside the Epic Battle Over the Debts of the Holocaust* (New York: Harper Collins, 2002) 참고.

우, 은행자산이 그 경제 규모의 8.9배에 육박했고, 스위스의 경우에는 7.8배에 달했다. 영국의 은행자산은 경제 규모의 5배였고, 프랑스는 4배였으며, 심지어 독일도 거의 3배에 이르렀다. 유럽 안에서는 대규모 은행이 국가의 자존심이자 부의 원천으로 간주되는 경향이 있었고, 역사적으로도 은행의 규모 확대가 권장되었다.[2] 미국의 보수적 정권은 그런 상황을 어느 정도 억누르고 있었지만 유럽의 은행들은 어느덧 대마불사가 되었을 뿐만 아니라 정부가 구제하기에도 버거운 존재가 되어 있었다.

또 다른 추세도 마무리 단계에 이르러 있었다. 미국의 투자은행은 상업은행과 분리되어 있었지만 이 둘은 협력관계를 맺고 있었다. 모든 대규모 거래에 대한 결정을 내리는 고위급 은행가들은 거래 수익에서 일정 몫을 챙겼으며 또한 손실에 대해서도 법적 책임을 져야 했다. 이는 그들의 마음속에 두려움과 탐욕의 균형을 잡아주었다. 거래 실패나 손실이 발생할 경우 전에 얻은 모든 것을 의무적으로 토해내야 할 입장이었기 때문이다. 하지만 1970년대부터 월스트리트의 이런 협력관계는 서서히 유명무실해졌다.

한편, 대서양 반대편에서는 1986년 런던의 '빅뱅Big Bang' 금융대개혁으로 증권회사와 마켓메이커marketmaker, 특정 주식을 소유하고 항상 매매에 응할 용의가 있는 업자, 투자 전문기관—옮긴이 사이의 낡은 구분이 사라졌고 런던의 오랜 역사를 지닌 많은 투자은행과 증권회사가 더 큰 규모의 국영은

<hr>

2__ David O. Beim, 'Europe and the Financial Crisis,' Columbia Business School, March 17, 2009, http://www1.gsb.columbia.edu/mygsb/faculty/research/pubfiles/3324/Europe%20and%20the%20Financial%20Crisis%2Epdf. 참고.

행 속으로 편입되었다.

은행가들은 보너스 체계를 통해 수입을 올릴 인센티브를 여전히 갖고 있었다. 하지만 실수나 손실이 발생해도 그들은 이전에 얻었던 것을 토해낼 필요가 없어졌다. 그들 대신 모든 것을 잃게 될 운명은 주주들의 몫이었다. 예컨대 월스트리트에서 몇 년간 훌륭한 성과를 낸 은행가들은 여생을 넉넉히 보낼 만한 수입을 챙길 수 있었다. 그러다 보니 그들의 계산에서 두려움은 크게 낮아졌고 탐욕이 지배적인 상황이 되었다. 시티그룹이 합병하고 1년 뒤인 1999년 5월, 월스트리트의 가장 명망 높고 성공적인 투자은행인 골드만삭스는 마침내 주식을 상장했다. 그 기업 문화에는 130년간 이어온 협력관계가 깊숙이 배어 있었지만, 이제는 주주들로부터 자금을 마련할 수 있게 되었다. 주식상장은 경영을 책임지고 있던 사람들에게 대박을 안겨주었다. 당시 최고경영자였던 행크 폴슨Hank Paulson의 지분은 그 시점의 주가로 2억 600만 달러의 가치를 지녔다.[3]

규제당국들에서 시작된 금융 자유방임주의를 향한 움직임은 2004년 국제결제은행BIS의 바젤 II 협정으로 논리적 결론에 도달했다. BIS는 각국 중앙은행들의 중앙은행으로, 자금을 필요로 하는 중앙은행에게 돈을 빌려주고 국경을 초월해 금융규제를 조율해 부과한다. 바젤 II는 사실상 미국과 유럽의 대규모 은행들에게 원하는 모든 것을 넘겨주었다. BIS 규제당국의 핵심 책무는 금융기관의 자기자본비율

3__ Tracy Corrigan, 'Goldman chief to net 206m from offering,' Financial Times, April 13, 1999 참고.

을 결정하는 일이다. 더 많은 자기자본을 확보한 금융기관일수록, 부실대출이나 경솔한 판단으로 인한 손실에 대처할 수 있는 역량이 커진다. 은행들이 벌이는 사업이 리스크가 낮다고 자체 판단하더라도, BIS 규제당국이 그 생각에 동의하지 않는다면, 그 은행은 자기자본금을 추가로 마련해야 한다. 그런데 바젤Ⅱ의 경우 은행들이 사실상 대마불사가 되었음에도 불구하고 당면한 리스크에 대한 자체 평가를 더 강조했다. 바젤Ⅱ는 주택저당증권MBS이나 최고 신용등급인 AAA 증권들에 대해 훨씬 더 적은 자기자본비율을 규정함으로써 애초의 의도와 상관없이 궁극적으로 신용위기를 야기했다.[4]

이로 인해 나타난 폐단이 채권의 신용도를 판단하는 무디스Moody's와 스탠더드 앤 푸어스Standard & Poor's, 피치Fitch와 같은 신용평가기관들에게 엄청난 힘을 부여해준 것이다. 금융기관들은 자사 채권에 AAA 등급을 매기도록 갖은 수법으로 그들을 설득했다. 그러나 채권 등급이 AAA에서 강등되는 와중에 새로운 국제협정의 위험성이 드러났다. 비록 문제성 채권이나 부채들이 아직 부도가 나지는 않았더라도, 신용등급이 강등될 경우 은행들은 바젤Ⅱ 협정에 따라 자기자본을 더 늘려야 했기 때문이다.

1950년대와 비교해 금융산업은 확연히 달라졌다. 그 산업은 이제 자기 돈이 아니라 타인(주주)의 돈으로 투자를 행하는 투자은행들로 가득 찼다. 또 어음시장과 모기지 증권화전문기관, MMF 덕분에 상업은행들은 자신의 결정에 따른 결과에 직접적인 책임을 지지 않아

---

도 무방해졌다. 대체로 주요 지수들과 연동해 움직이는 뮤추얼펀드들은 자본을 배분하는 주체로서의 입지를 굳혔다. 대규모 은행들은 많은 영업 부문이 예금보험에서 제외된 대상이었음에도 불구하고 마치 정부의 보호를 받는 것처럼 영업했다. 경제적 합리성이 작용했다면, 상업은행들은 스스로 활동부문을 축소하고 사업영역을 완전히 빼앗긴 경우에는 아예 문을 닫았어야 마땅하다. 하지만 은행 경영진들은 인간의 본성을 따라 다른 행보를 택했다. 거의 무이자로 예금을 유치하는 사업이 하나의 훌륭한 대안이 되었다—은행가의 입장에서, 고객들은 사실상 아무런 대가 없이 자금을 빌려주는 셈이었다. 글라스-스티걸 법이 더 이상 존재하지 않는 상황이었으므로 은행들이 기업어음이나 증권시장에서 예금을 굴리기도 한결 수월했다.

당시 경고성 발언을 제기한 사람은 거의 없었다. 그나마 1970년대에 고금리를 성공적으로 예측해 닥터 둠Doctor Doom이라는 별칭을 얻은 월스트리트의 경제학자 헨리 카우프먼Henry Kaufman은 날로 흥을 더해가는 파티에 찬물을 끼얹는 주장을 펼쳤다. 그는 새롭게 탄생한 거대 은행들이 기업가적으로 운영되는 개인사업체가 아니라 '차츰 더 공공기관처럼 간주될 것'이 틀림없다고 경고했는데, 지금 생각해보면 가히 선견지명이라 할 만한 예측이었다.[5] 그는 '새롭게 탄생한 거대 금융기관들'과 '미국의 금융 거품 붕괴로 인한 끔찍한 결과'에 대처하는 과정에서 발생될 문제점들이 미국의 번영에 잠재적 위협을 가하게 될 것이라고 생각했다. 그 이후 수년 동안 때때로 시티그

5__ John Authers, 'Regulation plea over bank "mega—mergers,"' Financial Times, April 29, 1998 참고.

룹과 여타 대규모 은행들은 실제로 누군가 관리하기에는 너무 크고 복잡해 보였다. 하지만 그는 뮤추얼펀드의 자금 규모 현황을 볼 때 중앙은행이 '자산가격 상승을 묵인하기 시작했지만 이제는 그 가격 하락을 저지하거나 최소한 억제하기 위한 조치를 취하기 시작해야 할 정치적 필요성이 절실해졌다'고 주장했다. 그의 예측은 몇 개월 안에 극적으로 현실이 되었는데, 그 사이 도덕적 해이는 위험한 새로운 국면에 진입해 있었다.

비이성적 과열의 시장

■ 금융기관의 합병과 공황기 이후 도입된 규제의 철폐로 인해 지나치게 비대하고 복잡다단한 국제은행 집단이 탄생했고, 그 엄청난 규모와 경제적 파급력 때문에 정부는 이 그룹의 구성원이 망하는 모습을 바라만 볼 수 없게 되었다.

■ 금융계 대규모 합병은 도덕적 해이를 조장했다. 즉 대규모 은행들은 실수를 저지르더라도 정부의 보호가 보장되리라고 간주했고 더 많은 리스크를 감수하려는 모습을 보였다.

■ 대규모 은행들이 전통적 업무 영역을 잃어버리고 자기자본비율에 관한 새로운 국제협약이 도입되면서 은행들은 낯설고 위험한 시장들—예컨대 서프브라임 모기지 시장—로 확장하려는 추가적인 인센티브를 갖게 되었다.

# 12 헤지펀드의 부상

1998년 9월

**롱텀 캐피탈 매니지먼트LTCM가 붕괴하다**
"금융기관이 단기 이익을 내기가 얼마나 쉬운지 보시라. 그냥 리스크만 감수하면 된다."

—컬럼비아 대학의 데이비드 베임(David Beim)과 찰스 카로미리스(Caharles Calomiris)

규제가 느슨한 헤지펀드들은 많은 이점을 누린다. 각종 투자시장들을 자유롭게 옮겨다닐 수 있고, 가격 상승뿐 아니라 하락에서도 수익을 낼 수 있으며, 빌린 돈을 이용해 수익을 증폭시킬 수 있다. 1998년 9월 롱텀 캐피탈 매니지먼트Long-Term Capital Management, LTCM의 몰락을 살펴보면, 시장들이 동시에 나란히 움직이도록 만든 큰 요인들 중 하나가 헤지펀드들이었음을 확인할 수 있다. 또한 이 사태에 대한 정부의 개입은 도덕적 해이를 더 부추겼다.

논리상 은행들이 쇠퇴를 면치 못할 운명이었다면, 그 동일한 논리에 따라 헤지펀드들의 부상도 점쳐볼 수 있을 것이다. LTCM은 최대 규모의 가장 야심찬 펀드였지만, 헤지펀드 모델의 위험성을 제대로 보여주는 전형적인 사례가 되었다. 1998년 LTCM의 몰락으로 두 명의 노벨상 수상 경제학자들을 비롯한 펀드 설립자들은 19억 달러 정도의 개인 재산을 날렸고[1] 세계대전 이래 세계 최대 규모의 금융위기를 야기했다. 휴먼 드라마적인 측면은 차치하더라도, 이 사건은 시장들이 일제히 함께 움직이도록 조장하는 헤지펀드들의 위력을 분명하게 보여주었다. LTCM이 붕괴하기 직전에 이 펀드를 구제하고자 정부가 들고 나온 대책은 금융완화정책easy money policy이었으며, 이 조치는 10년이 흐른 뒤에도 여전히 부정적인 영향을 미쳤다.

'헤지펀드'라는 용어 자체도 엉성하다. 규제당국이 뮤추얼펀드와 같은 일반 대중을 고객으로 삼는 투자수단에 부과하는 규제를 '회피하는' 펀드를 헤지펀드라 칭한다. 이런 관대한 규제에 대한 대가로 헤지펀드는 광고 활동이 금지되어 있으며 손실을 입어도 감당이 가능한 아주 부유한 사람들(일반적으로 최소한 100만 달러의 여유자금을 갖고 있는 사람들)에게서만 자금을 유치할 수 있다. 그들이 누리는 이점들은 어마어마하다—자산을 비밀리에 운용할 수 있고, 수수료로 더 많은 돈을 챙길 수 있으며, 빌린 돈으로 도박을 벌일 수 있고, 공매short selling, 실물 없이 주식 등을 파는 행위—옮긴이도 가능하다.

---

1__ LTCM 사태에 관한 흥미롭고 최종적인 설명이 담긴 저서에서 밝힌 액수다. Roger Lowenstein, *When Genius Failed—The Rise and Fall of Long—Term Capital Management* (Maryland: Random House, 2000), 219 참고.

뮤추얼펀드처럼 헤지펀드의 수수료 구조도 왜곡된 인센티브를 조장한다. 기본적인 모델은 그 업계에서 흔히 말하는 대로 '2와 20'이다—펀드매니저들은 관리자산의 2%를 급여로 받고, 한햇동안 벌어들인 수익의 20%를 추가 성과 수익으로 얻는다. 투자운용사나 펀드마다 정확한 수수료는 다양하게 책정되고, 성과 보상도 종종 미리 정해진 목표 수익률을 넘어선 이후에만 발생하지만, 이런 구조에는 어쨌든 삐딱한 인센티브가 나타난다. 펀드매니저가 어떤 해에 대박을 터트릴 방안을 떠올려 그 투자전략이 제대로 먹혀든다면 거액의 보수를 챙기게 된다. 하지만 큰 손실을 내더라도 어쨌든 2%의 관리 수수료는 확보할 수 있다. 이것은 도덕적 해이의 한 형태다. 이 경우, 최소한 그해 말까지 지속될 훌륭한 성과를 위해 큰 리스크를 감수하려는 인센티브가 작동한다. 만일 헤지펀드들이 시장 추세에 가세할 수 있다면, 그런 추세를 더 장기간 끌어가고 싶어질 것이다(또는 가능하다면, 고평가된 시장들을 아예 거품으로 변질시키고 싶어질 수도 있다). 그들은 이런 일을 도모할 만한 무기를 갖고 있다.

헤지펀드가 확보한 강력한 무기 중 하나가 공매다. 공매는 가격 하락에서 이득을 얻으며 그래서 많은 반감을 불러일으키는 투자기법이다. 한 펀드가 주식을 빌려(대체로 인덱스펀드로부터 주식을 빌리는데, 인덱스펀드는 빌려준 주식에 대해 부과하는 이자에서 이득을 얻는다) 그것을 매도한다. 빌린 주식들의 가격이 하락하면 공매를 한 사람은 그것을 되사들여 본래 소유자에게 돌려주고 가격상의 차액을 챙길 수 있다. 주가 하락에서 수익을 올리는 기술은 리스크 관리에 도움이 될 수 있지만, 새로운 리스크들도 창출한다. 공매를 통한 수익은 100%로 제한되지만, 잠재적 손실은 무제한적이다. 10달러에 주식을 공매한다면 벌어들일 수 있는 최대한의 액수는 10달러가 된다(그 주식이 깡통이 될 경우). 그 주가가 상승하면, 손실을 보게 될 금액은 무한대가 된다. 규제당국이 주류 투자운용사들의 공매를 제한하는 까닭이 바로 이런 이유 때문이다.

헤지펀드의 가장 중요한 무기는 빌린 자금, 즉 레버리지로 이는 펀드들이 여러 차례에 걸쳐 수익을 곱절로 증가시킬 수 있도록 해준다. 간단한 예를 살펴보자. 자기자금 100달러를 주식에 투자해 그 주가가 110달러로 오르면 10%의 수익을 얻는다. 자기자금 100달러에 추가로 빌린 자금 900달러를 같은 주식에 투자한다면, 투자총액 1,000달러에 대해 100달러의 수익을 얻게 될 것이다. 결국 자금을 두 배로 불린 셈이다(물론 향후 자금을 빌려준 사람에게 약간의 이자를 지불해야 하지만 말이다). 하지만 시장 상황이 예상과 달리 흘러갈 경우에는 문제가 생긴다. 투자한 주식이 10% 하락한다면, 자기자금을 모조리 날릴 뿐만 아니라 어쨌든 이자도 지불해야 한다. 따라서 레버리지는 소액의 수익을 올릴 만한 아주 높은 가능성이 있는 거래에만 활용하는 게 가장 좋다. 이 경우 레버리지는 그것이 없었다면 투자할 만한 가치가 없었던 어떤 투자를 가치 있게 만들어준다. 트렌드를 추종하는 것에 덧붙여서 헤지펀드들의 또 다른 핵심 활동은 가격의 왜곡이 있는 부분을 찾아내 레버리지한 자금으로 그것을 공략하는 것이다. 이것은 시장들을 좀 더 효율적으로 만드는 하나의 원동력이 될 수 있다—하지만 헤지펀드들이 그런 투자를 너무 오래 지속하려고 힘쓸 경우, 전혀 새로운 비효율성을 창출할 수도 있다.

헤지펀드들이 발전하면서, 그것은 자신감 넘치는 펀드매니저들이 부유한 투자자자들을 위해 운영하는 소규모 투자수단이 되어가는 경향을 보였다. 대개 헤지펀드들은 특정 자산집단들에 투자해 수익을 올리기 위한 아주 특수한 전략을 구사하곤 했다—자산가격상의 명백한 비효율성과 시세차익을 최대한으로 이용하거나 추세를 좇는 식으로—하지만 시간이 흐를수록 펀드의 규모는 나날이 비대해졌다. LTCM의 비전은 이 모델을 초월하는 것이었다. LTCM의 설립자 존 메리웨더John Meriwether는 펀드 설립 이전에 살로먼브라더스의 최고 채권 트레이더였으며, 그 활약상 덕분에 마이클 루이스의 저서 《라이어스 포커》의 주인공을 대변하는 인물로 낙점되기도 했다. 메리웨더는 다른 잘나가는 트레이더들과 은행가들 및 연준위의 전임 의장뿐만 아니라 옵션의 가치를 계산할 수 있게 해준 블랙-숄스 이론을 창시한 공로로 노벨상을 공동 수상한 마이런 숄스Myron Scholes와 로버트 머튼Robert Merton을 영입했다. 이 팀은 엄청난 신뢰를 얻었고 거액의 자본금과 레버리지를 쉽사리 확보했다. 머튼은 LTCM이 자본시장에서 자금을 빌리고 빌려줌으로써 은행들의 역할까지 도맡게 될 새로운 종류의 '금융중재자financial intermediary'라고 노골적으로 자신의 견해를 피력했다.[2]

LTCM의 전략은 수학모델을 활용해 가격에 왜곡이 있는 채권들을 찾아내고 가격상의 오류를 제거하는 것이었다. 그 모델에 따르면, 두 채권들 사이의 평가 차액이 너무 크게 벌어져 있을 경우 비싼 것을

---

**2**__ Roger Lowenstein, *When Genius Failed—The Rise and Fall of Long—Term Capital Management* (Maryland: Random House, 2000) 참고.

매도하고 저렴한 것을 매수하게 되어 있다. 이렇게 LTCM은 가격들의 차이를 좁혀나가는 식으로 확실한 수익을 올릴 수 있었다. 애초에 LTCM은 미국의 정부채권들 사이에 존재하는 기술적 가격 차이에 집중했지만, 차츰 더 크게 성장하면서 더 멀리 떨어진 곳으로 시선을 돌릴 필요가 있었다. LTCM의 흥망성쇠를 다룬 대표적 저서인 로저 로웬스타인Roger Lowenstein의 《천재들의 실패When Genius Failed》를 보면 그 펀드가 종국적으로 덴마크 모기지 채권시장의 절반 이상을 점유하고 브라질, 아르헨티나, 멕시코, 베네수엘라, 한국, 폴란드, 중국, 대만, 태국, 말레이시아 및 필리핀에 진출한 경위를 자세히 알 수 있다.[3] LTCM 이전에 활약했던 마젤란처럼, 펀드가 거대하게 성장한 이후에는 전통적 활동 구역을 넘어선 지역들에서 매매에 나설 수밖에 없게 되었다.

LTCM이 찾아낼 수 있었던 가격상의 왜곡에 따른 차액은 종종 미미한 정도에 불과했지만, 충분한 레버리지 덕분에 그 전략은 수익성이 있었다. LTCM은 이것을 자칭 '5센트짜리 동전을 쓸어담는 전략'이라고 말했다. 하지만 LTCM이 사용 중인 진공청소기가 얼마나 강력하지 제대로 파악했던 사람은 거의 없었다. 1998년 최고 전성기에 그 펀드는 48억 달러의 자기자본을 갖고 있었다-하지만 2,000억 달러의 투자금을 운용할 정도로 거액의 자금을 차입한 상태였다. 그 자금은 대규모 은행들에서 유입된 것으로, 당시 규제가 완화되면서 은행들은 헤지펀드들과 훨씬 더 가깝고 수익성 있는 관계를 맺고 있었

---

3__ Roger Lowenstein, *When Genius Failed—The Rise and Fall of Long—Term Capital Management* (Maryland: Random House, 2000), 188 참고.

다. 은행들은 헤지펀드들의 자산을 담보로 설정하고 그들에게 자금을 빌려주는 식으로 수익을 올리곤 했다. 그런데 1997년 아시아 금융위기에서 비롯된 파문이 계속 확산되면서 러시아가 채무불이행을 선언한 1998년 여름 LTCM은 난관에 부딪혔다. 러시아의 채무불이행으로 인해 많은 투자자들이 손실을 떠안았으며 리스크를 감수하려는 욕구도 자취를 감췄다. 그러다 보니 위험한 자산들은 좀 더 안전한 투자처에 비해 하락하는 모습을 보였다. 당시 LTCM의 투자 포트폴리오는 굉장히 다양한 자산들에 배분되어 있었다. 그러나 세계가 충분히 거대한 충격에 시달리면서 서로 다른 시장들과 국가들에 배분되어 있던 LTCM의 모든 투자대상이 사실상 갑자기 똑같이 위험한 자산이 되어버렸다.

LTCM의 레버리지비율이 너무나 컸기 때문에 아주 작은 비중의 손실도 그 펀드를 망가뜨리기에 충분했을 것이며, 실제로 그것은 즉각 마비되었다. LTCM이 붕괴된다면, 가능한 신속히 2,000억 달러어치의 투자자산을 청산해야 할 터였다―그리고 이는 재앙이 될 게 뻔했다. 그 시장에 있던 사람들은 상황이 절망적이라는 점을 잘 알고 있었고 LTCM이 투자한 자산의 하락세가 계속되리라는 쪽에 베팅했다. LTCM이 그대로 무너져버렸다면, 다른 것들까지 동반하락시켰을 것이다. 당시 많은 은행들이 LTCM에게 거액의 자금을 빌려준 상태였고, 그 펀드가 붕괴될 경우 은행도 손실을 입거나 심지어 망할 수도 있다는 점을 시장은 잘 알고 있었다. 은행들이 그런 손실을 떠안을 리스크에 처해 있는 동안 다른 은행에 자금을 빌려주고자 하는 은행은 하나도 없었다. 아무도 자금 거래를 원하지 않았다.

앨런 그린스펀은 이런 식의 일은 한 번도 본 적이 없다고 시인했다.

"지금 벌어지고 있는 일은 광대한 지역에 걸친 불확실성 또는 두려움이다. 인간이 불확실성에 직면하면, 이는 곧 그들이 실생활에서 맞부딪히는 특정 유형의 규칙들이나 조건들을 이해하지 못하게 된다는 의미이며, 이럴 때 그들은 시장에서 일제히 철수한다."[4]

해결책을 강구하기 위해 뉴욕 연방준비은행에서 회의가 열렸고, 이후 규제자들은 거래를 성사시키기에 충분한 수의 고위급 은행가들을 한 자리에 불러모았다. 그들 모두가 LTCM에 자금을 빌려주었고 손실을 떠안을 처지였다. 그래서 14개 대규모 은행들은 자금을 갹출해 LTCM에 35억 달러를 투입하고, 그 대가로 LTCM을 인수하기로 했다. 그들 중 베어스턴스는 그 거래에 동참하기를 거부했다. 이것이 도덕적 해이를 더 부추겼을까? 납세자들의 자금은 한 푼도 들어가지 않았다. LTCM의 협력업체들이 그 무거운 짐을 분담해 지기로 자처했다. 그리고 그 구제자금은 애초에 경솔하게 LTCM에 자금을 빌려준 은행가들에게서만 동원되었다. 이 조치는 사실상 재앙을 모면하려는 사리사욕에서 비롯된 셈이었다. 하지만 대체로 선임자에 대한 비난을 삼가온 폴 볼커는 이 사태를 그런 식으로 보지 않았다. 그는 연준위가 은행이 아닌 민간 투자기관의 구제에 '후원'을 해준 것이 적절했는지에 대해 공개적으로 의문을 제기했다.

연준위가 앞장서서 LTCM 구제책을 주선한 행위가 도덕적 해이를 부추기지 않았다고 쳐도, 이후의 조치는 확실히 그런 역할을 했다.

**4__**   John Authers, 'Nothing to fear save uncertainty,' Financial Times, October 10, 1998.

LTCM 구제책을 동원한 이후에도 시장들이 여전히 얼어붙어 꼼짝도 안 하는 상황이 계속되자 그린스펀은 긴급회의를 소집했고 목요일 오후 주식거래가 마감되기 한 시간 전에 금리인하를 발표했다. 그 조치는 거의 모든 사람들을 깜짝 놀라게 했고 LTCM 위기를 잠재웠으며 시장 반등에 불을 붙였다. 몇 분 안에 은행주들이 10%나 급등했다. 이 일로 트레이더들은 그린스펀이 '비이성적 과열'을 식히기를 단념했으며 자산 가격이 폭락할 경우 도움의 손길을 내밀 것이라는 확신을 갖게 되었다. 우리는 LTCM 사건에서 최소한 네 가지 교훈을 얻을 수 있을 것이다.

첫째, 시장들에 관한 최고의 수학모델도 쉽게 오작동을 일으킬 소지가 있고, 그러므로 투자자들은 수학모델만 믿고 너무 많은 돈을 빌려 투자에 나서지 말아야 한다. 그런데도 그 모델들은 오히려 과도한 확신을 불러일으켰다.

둘째, 시장의 왜곡현상을 수정하기 위한 활동에 몰두하는 모든 투자 전략의 수용 역량에는 한계가 있다—잘못된 가격을 바로잡는 데 충분히 많은 자금이 투입되고 나면, 그것에서 수익을 얻을 수 있는 기회는 영원히 사라져버린다. 따라서 더 많은 자금이 그런 전략을 따르려고 시도하거나 펀드매니저들이 그 전략을 더 오래 고수하려고 애쓸수록, 성공 가능성은 더 적어진다.

셋째, 분산투자는 일견 보이는 것과는 다르다. 충분히 큰 충격이 가해질 경우, 명백히 다른 많은 투자처들이 일제히 똑같은 방향으로 움직일 수 있다.

그리고 마지막으로 헤지펀드들은 주변 상황과 무관하게 작동할 수 없다. 그것들은 자체적으로 주변 환경에 영향을 미치고, 그 환경은 수익을 올릴 수 있는 펀드의 능력에 영향을 미친다. 따라서 LTCM은 레버리지를 거의 활용하지 않으며 전략이 더 이상 수익을 낼 수 없게 되면 투자자들에게 자금을 돌려주는 식의 고도로 전문화된 소규모 헤지펀드로 남았어야 했다. 앞으로 살펴보겠지만, 실제로는 오히려 거의 정반대 상황이 발생했다. 은행들을 구제하기 위해 단행한 금리인하는 오히려 투자자들이 수익을 올리기 위해 이용 가능한 모든 기회에 뛰어들도록 유인했다. 이로써 역사상 가장 거대한 거품, 즉 인터넷주식의 버블이 시작되었다.

비이성적 과열의 시장

■ 연준위의 LTCM 구제조치는 1990년대의 상승장을 역사적인 투기성 버블로 바꿔놓는 데 핵심적 역할을 했다. 이 사건으로 인해 금리를 인상해야 할 시점에 금리인하를 단행하게 되었으며 정부가 언제든 주식시장을 구제해줄 것이라는 믿음이 조성되었다.

■ 헤지펀드들은 시장의 비효율성을 제거하기 위해 레버리지와 공매를 활용할 수 있지만, 그 수수료 구조는 헤지펀드들이 추세를 확장시키고 특수한 상황들로 몰려들도록 하는 인센티브를 제공했으며, 그럼으로써 시장들을 더 비효율적으로 만들었다. 헤지펀드들은 여러 다른 시장들로 세력을 뻗어나감으로써 시장들 간의 상관관계를 강화시키는 요인이 되었다.

# 13 닷컴 붐과 저리자금

2000년 3월

**나스닥이 폭락하다**

"사람들은 여전히 시장에 대해 너무 큰 확신을 갖고 있으며, 투자대상을 계속 갈아타는 것이 언젠가 그들을 부유하게 해줄 거라는 믿음이 너무 강하다. 그래서 그들은 잠재적인 나쁜 결과들에 대한 보수적인 준비를 하지 못한다."

—로버트 실러, 《비이성적 과열》

닷컴 붐은 주식시장에 발생한 역대 최대 규모의 거품이었다—수십 년 간 이어진 저리자금과 도덕적 해이, 비이성적 과열 및 투자산업의 군집행위가 정점에 이른 셈이다. 이에 대한 정부 조치는 헤지펀드의 성장과 신용 및 주택에 대한 과도한 투기를 촉발시켰다—이는 좀 더 광범위한 초대형 거품을 위한 전제조건이 되었다.

LTCM이 구제되고 몇 주 후인 1998년 11월 13일, 더글로브닷컴 thegolbe.com이라는 신생기업이 나스닥에 주식을 상장했다. 이 업체는 뉴욕의 젊은이들을 대상으로 하는 함리스 플러츠Harmless Flirts와 소울

메이트Soul Mates, 그리고 핫 텁Hot Tub과 같은 온라인 커뮤니티를 운영했다. 너도나도 그 주식을 매수하려고 안달했다. 더글로브닷컴 주식은 13일 아침 9달러에 매매되기 시작해 오전 중반에 이르자 주당 97달러에 거래되었다. 두 시간 사이에 주가가 866%나 상승했던 것이다.

아직 매출도 발표한 적 없는 무명의 웹사이트 주식을 매입하려는 이 비정상적인 현상은, LTCM 사태 이후 연준위가 금융과 신용 부문을 회생시키기 위해 금융시스템에 쏟아 부은 자금이 의도와 달리 이미 과열되어 있는 기술 부문 쪽으로 거세게 유입되고 있었음을 입증해 보여준다. 자금을 다른 방향으로 돌리기 위해 취할 수 있는 조치는 거의 없었다. 금리인하는 경제 전반에 걸쳐 대출을 자극하게 마련이었고, 투자자들이 성장 전망이 밝아 보이는 부문에 자금을 투입하는 일은 불가피한 현상이었다. 이렇게 해서 월스트리트를 구조하려는 단순한 목적으로 도입된 저금리는 기술주의 거품을 부풀리게 되었다.

당시 나스닥 붐에는 또 다른 지원 요인이 있었다. 전 세계는 컴퓨터에 내장된 시계가 '99'에서 '00'으로 바뀔 때 컴퓨터들이 갑자기 오작동을 일으키거나 멈춰버릴지도 모른다는 'Y2K'의 공포 속에서 1999년을 보내야 했다. 이에 연준위는 컴퓨터 대란으로 인해 은행에 돈이 묶이는 일은 결코 없으리라는 점을 수차례 피력했다. 시장은 연준위의 이 의지를 더 저렴한 자금과 기술주에 대한 더 많은 투자로 받아들었다. 아무런 사고 없이 새 천년에 들어선 이후 나스닥 주식들이 전형적인 투자 버블에 돌입하면서 한 차례 주식 매수 광풍이 몰아

닥쳤다. 이번에도 역시 적용된 논리는 '뭉치면 산다'는 개념이었다. 충분히 많은 인터넷 신생기업 주식을 매수한다면, 그 논리가 통할 것이고 한두 건의 대박을 잡게 될 거라는 식이었다. 투자자들이 생각하기에 이 전략은 다른 모든 것들이 망해서 입게 될 손실을 온전히 보전해줄 것처럼 보였다.

그때까지 이 논리가 먹혀들 만한 여지는 거의 남아 있지 않았다. 인터넷주 최고의 대박으로 입증된 구글google은 닷컴 버블이 붕괴된 이후 수년까지도 기업공개를 하지 않았다. 모든 신생기업들의 주식을 덥석 사들이는 것이 장기적으로 대박을 터트려주리라는 보장도 전혀 없었다. 그렇지만 이런 여건 속에서도 거의 모든 신생기업들은 자금을 조달할 수 있었다. 아마도 가장 기억에 남는 사례는 애완동물용 사료와 물품을 취급하는 온라인 판매업체 펫츠닷컴pets.com일 것이다. 강아지 모양의 손가락 인형을 내세운 대대적인 TV광고를 전개했던 바로 그 업체 말이다. 이 업체는 2000년 2월 주당 11달러에 기업을 공개했고, 영업과 마케팅에 1억 300만 달러를 퍼부었으며-그 사이트에서 물건을 구입한 고객 1인당 179억 달러에 달하는 금액[1]-9개월 뒤 주가가 9센트로 폭락하자 '순차적 사업 정리 및 기업 폐쇄'를 발표했다.

그 시대를 상징적으로 보여주는 것이 특기할 만한 매출 전략 아이디어가 거의 없는 웹 소매상들이었다. 하지만 미래 전망이 밝은 기업들조차 터무니없을 정도로 고평가되어 있었다. 인터넷의 데이터 전

---

1__　 Richard Tomkins, 'The virtual investment. Billions were poured into Internet—related companies,' Financial Times, December 5, 2000.

달을 촉진하는 장치인 라우터 시장을 장악했던 시스코 시스템스Cisco Systems는 시가총액 측면에서 지구상 가장 큰 기업이었으며, 그 액수는 최근의 기업실적보다 약 200배나 높은 수준이었다. 그 주가는 80달러였다. 이후에도 매출과 영업이익은 계속 성장했으나 2010년 초 그 주가는 23달러가 되었다. 이 모든 일은 지금만큼이나 당시에도 터무니없어 보였다―하지만 주가가 계속 상승하고 있는 동안에는 그런 광기에 경고성 호루라기를 불려는 사람이 아무도 없었다. 그 거품은 너무나도 갑작스럽게 붕괴되었고 명백한 신호도 전혀 없었다. 2000년 3월 10일 금요일 나스닥은 5,132를 찍고는 갑자기 하락하기 시작했다. 주말 동안 상황을 파악할 시간을 가졌던 트레이더들은 다음 월요일 아침 일제히 투매에 나섰고 하락세는 더 빠르게 계속되었다. 2년 이상의 시간이 흐른 뒤 나스닥의 하락세가 드디어 중단되었을 때, 그 시장은 기존 가치의 79%를 공중에 날려버렸다.

무슨 일이 벌어졌던 것일까? 연구보고서들은 '신생기업들의 창업비용 및 경비지출 속도', 즉 그들이 얼마나 빠르게 현금을 소진했는지 강조하기 시작했다. 기업들에게 손실에 관한 자료를 요구했던 트레이더들은―그들이 낯선 기회들에 투자하고 있었음을 잘 알 수 있다― 마침내 그들의 근간을 이루는 경제학에 관해 재고해보기 시작했다. 한편, 주식 거래 법규에 따르면 주식을 상장하는 기업은 처음부터 주식 전량을 시장에 내놓을 수 없었다. 법규상 해당 경영진은 한동안 자사 주식을 매도할 수 없으며 회계장부상 기업 재산이 증가하는 모습을 지켜보아야 했다. 대부분의 기업들은 기업 공개 시 회사 지분의 적은 비중만 주식에 상장을 했으며, 그런 희소성은 주가를 밀어올리는 데 한몫 거들었다. 그러다 경영진이 자사 주식 매도에 나서기 시작할 때 처음으로 그 주식에 대한 어느 정도 진정한 시장이 형성되곤 했다.

이것은 역사상 가장 희한한 투자 버블 중 하나로, 17세기 네덜란드 튤립 광풍에 견줄 만한 사건이었다. 하지만 그 일이 경제 전반에 어느 정도의 영향을 미칠지는 불분명했다. 많은 뮤추얼펀드 투자자들은 거품이 정점에 이를 때쯤에야 시장에 뛰어들기 시작했고 결국 큰 손실을 떠안고 말았다. 그리고 당시의 광풍에 이끌린 자금은 좀 더 생산적으로 투자될 수 있을 만한 곳을 비켜나 별 볼일 없는 웹사이트들의 광고 집행에 대거 쏟아져 들어갔다. 하지만 당시 증발해버린 기업 재산의 많은 부분은 오로지 회계장부상에만 존재했다. 닷컴 백만장자들은 기업의 자산이 사라져버리기 전에 그 돈을 써볼 시간도 거의 없었다. 2000년에 미국은 침체기에 들어섰지만 그리 심각한 정도는 아니었고 세계대전 이래 최단 기간 지속되었다. 서구 유럽 국가들은 단 한 분기의 수축도 겪지 않으며 비교적 평탄한 시기를 보내고 있었다. 그리고 펫츠닷컴과 다른 모든 닷컴기업들의 자폭도 다른 시장들에 거의 아무런 영향을 미치지 않았다. 신용과 상품 및 외환 가격도 거의 영향을 입지 않았다. 하지만 앨런 그린스펀과 연준위는 과거 두 차례의 주식시장 거품 붕괴 이후 밀어닥친 경제적 곤란—1929년에 미국에서 발생한 공황과 1990년 일본의 경제 상황—을 염두에 두고 있었다. 주식시장에서 손실을 본 소비자들이 지출을 줄이고 국가 경제를 디플레이션으로 몰고 갈 수도 있음을 우려한 연준위는 금리를 인하했다. 그리고 2001년 9월 11일 테러공격으로 3,000여

명이 사망하고 세계무역센터의 쌍둥이 빌딩이 무너졌으며 한 주 동
안 미국 주식시장이 문을 닫은 이후, 어떤 조치든 취해야 할 필요성
은 더욱 시급해 보였다. 연준위는 목표 대출금리를 역대 최저 수준인
1%까지 낮췄고 계속 그 수준을 유지했다.

LTCM 사태가 발생했을 때와 마찬가지로 연준위는 주식시장이 곤
란한 상황에 봉착하자 금리를 더 낮추는 조치를 통해 시장을 구제하
기 위해 그곳에 있었다. 옵션시장에서 '풋' 옵션은 일정한 가격에 주
식을 매도할 권리를 부여한다. 그것은 가격이 일정 수준으로 하락할
경우 다른 누군가가 대신 그 고통을 짊어질 것을 보장한다. 이제 트
레이더들 사이에 공공연히 '그린스펀 풋<sub>Greensapan Put</sub>'이라는 표현이
회자되었고 연준위의 신뢰도-더 이상 금이 닻의 역할을 하지 못하
는 세계에서 극히 중요한 역할을 하는 지표-가 20년 만에 처음으로
도마 위에 올랐다. 〈그림 13-1〉에서 볼 수 있듯이, 이 기간 동안 연준
위가 취한 행보는 분명 주식시장이 하락할 경우 금리를 낮출 것처럼
보이도록 만들었다. 트레이더들은 이런 움직임에 주목했고, 역사적
기준상 주가가 고평가되어 있었던 2002년에 주식시장은 반등으로
돌아서서 상승하기 시작했다. 주식시장의 붕괴라는 대단한 사건 이
후였음에도 투자자들의 자신감은 그 어느 때보다 충천해 있었다.

아이러니하게도 여기에서 승리를 거머쥔 것은 헤지펀드였다. 나
스닥 붕괴는 헤지펀드들을 위한 완벽한 마케팅 도구가 되어주었다.
일부 헤지펀드들은 공매를 통해 그 버블에 반대 쪽으로 적극 베팅을
걸었다. 다른 헤지펀드들은 주식시장에 좌우되지 않는 전략들을 구
사했고 2000년부터 2002년까지 불안감이 팽배한 시장상황 속에서도

그림 13-1  그린스펀 풋? 연준위가 주식시장에 끌려다닙니다

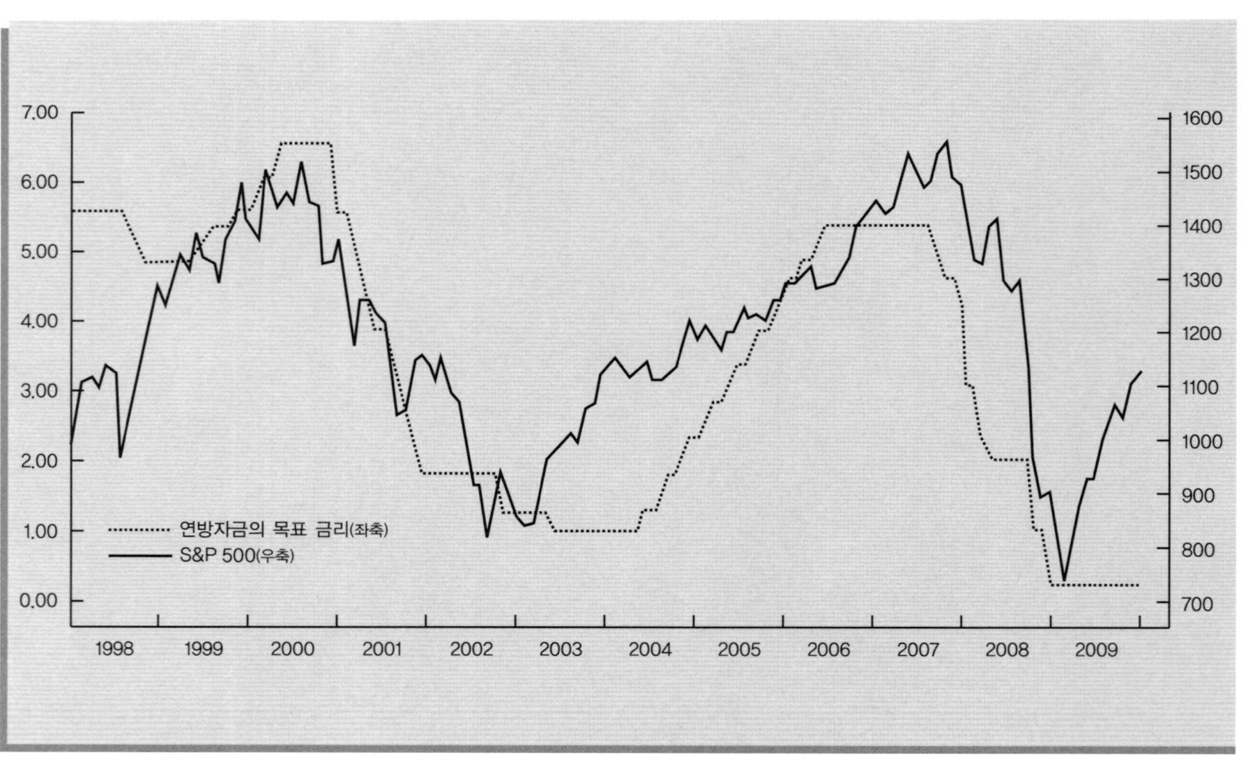
연방자금의 목표 금리(좌축)
S&P 500(우축)

번창해나갔다. 2000년 들어 첫 3년 동안, S&P 500은 각각 9.1%, 11.9%, 22.1% 하락했다. 동 기간에 헤지펀드들은(시카고에 기반을 둔 대규모 리서치 그룹 헤지펀드리서치Hedge Fund Research의 측정에 따르면) 2002년 1.45%의 작은 손실을 입기 전까지 4.98%와 4.6%의 수익을 거뒀다.[2] '성과 추구'에 열을 올리는 투자기관들의 욕구는 그대로 남아 있었다. 헤지펀드들은 리스크 방어 수단으로 보였을 뿐만 아니라, 다른 누구보다 더 많은 돈을 벌어들였다. 자금이 쏟아져 들어왔다. 대규모 연기금들은 헤지펀드에 합류하고 싶어했다. 2002년에만 990억 달러 이상의 자금이 헤지펀드 산업에 유입되었다—이와 동시에 시장 하락에 동요된 소액투자자들은 뮤추얼펀드에서 247억 달러의 자금을 회수해갔다. 한때 뉴욕의 코네티컷 교외지역들에서 생겨나 활동했던 헤지펀드들은 런던의 메이페어Mayfair를 집어삼켰고 아시아에도 기지를 설립했다.

헤지펀드의 숫자가 급증했다. 1998년 LTCM이 몰락할 당시만 해도 3,325개의 헤지펀드가 있었다. 2007년까지 헤지펀드의 수는 1만 개가 넘었다. 은행들에서 근무하는 트레이더들은 더 많은 보수를 받고 동일한 일을 하기 위해 자신의 헤지펀드를 설립했고 은행들은 그들에게 공간을 마련해주고 펀드를 출범할 아이디어를 위한 리서치를 제공하면서 기꺼이 그들에게 협조했다. 일반적으로 신규 펀드들은 다른 이들이 이미 사용 중인 전략을 활용해 투자에 나설 계획을 세웠다. 그들은 유사한 모델들을 따르고 있었고, 이는 대규모 은행들의 리서치팀이 그들을 위해 종합적으로 제공해준 학술적 금융이론

---

2　이 장에 있는 모든 헤지펀드 통계들은 헤지펀드 리서치 미디어 참고 가이드(Hedge Fund Research Media Reference Guide)에서 뽑아낸 것이며, www.hedgefundresearch.com에서 확인할 수 있다.

들에 대체로 기반을 두고 있었으며, 그들이 동일한 투자를 하도록 유도했다. 4년간 지속적인 자본 유입이 이어진 뒤 2005년에 헤지펀드 산업 전체는 처음으로 1조 달러 이상의 가치를 지녔다. 2년 뒤 그 산업의 자산은 1조 8,000억 달러가 넘어서며 정점을 기록했다. 하지만 레버리지를 감안할 때 이는 시장에 미치는 그들의 진정한 위력을 한참 축소한 것이었다. 그들의 진정한 구매력은 거의 틀림없이 5배 내지 6배 더 강력했다. 그리고 헤지펀드들은 맹렬한 기세로 매매에 나서는 경향을 보였고, 그래서 시장들의 일간 행보에 뮤추얼펀드보다 훨씬 더 큰 영향력을 지녔다.

투자산업의 판도가 다시 바뀌었다. 주식시장이 한때 아마추어들의 활동무대였고 이후 뮤추얼펀드들과 대규모 기관들이 장악했다면, 나스닥 붕괴 이후 일간 주가를 주도한 것은 헤지펀드들이었다. 뮤추얼펀드처럼 헤지펀드들도 군집을 이뤄 움직이는 경향이 있기 때문에 이 사실은 굉장히 중요했다. 하지만 헤지펀드들은 특정 유형별로 운용되지 않았기 때문에 훨씬 폭넓게 움직일 수 있었고, 서로 다른 자산집단들과 국가들 사이를 수시로 이동할 수 있었다. 이를 통해 헤지펀드들은 시장들 사이에서 연락망 구실을 하는 거대한 세력이 되었다. 또한 그들이 레버리지를 활용한다는 사실은 곧 그들에게 자금을 빌려준 은행들이 부채 상환 능력에 대해 불안감을 느낄 경우 다급히 자산 매도에 나서야 할 압박을 받게 되어 있다는 의미였다.

또 다른 문제도 있었다. 헤지펀드들은 추세와 비효율성을 활용하는 전략에 의존한다. 어느덧 그 영역에 뛰어든 펀드들이 너무 많아진 탓에 시장의 비효율성이 빠르게 제거되었다. 뮤추얼펀드처럼 헤지펀드도 규모 또는 최소한 펀드들의 수가 성과의 적이라는 점을 깨달았다. 그래서 그들은 더 신속히 움직였고 더 많은 레버리지를 활용했으며, 수익을 위해 본거지에서 더 멀리 떨어진 전쟁터로 눈을 돌려 가능한 한 장기간 추세를 주도하고 가격이 왜곡된 채권들에 자금을 대거 투입했다. 은행들은 그동안 수수료를 거둬들이면서 기꺼이 자금을 빌려주었다. 헤지펀드들의 이런 활동은 나스닥 버블 붕괴 전 짧은 기간 동안 수백만장자가 되었던 기업가들에게 아무 도움도 되지 않았다. 2009년 11월에 이르자 1998년 상장 당시 주당 97달러에 거래되었던 더글로브닷컴의 주식은 주당 0.19센트까지 추락했다.

한편, 새로운 버블을 필요로 했던 투자자들은 신흥시장들에서 다시 한 번 버블을 만나게 된다.

비이성적 과열의 시장

■ 2000년의 나스닥 붕괴는 역사적으로 극히 이례적인 사건이었다. 연준위는 미국 주식시장이 이전에 발생한 버블 붕괴에 준하는 고통을 견디도록 내버려두지 않고 금리를 인하하기로 결정했다. 이것이 그 유명한 '그린스펀 풋'이었다.

■ 헤지펀드들은 나스닥이 붕괴된 기간 동안 수익을 올렸고 이 성과 덕분에 투자자들로부터 거액의 신규 자금을 끌어모았고 시장을 장악할 정도로 성장했다. 연준위가 취한 저금리 정책은 그들이 레버리지로 수익을 더 크게 증폭시킬 수 있도록 도와주었다.

# 14 투자자의 이목을 사로잡은 브릭스

**2001년 11월**

**골드만삭스가 신흥시장의 명칭을 쇄신하다**

"경기침체에 감염된 국가에게는 투자에 나설 만한 새로운 버블이 필요하다."

— 풍자 신문 〈어니언(The Onion)〉의 헤드라인, 2008년 7월 14일

Issue 44.29, www.theonion.com

골드만삭스가 신흥시장에 브릭스BRICs, 브라질, 러시아, 인도, 중국라는 새로운 명칭을 부여하면서 투자시장에 신선한 붐이 일었다. 그러나 브릭스의 주식시장을 주도하던 핵심 요인이 상품가격이었던 탓에, 신흥시장으로 쏟아져 들어온 자금은 다른 주식시장들과 상품시장들을 더욱 밀접히 연계시키는 역할을 했다.

2001년 11월 짐 오닐Jim O'Neill은 "전 세계는 브릭스를 필요로 한다"라고 주장했다.[1] 골드만삭스의 수석 이코노미스트였던 그는 이 말을 통해 세계 경제 정상회담과 국제정세에 관한 주장을 제기하고

있었다. 그는 4대 신흥시장, 즉 브라질과 러시아, 인도, 중국이 경제 문제를 다루는 주요 의사결정기구들에 합류해야 한다고 생각했다. 이 4개국의 경제 규모는 자본주의 세계의 방향키를 쥐고 있던 G7미국, 일본, 독일, 영국, 프랑스, 이탈리아, 캐나다의 일부 산업국들 못지않게 이미 커진 상태였다. 그는 브릭스의 경제가 분명 더 크게 성장하리라고 보았다. 9·11 테러 공격으로 인해 세계가 여전히 휘청거리고 있던 시점에 그는 글로벌 경제가 적절한 조화를 이룰 방법을 합리적으로 재편할 필요가 있다고 주장하고 있었던 것이다.

그의 주장은 실현되지 못했다. 브릭스는 2009년까지 세계 주요 경제 정상회담의 좌석을 얻지 못했다. 하지만 '신흥시장'이라는 식상한 명칭에 새 생명을 불어넣고 상품 및 외환시장을 왜곡시키는 방향으로 또다시 자금의 분출을 촉발시키는 데에는 성공을 거뒀다.

오닐은 투자전략가가 아니라 경제학자였다. 하지만 브릭스는 하나의 투자전략으로서 즉각 이목을 사로잡았다. 브릭스는 기억하기 쉬운 각 나라의 첫 영문 이니셜로 구성되어 있었고 성장 추정치도 많은 이들의 시선을 사로잡았다(오닐의 말에 따르면, "중국은 2007년까지 독일을, 2015년까지 일본을, 2039년까지 미국을 따라잡을 것이다. 인도 경제는 30년 안에 미국과 중국을 제외한 모든 국가들보다 더 커질 것이다."). 투자산업은 닷컴 붕괴 이후 신상품을 필요로 했고, 브릭스는 그 필요를 충족시켰다.

브릭스는 또 다른 투자 개념인 '디커플링decoupling, 국가와 국가, 또는 한

---

1__ Goldman Sachs Economics Group, *The World and the BRICs Dream* (New York: 2006) 참고. 여기에는 브릭스에 관한 이후 5년간의 연구 자료도 포함되어 있다.

국가와 세계의 경기 등이 같은 흐름을 보이지 않고 탈동조화되는 현상—옮긴이'에도 꽤 부합되었다. 신흥시장들은 대체로 서구에 대한 수출에 의존해 성장을 이루고 있었다. 그런데 브릭스는 자국의 인프라스트럭처에 투자하고 나날이 증가하는 중산층의 수요를 자체 충족시키는 식으로 성장해나갈 것으로 보였다. 그 국가들이 고속도로를 건설하고 국민의 요구에 부응하는 동안, 그들은 '탈동조화' 될 수 있을 것이고 서구 세계가 불경기를 겪는 동안에도 성장을 이룰 수 있을 터였다. 그것은 서로 상관관계가 없는 수익이라는 성배를 약속해주는 듯했다. 브릭스 각국은 투자자들에게 먹혀들 만한 그럴 듯한 스토리를 갖고 있었다. 간단히 말해, 1990년대의 경제위기 이후 신흥시장은 헐값이 되었다. MSCI는 브릭스지수를 작성해 발표하기 시작했고, 1995년까지 거슬러 올라가 성과 추정치를 계산해 내놓았다. 오닐의 글에서 확인해볼 수 있듯, 2001년 가을 그것은 6년 전 수준보다 40% 이상 낮은 수준이었다.

또한 브릭스에게는 운도 따라주었다. 브라질은 2002년 대선을 치렀다. 대선 설문조사에서 선두를 달리고 있던 루이스 이냐시오 룰라 다 실바Luiz Inacio Lula da Silva는 노조를 대표하는 노련한 리더였다. 투자자들이 명백히 급진적인 정책변화가 도입되리라는 전망에 겁을 집어먹으면서 자금이 브라질 밖으로 마구 빠져나갔다. 대선 하루 전날, 브라질의 주요 주식거래소인 보페스파Bovespa가 80%나 하락하면서 브릭스 전체는 1995년보다 55% 낮은 수준이 되었다. 브라질 주식들은 기업 실적보다 정확히 8배 높은 가격에 매수할 수 있었다—당시 미국 주식은 기업 실적의 45배에 거래되고 있었다. 룰라는 대통령이 되자마자 스스로 실용 노선의 의지를 피력했고 이는 신흥시장의 막대한 매수 기회에 박차를 가했다. 브라질에서 직접 충분한 실사조사를 해본 사람이라면 누구나 룰라가 공포심을 유발하고 횡령을 일삼을 인물이 아니라는 사실을 간파했을 것이다. 하지만 그런 식의 구시대적인 현지조사 작업은 한물 간 방식이었다. 오히려 브릭스 시장이 도약을 시작했을 때, '브릭에 대한 투자'는 인덱스펀드로 떼를 지어 몰려드는 형태를 보였다.

브릭스에 대한 자금흐름을 좌우했던 주요 원동력은 서구 투자자들이 인식했듯 못했든 서구의 낙관론과 비관론 사이의 균형이었다. '디커플링'의 논리는 간단했다—서구에 불황이 닥쳐도 신흥시장들이 잘 나가고 있다면, 투자자들이 서구 경제를 우려하고 있는 경우에도 신흥시장들은 상대적으로 큰 소구력을 지닐 것이다. 하지만 선진세계와 신흥시장 및 브릭스에 대한 MSCI 지수들의 움직임을 보면 정반대 현상이 나타났음을 알 수 있다. 선진국들의 세계지수가 더 나은 실적을 보일수록, 신흥시장과 브릭스의 실적은 그 지수를 한참 웃돌았다. 전 세계 지수가 좋을 경우, 브릭스의 지수는 훨씬 더 좋았다. 반면 세계의 지수가 암울할 때 브릭스의 지수는 그보다 훨씬 더 형편없었다. 〈그림 14-1〉은 브릭스의 붐이 시작된 시점부터 2008년 최악의 금융위기 때까지 내내 계속된 일관적인 관계를 보여준다. 신흥시장들은 디커플링은커녕 이전 어느 때보다 세계 나머지 국가들과 연관된 형태를 보였다. 이것은 새로운 양상이었다. 1980년대에 서구와 신흥시장은 거의 아무런 관련이 없었지만, 1990년대 서구는 상승장세였고 신흥시장은 위기 상황이었다(〈그림 14-2〉 참고).

**그림 14-1**  브릭스 이전: 신흥시장들이 나름의 속도로 움직였다

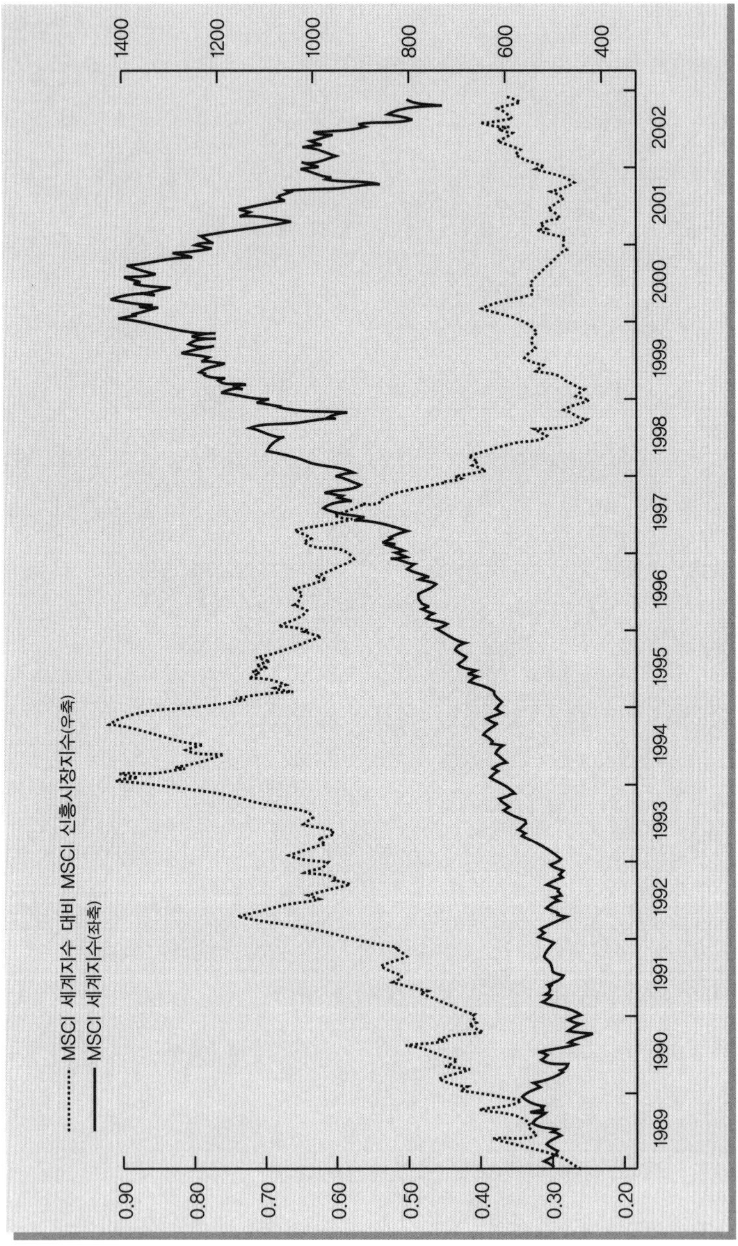

어떻게 이런 일이 발생했을까? 브릭에 대한 열광은 펀드매니저들의 리스크 감수 욕구와 군집 성향에 의해 주도되었다. 서구의 투자자들은 자국 내 투자 성과가 좋은 시기에 리스크에 대한 더 큰 허용한계를 갖고 있었고, 이에 따라 펀드들이 브릭스로 몰려들었다. 자국 내의 상황이 차츰 악화될 때는 투자 자금을 급히 회수해갔다. 최신 금융혁신들도 이 현상에 일조했다. 신흥시장들에 대한 대부분의 투자는 궁극적으로 인덱스에 연동된 펀드들을 통해 이뤄졌다. 그리고 브릭스는 최신 금융상품인 상장지수펀드exchange-traded funds, ETF에 이상적으로 부합되는 투자대상이었다. 이것은 주가지수와 연동되는 수익률을 목표로 하는 인덱스펀드지만, 개별 주식처럼 거래소에서 거래될 수 있다. 그 가격은 시시각각 바뀌고 거래도 간편하고 신속하다.

최초의 ETF는 1990년대 초 발명되었지만, 10년 뒤에야 주목을 받기 시작했다. 2000년과 2001년 주가 붕괴 때 ETF의 자산은 5배나 증가했다. 그때부터 ETF들은 급속한 성장세를 보였다. 그 전까지만 해도 몇 년간 보완적 투자수단으로 운영되었으나, 주식시장에 상장하고 수익성 있는 상품으로 자체 론칭한 데 힘입은 결과였다.

ETF는 훌륭한 아이디어다. 그것들은 투자를 보다 수월하게 해주는 동시에 한결 저렴하게 만들어준다. 하지만 브릭스 붐에서 알 수 있듯이 문제는 그것들이 부추기는 행위다. 인덱스펀드 투자자인 잭 보글은 ETF들이 '전통적인 인덱스 투자의 대의명분을 호도하는 반역자'라고 경멸한다. 그는 "주식 매매의 대상으로 인덱스펀드를 활용하는 것은 단기적 투기로밖에 설명되지 않는다"라고 주장했다.[2]

그림 14-2    브릭스 이후: 신흥시장들이 서구 투자자들의 심리에 따라 움직인다

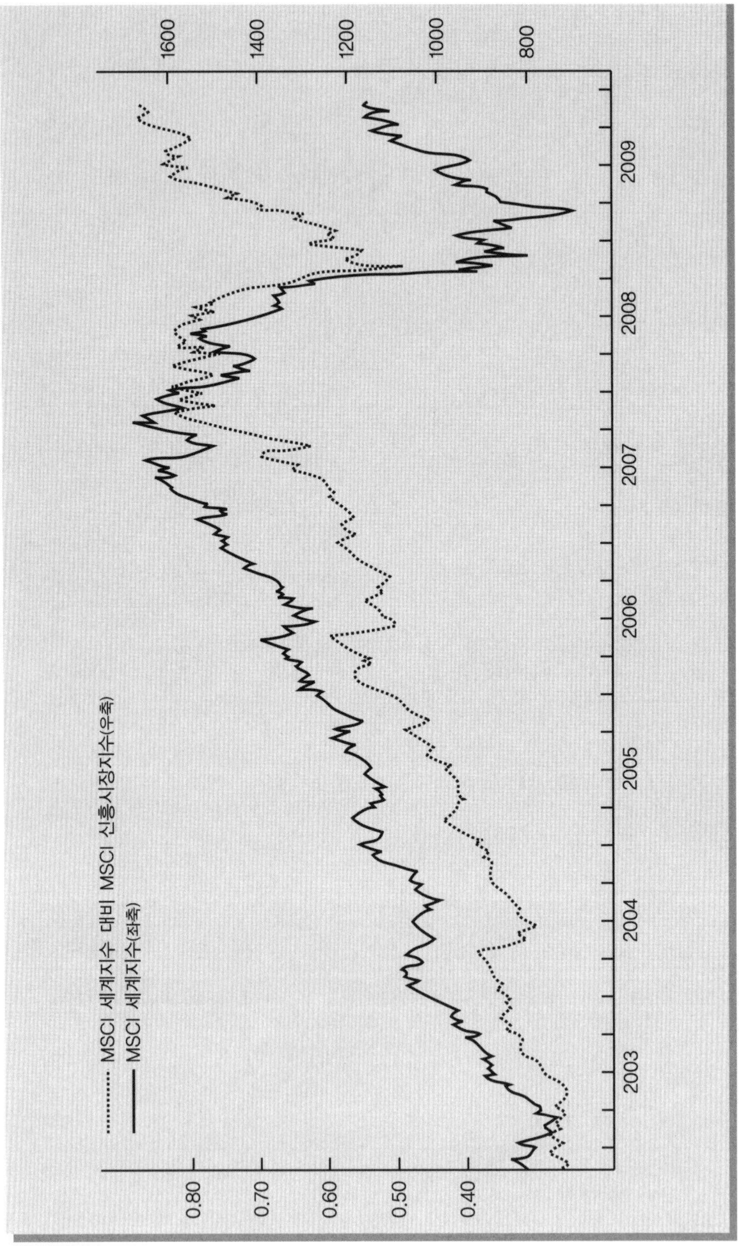

MSCI 세계지수 대비 MSCI 신흥시장지수(우측)
MSCI 세계지수(좌측)

1600
1400
1200
1000
800

0.80
0.70
0.60
0.50
0.40

2003  2004  2005  2006  2007  2008  2009

증권거래소에서 수시로 매매 가능한 인덱스펀드의 상품화는 단지 공격적 거래와 시장을 이기려는 시도만 부추길 뿐이라고 그는 주장했다—이는 그의 견해인 소극적 인덱스 투자에 대립되는 형태다. 퍼디Purdey 사의 산탄총과 마찬가지로 ETF는 "대형 사냥감을 위한 훌륭한 도구이지만 동시에 자살을 위한 훌륭한 도구이기도 하다"라고 그는 말했다. ETF는 종래의 인덱스펀드들보다 운영비용이 낮았고, 주식시장이나 개별 국가들의 더 작은 부문들을 추적하기 시작했다. 예를 들어 과거에는 단시간 내에 브라질에서 철수해 인도로 진입하는 매매가 무척 어려웠지만—자금을 송금하는 데 수반되는 이전 비용 하나만 보더라도 감히 엄두도 못 낼 정도로 비쌌다— 이제는 브라질 주식으로 구성된 ETF를 매도하고 인도에 집중된 것을 매수하는 방법을 통해 그런 거래가 가능해졌다. 투자자들이 제공하는 거액의 자금 위에서 파도타기를 하고 있던 국제적 헤지펀드 매니저들에게 ETF는 훌륭한 투자도구가 되어주었다. 그 흐름은 해당 국가가 지닌 변수들을 충분히 압도할 정도로 거세졌고, 그래서 브릭스도 서구와 보조를 맞춰 매매되었다.

이렇게 해서 브릭스 투자 초창기에 이미 헤지펀드들은 금융의 대형 사냥감에 준하는 아주 성공적인 매매를 위해 ETF들을 활용할 수 있다는 점을 알게 되었다. 룰라 대통령의 당선 직전 최저점을 기록했던 MSCI의 브릭스지수를 매수해 5년간 보유한 사람들은 750%라는 경이로운 수익을 올렸을 것이다. 브라질에 대한 투자 순수익은

---

2__ Jack Bogle, *The Little Book of Common—Sense Investing* (Somerset, NJ: Wiley, 2007) 참고.

1,600%였다.[3]

이렇게 마구 유입되는 자금은 다른 모든 요인들을 시장에서 몰아냈다. 브릭스 시장이 균형을 잡을 수 있는 방법은 있었다―외자의 유입은 통화의 가치를 상승시키고 수출을 감소시키며 결국 주가 상승에 제동을 건다. 하지만 상황은 이런 식으로 굴러가지 않았다. 통화 가치와 주가는 오히려 똑같은 베팅을 거는 동일한 투자자들에 이끌려 계속 상승했다. 2006년 워렌 버핏도 브라질의 레알화에 큰돈을 투자해 좋은 성과를 얻었다.

2005년부터 4년간(금융위기가 포함된 기간) 브릭스 국가에만 전념하는 펀드들은 독보적인 성장을 이뤄 1,120억 달러의 가치를 지녔고 신규 자금으로 422억 달러를 유치했다. 브릭스 전문 펀드들은 신흥시장에 진입한 모든 펀드들 중 3분의 1을 차지했다. 이런 식으로 자금이 유입되는 국가들에는 종종 불안감이 조성되었다. 브라질은 5년 사이에 붕괴 상태에서 버블 상황으로 완전히 바뀌었다. 보페스파 거래소의 일간 거래액은 2006년에 평균 25억 헤알이었다. 2007년에는 평균 45억 헤알이 되었다. 그리고 보페스파 자체가 주식시장에 상장된 2007년 말까지 평균 거래액은 약 80억 헤알이 되었다. 보페스파가 상장되었을 때 그 평가액은 런던주식거래소보다 약 50% 더 높은 가치를 지니는 것으로 추정되었다. 그런 과열 양상에 대처하기 위한 가장 확실한 무기인 금리인상도 도움이 되지 않았다. 이 조치로 인해

---

3__ 이 수치들은 브릭스의 절정기까지에 해당되는 것이지만, 이 투자자가 브릭스가 붕괴된 지 1년 후인 2009년 11월까지 계속 브릭스 투자를 보유해 올린 수익은 믿기지 않지만 어쨌든 512%였다. 이 기간 동안 전 세계 시가총액 중 브릭스의 비중은 6배 증가했다.

캐리트레이드의 일환으로 헤알화를 매입하는 투자자들로부터 훨씬 더 많은 해외 자금이 들어왔기 때문이다.

신흥시장 투자자들이 과거에 수행했던 면밀한 현지조사 작업보다 국가와 부문을 막론하고 무분별한 베팅이 이뤄지는 것이 인덱스에 연동된 투자의 특징이다. 결국 브릭스들은 일방통행 식의 디커플링 투자처가 되었고, 이런 상황은 여러 자산집단에 걸친 새로운 '초대형 거품'을 부풀리는 데 일조했다. 어떤 측면에서 브릭스는 기대를 저버리지 않았다. 2009년까지 오닐의 전망은 제 궤도를 유지했다. 중국 경제는 오닐이 예측한 시점에 독일의 경제를 앞질렀다. 기업 실적의 경우에도, 브릭스의 기업 총수익은 2006년부터 금융위기가 끼어들기 전 2008년까지 연간 60%의 성장률을 보였다. 이는 선진국들의 기업 실적보다 세 배 더 높고 다른 신흥시장들보다 두 배 더 높은 수준이다.[4] 국제 투자자들은 브릭스를 거품으로 변질시키는 데 일조했지만, 거기에는 기업들의 실질적이고 인상적인 성장이 있었다.

브릭스 개념이 안고 있는 가장 큰 문제의 핵심은 그것이 천연자원을 매입하는 새로운 방편이 되었다는 점이다. 인도와 중국의 수십억 인구가 서구인들의 생활수준을 따라잡기로 마음을 먹는다면 그들은 엄청난 원자재를 순식간에 집어삼킬 것이다.

브릭스 개념은 식료품에서 산업용 금속과 석유에 이르기까지 각

---

4__ 'Emerging Market: Latent Demand,' note by Global Wealth Allocation of London, November 13, 2009 참고.

종 원자재 가격이 상승하리라는 점을 시사했다. 그리고 그것은 금융공학과 동시에 일제히 동시에 움직이는 시장들을 위한 더 많은 가능성을 활짝 열어놓았다.

■ 브릭스 투자는 신흥시장들로 유입되는 자금에 박차를 가했다. 그것은 또한 신흥시장들의 통화가치와 상품가격을 상승시켰다.

■ ETF와 같은 투자수단들을 활용하는 자금의 투자방식 때문에, 신흥국가들의 실상이 아닌 선진국들의 심리가 자금 흐름을 주도하는 원동력이 되었다.

# 15 글로벌 상승장을 견인한 상품시장

2004년

**금융학자들이 이른바 상품선물**Commodity Futures**이라는 자산집단을 새롭게 찾아내다**

"현재 상품시장의 상승장세가 전개되고 있으며, 이는 1999년 초에 시작되었다… 과거로 돌아가 따져본 결과, 상품시장의 초단기 상승장은 15년간 지속되었고, 최장기간 지속된 경우는 23년이었다. 따라서 역사에 미루어볼 때, 이번 상승장은 2014년과 2022년 사이의 어느 시점까지는 지속될 것이다."

—상품 투자자 짐 로저스(Jim Rogders),
2006년 투자전문 사이트 인베스트U의 마크 스코우센(Mark Skousen)과의 인터뷰,
http://investmentu.com/IUEL/2006/20060605.html

상품에 대한 인덱스 투자는 주류 투자자들에게 새로운 시장을 열어주었고 상품시장의 본질을 변화시켰으며, 상품들이 주식과 동시에 움직이도록 이끌었다. 그것은 또한 원유와 금속 및 식료품 가격의 막대한 상승을 자극하는 데 한몫했으며 달러화의 가치를 하락시켰다.

2004년 예일 대학교 경영대학원 교수 개리 고튼Gary Gorton과 스탠퍼드 대학교 출신 기트 루웬호스트Geert Rouwenhorst[1]는 연구논문을 하

1__ Gary B. Gorton, and K. Geert Rouwenhorst, 'Facts and Fantasies about Gommodity Futures,' Yale ICF Working Paper No. 04—20, February 28, 2005, http://ssrn.com/bastract =560042.

나 발표했다. 그 논문은 난해한 수학공식들에도 불구하고 펀드매니
저들이 추종하는 고전이 되었으며, 상품이 주식과 상관관계가 없다
는 믿음하에 투자기관들이 거액의 자금을 상품시장으로 이동시키는
현상을 불러일으켰다. 그 과정에서 상품들이 주식과 동시에 움직이
기 시작했다.

두 사람의 논문이 밝혀낸 핵심은 주식처럼 상품선물도 자산집단
으로 취급될 수 있다는 것이었다. 그간 상품들은 주식이나 채권과 상
관관계를 보이지 않는 가운데 평균적으로 거의 정확히 똑같은 수익
을 올렸다. 난방유와 커피 같은 서로 다른 상품들도 상관관계가 적었
다. 고튼과 루웬호스트는 1959년부터 2004년 사이에 상품선물들을
매수해 보유한 투자전략이 연평균 11.5%의 수익을 낳았다는 사실을
분석해냈다. 즉 변동성이 약간 낮으면서도 주식과 동일한 수익을 올
렸던 셈이다. 부진한 성과로 들릴 수도 있을 테지만, 이는 연기금 펀
드가 주식에 상품을 추가함으로써 리스크를 낮출 수 있음을 의미했
다. 이 둘의 예상 수익은 동일했지만, 상품들이 주식과 상관관계가
없다면 주식의 실적이 엉망인 동안에도 상품들은 종종 좋은 결과를
안겨줄 것이고 그 반대도 역시 마찬가지일 터였다.


투자분석기관 이봇슨 어소시에티츠Ibbotson Associates가 세계 최대
채권펀드운용사인 PIMCO의 의뢰를 받아 실시한 연구에 따르면, 특
정 수준의 리스크가 주어진 경우 주식과 채권, 현금 포트폴리오에 상
품선물을 추가하는 전략이 예상 수익을 높였다는 점을 알 수 있다.
자산운용사들은 현대 포트폴리오 이론의 지침을 따라야 했고, 이 이
론은 상관관계가 없는 자산들을 찾을 것을 요구했기 때문에 이런 새

로운 발견은 더할 나위 없이 좋을 수밖에 없었다.[2]

　상품들은 오랜 기간 난해하고 유동적인 시장을 형성했지만, 수많은 생산자와 소비자가 북적이는 영역이었다. 주식과 채권을 취급하는 주류 투자자들은 각각의 상품시장의 수용력을 자세히 알지 못했기 때문에 상품을 가까이 하지 않았다. 반면 상품 트레이더들은 창고에 쌓여 있는 구리나 원유의 정제 비용 또는 다음 해 예상되는 콩 수확량에 대해 잘 알고 있었다.

　한편, 새로 진입한 투자자들은 달랐다. 그들은 주식에 투자할 때처럼 상품을 자산집단으로 삼아 소극적으로 인덱스를 통해 투자를 수행했다. 그리하여 상품들의 '금융화'가 시작되었다. 골드만삭스와 AIG는 상품들의 선물지수를 제공했고, 기관들은 그 지수에 연동된 펀드들을 매입했다. 그리고 그런 지수들을 기초로 하는 선물계약들이 도입되면서 상품가격이 상승했고 자금이 쏟아져 들어왔다. 브릭스와 마찬가지로, 그 새로운 투자처는 매수 기회로 급부상했다. 1999년 유가는 배럴당 약 12달러로 바닥을 기고 있었다. 이후 8년에 걸쳐 유가는 인플레이션을 감안하고도 6배나 상승했다–1980년 세계 스태그플레이션을 유발한 유가폭등 때와 유사한 수준–2007년부터 2009년 금융위기 때 유가는 다시 두 배로 뛰었다.

　그러나 이번에는 1970년대에 발생한 원유 공급상의 극단적인 방해요인이 없었다. 그리고 다른 상품들은 훨씬 더 성과가 좋았다. 구리는 2005년 40% 상승했고, 2006년에도 다시 40% 상승했다. 콩의 가

---

**2__**　'Strategic Asset Allocation and Commodities,' March 27, 2006, http://www.pimco.com/LeftNav/Viewpoints/2006/Ibbotson+Commodity+study.htm. 참고.

격도 2007년 한 해에만 80% 이상 상승해 신흥국가들에서 식량 폭동을 자극하기도 했다. 이 수익은 전문 투자집단들을 매료시켰다. 상품들이 분산투자를 위한 훌륭한 수단으로서의 기능보다도 고수익 추구와 더 많이 연관되었기 때문이다. ETF 제공업체는 고수익을 추구하는 투자자들이 상품가격을 직접 주무를 수 있도록 할 방법을 찾아냈다. 은행들은 선물을 이용해 선물가격에 따라 가격이 상승이나 하락하는 증서들을 보증할 수 있었다. 그런 다음 이 증서들은 상장지수 증권들의 담보물로 활용되곤 했고, 이는 투자자들에게 큰 인기를 모았다.

다수의 베테랑 상품 투자자들은 신규 자금 유입과 그런 자금들이 한때 시장을 강타했던 활동방식에 관해 우려했다. 상품선물들은 정해진 날에 만기가 돌아온다. 예를 들어 석유 생산자들이 다음 해 4월자 물량의 가격을 보장받고 싶을 경우, 그들은 다음 해 4월의 고정가격을 구매자에게 약정하는 선물을 판매할 수 있다. 항공사가 그 선물을 매수한다면, 향후의 유류비를 파악할 수 있다. 투기자들의 일반적인 역할은 생산자와 공급자들 사이에서 중개자로 활동하면서 단기간의 상승과 하락에서 수익을 얻는 것이다. 상품을 소극적으로 매수해 보유한다는, 인덱스 투자자들의 개념은 그 시장에서 새로운 것이었다. 각각의 선물계약이 만기가 가까워지면, 인덱스펀드들은 그것을 매도하고 다음 달 선물을 매수할 것이고 그 과정에서 종종 수익을 남길 것이다.

이런 식의 투자행위는 거의 틀림없이 가격에 상향 압박을 가할 터였다. 이는 논란을 불러일으켰고 2008년 미국 상원은 이 문제에 대한 청문회를 열었다. 상원의원 조셉 리버만<sub>Joseph Lieberman</sub>은 상품시장에서 인덱스 투자를 제한할 것을 요구했다. 그는 이렇게 말했다.

"상품시장에서 수익 극대화를 노릴 기회를 제한해야 할 필요가 있다. 감당할 수 없는 일부 사람들을 비롯해 우리와 같은 수많은 사람들이 바가지를 쓰고 있기 때문이다."[3]

이런 주장들은 인덱스펀드로 자금이 대거 유입된 까닭에 상품가격이 상승했다는 정황상의 근거에 기반을 두고 있었다. 이에 대한 좀 더 자세한 학술 연구가 이뤄졌지만 그때까지 그 둘 사이의 보편적인 관계를 찾아내는 데는 실패했다. 하지만 신규 자금의 유입은 상품들과 다른 자산들의 낮은 상관관계에 당연히 영향을 미치게 마련이다. 상품들의 낮은 상관관계를 밝혀낸 논문으로 투자자들의 관심에 불을 붙이는 데 일조한 개리 고튼은 오랫동안 애초의 주장을 고수했다. 그는 2010년 〈파이낸셜 타임스〉와의 인터뷰에서 이렇게 말했다.

"당신은 지난 3년, 2년, 1년, 6개월에 대해 원하는 뭐든 주장할 수 있다. 그것은 우리가 연구를 해나가는 방식이 아니다."

하지만 고튼은 자금의 대거 유입이 영향을 미쳤을 가능성이 있음을 인정한다. "주식을 거래하는 주체와 상품을 거래하는 주체는 다른 집단들이었다. 그들이 동일 집단이 될 경우, 이 둘이 양의 상관관계를 보이는 경향이 있다"고 개리 고튼은 말했다. 그는 멕시코 기업들이 미국 투자자들을 유인하기 위해 미국에 이중상장을 했던 사례를 지적했다ㅡ그리고 대체로 그 기업들은 미국 시장들과 더 큰 상관

---

3__  Daniel Whitten and Alan Bjerga, 'Lieberman may seek new rules on commodity speculators,' Bloomberg, May 20, 2008 참고.

관계를 보이기 시작했다.

　또 다른 문제도 있는데, 이는 마이클 밀켄을 고수익 채권으로 끌어들였던 연구에 상반되는 문제를 상기시킨다. 상품들이 자체적인 자산집단으로 여겨지지 않았을 때는 실제로 다른 투자대상과 무관한 자산이었지만, 거기에는 수용 역량이라는 문제가 있었다. 낮은 등급의 채권이나 상품이 전문가들의 영역으로 남아 있었던 동안, 그것들은 다른 시장들을 능가하고 그것들과 무관한 상태를 쉽게 유지했다. 그러다 더 많은 자금이 들어오고 서로 다른 동기와 행태를 지닌 투자자들이 역사적 상관관계에 의존하기 시작하면서 기존의 낮은 상관관계가 유지될 리 없다는 우려의 근거가 생겨났다. 유가가 상승하는 동안 트레이더들은 가격 급등을 합리화할 다른 방법들을 찾아냈다. 그들은 '피크오일Peak Oil' 이론—석유 생산량이 기하급수적으로 확대되었다가 특정 시점을 정점으로 급격히 줄어드는 현상—에 집착했다. 물론 어떤 시점에는 이 이론이 현실에 부합할 것이다. 유가 랠리 초기 몇 년간 석유 공급은 어느 정도 상승했고, 그래서 피크오일 이론은 그 랠리 전체를 설명하지 못한다. 하지만 2007년에 석유 공급이 하락하면서 피크오일 이론가들에게 힘이 실렸다. 이런 논쟁들이 해소되려면 경제학자가 아니라 지질학자가 필요한 일이었지만, 유가가 상승하면서 고전적인 거품심리가 팽배해졌고, 많은 이들은 공급 하락이 유가의 상승을 유발했다고 믿었다.

　또 다른 합리화는 훨씬 더 오래된 이론에서 비롯되었다. 1930년대에 스탈린에게 사형당한 마르크스주의 혁명가 니콜라이 콘트라티어프<sub>Nikolai Kondratieff</sub>는 상품가격들이 10년이나 20년간 지속되는 '슈퍼사이클<sub>super-cycle</sub>'을 따른다는 이론을 내놓았다. 실제로 상품가격의 침체기 이후에는 10년 이상 지속되는 상승기가 뒤따르곤 했다. 이것은 주식과도 연관되었다. 1970년대와 1930년대에 콘트라티어프 '파동들'이 상품가격을 위로 끌어올리고 있는 동안 주식들은 침체되어 있었다. 1980년대와 1990년대에 상품들이 안정적이었을 때 주식들은 수익을 냈다.[4] 그래서 투자자들은 '슈퍼사이클'이라는 개념에 현혹되었고 원유와 금속을 비축함으로써 주가 하락에 대비한 방어장치를 갖췄다. 하지만 주식과 상품의 관계는 예정된 방식으로 움직이지 않았다. 역사적으로 원유와 주가는 '음의 상관관계'를 보였다. 다시 말해 유가가 상승하면 기업들의 비용이 증가하고 수익은 하락하며, 그래서 주가는 하락할 수밖에 없었다. 하지만 이제 높은 상품가격은 주식 매수를 위한 근거로 뒤바뀌었다. 특히 원유와 금속 시장들은 중국과 상호 보강적인 관계를 보였다. 2006년 중국의 추가적인 석유 수요는 세계 석유 소비량 증가분의 72%를 차지했다.[5] 수요의 그런 극심한 압력은 유가 상승을 해명해주었다.

시가총액 중 자원회사들이 69%를 차지하는 브릭스 국가들의 상황과 더불어(전 세계적으로 39%에 비해)[6] 브릭스와 상품들도 서로를 강화해주었다. 중국 주식들이 상승하고 있을 경우 이는 상품들에 대한 수

---

**4**＿ Chris Watling, monthly bulletin, Longview Economics, November 2007 참고.

**5**＿ 이 수치는 ING Economics의 롭 카넬(Rob Carnell)에게서 받았다.

**6**＿ 'Emerging Markets: Latent Demand' note issued by Global Wealth Allocation, November 13, 2009 참고.

요가 증가하리라는 신호가 되었고, 투자자들은 당연히 상품을 매수했다. 상품가격이 상승할 경우 투자자들은 중국이 성장을 갈구하는 것으로 간주해 중국의 주식을 사들였다. 상하이 주식시장은 2006년에 두 배로 뛰었고 2007년 버블에 진입했다. 이것은 석유와 금속을 매수할 근거로 인식되었다—중국과 같은 거대 석유 수입국에게 유가 상승은 문제가 될 게 당연한데도 불구하고 말이다.

한편, 러시아의 경제는 거의 전적으로 석유에 의존한다. 라틴아메리카에는 금속이 풍부하다. 하지만 〈그림 15-1〉에서 볼 수 있듯이 브라질이 지배적 영향을 미치는 MSCI 라틴아메리카지수의 가격은 산업용 금속의 가격 움직임과 완벽한 상관관계를 보였다. 실제로 브라질은 마치 하나의 거대한 구리금광처럼 가격이 책정되고 있었다—하지만 사실 브라질은 좀 더 다각화된 경제다. 브라질의 GDP에서 수출이 차지하는 비중이 고작 14%라는 점을 감안할 때, 이 상관관계는 도무지 납득할 수 없는 수준이었다.

상품가격의 상승은 또한 통화들에도 영향 미쳤다. 달러화로 표기된 구리가격이 상승하면, 브라질의 구리 광산업체는 판매하는 구리 1온스당 더 많은 달러를 받는다. 이런 자금 흐름은 브라질의 통화를 상승시킨다. 좀 더 중요한 문제는 거의 모든 상품거래들이 달러로 결제된다는 점이다. 달러 가치가 떨어질 경우, 상품가격은 이것을 반영해 상승해야 한다. 그래서 달러가 하락하리라는 우려는 상품가격의 상승으로 해석되곤 했고, 상품가격들의 상승은 더 낮은 달러가치로 해석되었으며, 이 관계에 대해 잘 알고 있는 트레이더들은 상품들을 매수함으로써 달러화가 취약해지는 현상을 헤지할 수 있었다. 달러화와 유

상품가격이 라틴아메리카의 주식시장을 주도하다

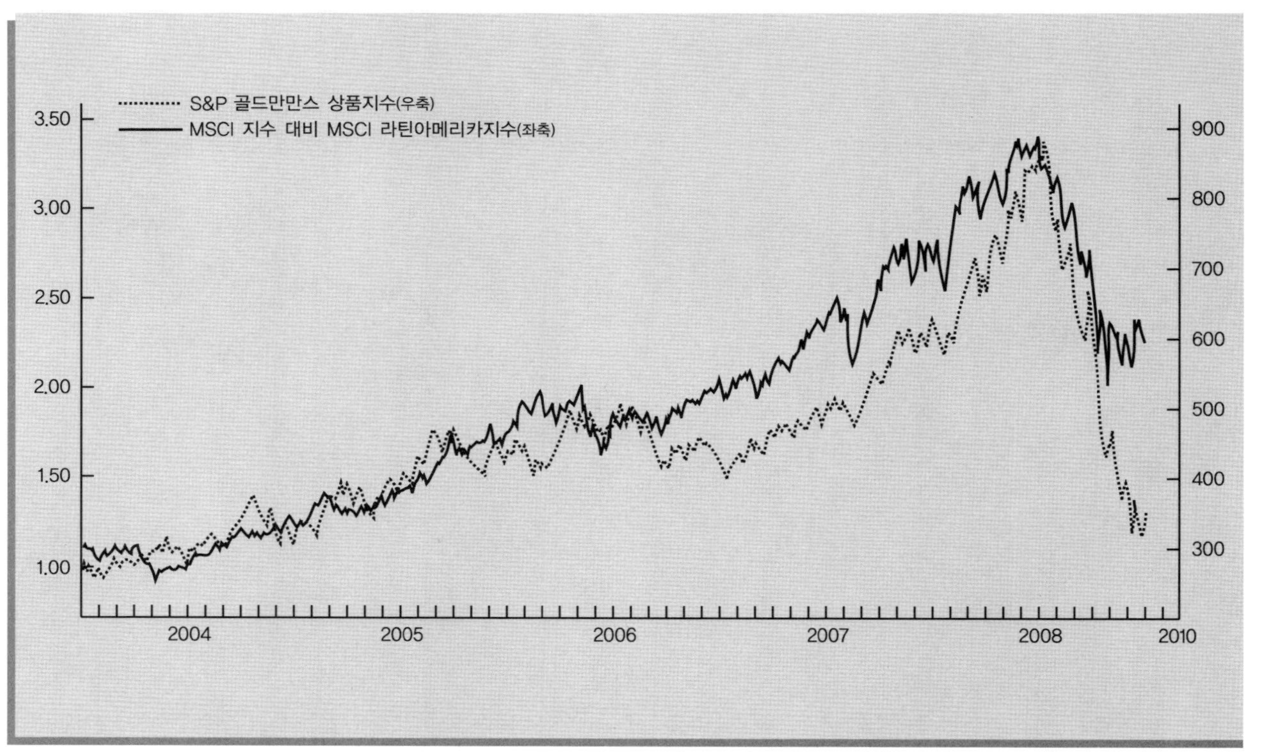

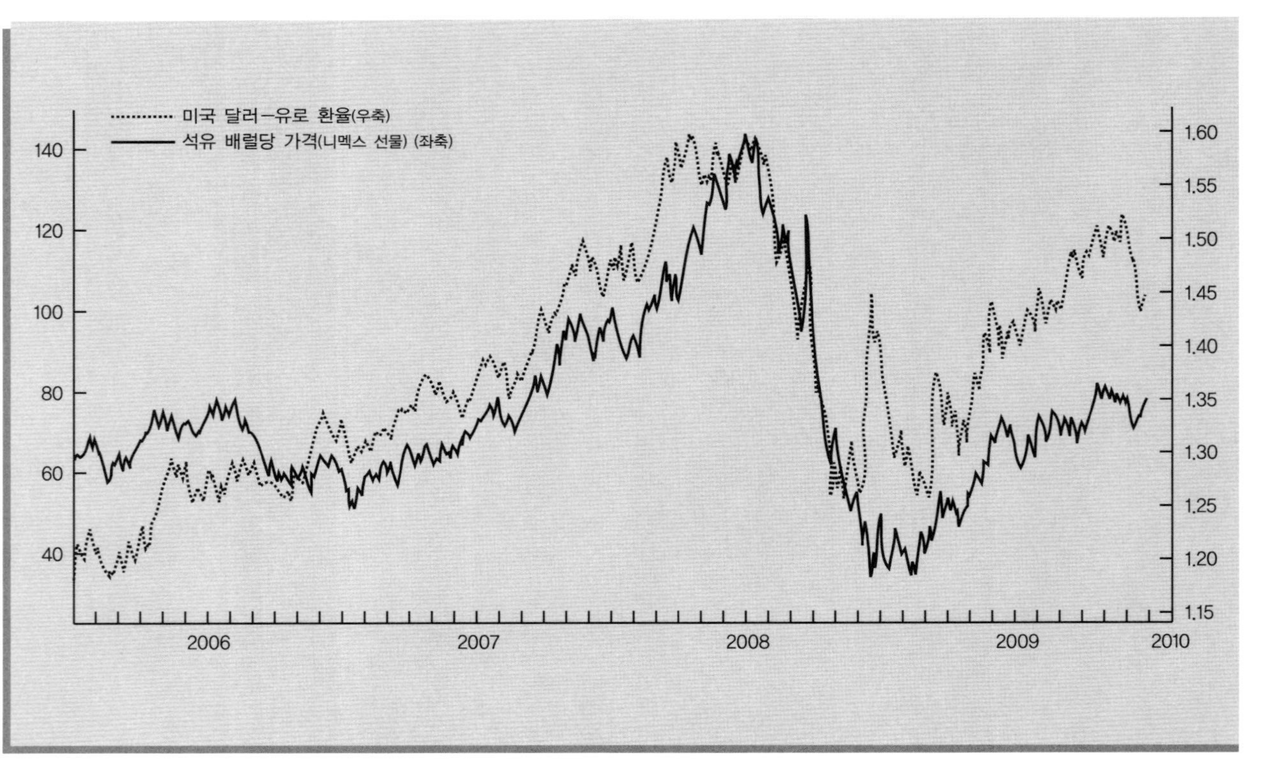
그림 15-2   달러와 석유: 정확히 똑같은 움직임을 보여주다
미국 달러-유로 환율(우축)
석유 배럴당 가격(니멕스 선물) (좌축)
140
120
100
80
60
40
1.60
1.55
1.50
1.45
1.40
1.35
1.30
1.25
1.20
1.15
2006
2007
2008
2009
2010

가 사이의 상관관계는 터무니없을 정도로 밀접해졌다(〈그림 15-2〉참고).

캐리트레이더들은 엔화로 저렴하게 자금을 빌림으로써 더 큰 이득을 누렸다. 호주와 뉴질랜드, 남아프리카처럼 자원이 풍부한 국가들의 통화는 극적으로 상승했다. 그런 다음 캐리트레이드 자금은 브릭 주식들이나 상품들에서 재활용될 수 있었다.

이 모든 요인이 종합적으로 작용해 결국 신흥국가들의 통화와 상품가격을 크게 높여놓았다. 통화와 상품 및 신흥시장들을 움직이는 원동력은 이제 명확히 파악할 수 없어졌고 궁극적으로는 이 모두가 서구 주식시장에 있는 트레이더들의 리스크에 대한 욕구에 의해 주도되었다. 이것들 중 정상적인 것은 하나도 없었다. 환율처럼 상품도 균형 메커니즘이 작동하게 되어 있다. 수요가 공급을 초과하면 수요가 다시 하락할 때까지 가격은 상승한다―1970년대처럼 지속적인 가격 상승은 그 경제를 질식시킨다. 하지만 금융화된 상품들은 이 논리를 뒤집어놓았고 자체 보강적인 동시발생적 거품을 유발했다. 그 거품을 더 크게 부풀려서 세계 경제 전체를 일제히 위험에 빠뜨리기 위해 필요한 최후의 마지막 요소는 바로 비정상적으로 저렴한 신용이었다. 그리고 금융공학자들이 이것을 가능하도록 해주었다.

# 16 신용 리스크를 분산시킨 파생상품들

2005년 9월

**연준위가 신용파생상품에 대해 경고하다**

"이사진은, 최근 몇 년 사이 급속히 성장한 신용파생상품과 구조화된 신용시장들 덕분에 은행들이 더 광범위하고 보다 다양한 투자집단에게 신용 리스크를 분산시키기가 수월해졌으며, 이 과정에서 금융시스템이 더욱 탄력적이고 안정적이 되었다는 주장에 주목했다. 하지만 이사진이 관찰한 바에 따르면, 이런 시장들은 상대적으로 온화한 환경에서 급속히 성장했으며 충분한 검증도 받지 않았다."

—IMF 〈글로벌 금융 안정성 보고서〉, 2006년

2000년대 중반 특히 서브프라임 모기지 부문을 중심으로 한 신용시장의 붐은 역사적 규모의 스캔들을 촉발시켰다. 파생상품들은 투자자들로 하여금 신용 리스크를 분산할 수 있도록 해주었고 경제 전반에 걸쳐 부도 리스크가 축소되었다는 인상을 심어주었다. 사실상 그것들은 전 세계 투기꾼들에게 자금 조달 비용을 인위적으로 저렴하게 만들어주었다.

2005년 9월 뉴욕 연준위는 7년 전 LTCM 위기 이후 처음으로 국제은행의 수장 14명을 소집했다. 시장 상황은 조용한 편이었지만 연준위는 지평선 너머의 리스크들을 감지하고 있었다. 연준위 뉴욕 본사에 모인 은행가들은 이른바 신용부도스와프credit default swaps라는 신종 금융도구의 선두적인 딜러들이었고 그날 그들에게 전달된 메시지는 노골적이었다.

"행실을 바로 하지 않는다면, 우리가 대신 나설 것이다."

연준위의 경고가 선견지명이었음을 지금 우리는 알고 있다. 연준위는 행동을 취하고자 했다. 신용파생상품이 은행들의 업무처리 속도보다 더 빠르게 성장하고 있었기 때문이다. 심지어 서류작업도 엉망이었다. 다른 어떤 혁신품 이상으로 그 상품들은 투자자들이 이제 리스크를 완벽히 관리하는 방법을 알고 있다는 믿음을 널리 확산시켰다. 하지만 모든 신기술과 마찬가지로, 그것들은 자체적인 리스크들을 수반하고 있었다.[1] 게다가 그 상품들은 은행들의 가장 중요한 업무인 부도 리스크 평가 작업을 빼앗아 시장들에게 넘겨주었다. 아니나 다를까, 연준위 모임 직후 동시다발적인 거품은 신용에 의해 연료를 주입받게 되면서 가장 파괴적인 단계에 진입했다.

신용부도스와프의 개념은 단순하다. 사례를 잠시 살펴보자. 한 은행이 제너럴 모터스와 거래관계를 맺고 있는데, 이 자동차회사가 추가로 10억 달러의 대출을 원한다. 은행은 제너럴 모터스와 좋은 관계

---

1  은행가들이 어떻게 신용파생상품 기술을 개발했는지에 관한 최종적인 설명을 위해, Gillian Tett, *Fool's Gold: How Unrestrained Greed Corrupted a Dream, Shattered Global Markets and Unleashed a Catastrophe* (New York: Little, Brown, 2009) 참고.

를 유지하고 싶지만, 한 기업에 대해 너무 많은 위험에 노출된다는 사실에 꺼림칙한 생각이 든다. 라이벌 은행도 포드로부터 유사한 요청을 받은 바 있었고, 똑같은 딜레마에 처해 있다.

해결책은 두 은행이 노출된 위험의 절반씩을 '교체하는swap' 것이고, 그럼으로써 은행들은 각각의 회사에 내준 10억 달러의 대출 중 5억 달러에 해당하는 위험 노출을 분담하게 된다. 이제 만약 이 자동차회사들 중 하나가 어려운 상황에 처하면, 그 은행들은 위험을 절반씩 부담하게 될 것이다. 두 은행 모두 해당 기업들과의 관계를 그대로 유지하면서도 좀 더 신중하게 리스크를 분산하는 조치를 취한 셈이다. 자동차회사들도 혜택을 본다. 은행들이 보다 튼튼해지고 향후 자금 제공 능력이 더 커지기 때문이다.


법률적 구조가 매우 복잡했기 때문에 그런 식의 거래는 설명은 간단해도 실행하기는 그리 녹록지 않았다. 하지만 법률가들과 금융가들이 실행 가능한 견본을 궁리해내자, 그 아이디어는 일약 인기를 얻어 급속히 발전했다. 투자자들은 다시 머리를 굴려 두 대출기관의 채권이 부도 날 위험을 스와핑하기보다, 해당 기업이 채무를 이행하지 않을 위험을 거의 무위험 자산으로 간주되는 미국 국채에 대한 위험 노출로 교체할 수 있었다.

이 거래에서 대출 채권을 보유한 주체는 보증인 격인 대규모 은행이나 보험회사가 채권의 부도 위험을 대신 떠안는 동안 부도 위험에서 벗어난다. 사실상 이것은 손쉽게 취득한 보험의 형태다. 결국 그 매매 가격은 해당 대출이 부도가 날 리스크를 말해주는 셈이다.

만일 1달러에 해당하는 제너럴 모터스의 부도 리스크가 95센트짜리 5년만기 국채와 교체된다면, 향후 5년 사이 GM의 부도 위험은 5%라고 볼 수 있다. 이런 거래가 표준화되면서 많은 자료가 수집 분석되었고, 딜러들은 수시로 스크린에서 부도 리스크를 추적할 수 있었다.

어느 시장에서나 마찬가지로, 부도 리스크의 가격은 어느 한 방향으로 치우칠 소지가 높았다. 탐욕이 우세한 기간 동안에는 부도 리스크에 대해 보험을 들기가 매우 수월했다-그리고 저렴한 보험은 투자자들이 지나치게 많은 채권을 매입하도록 부추겼다. 두려움이 우세해질 경우, 대출의 공급이 갑자기 말라붙을 위험이 있었다. 부도 리스크들은 한 번 이상 스와프될 수 있었다. 대규모 은행들이 동일한 리스크를 여러 차례 부지런히 스와프하는 동안에 그들은 믿기 어려울 정도의 수치를 창출했다. 인터내셔널 스와프 및 파생상품협회International Swaps and Derivatives Association에 따르면, 2001년 '스와프'된 부채의 총액은 약 6,500억 달러였다. 2007년 하반기에 그 수치는 62조 달러로 최고치를 기록하며 당시 세계 GDP보다 더 높은 수준에 이르렀다.[2]

브릭스와 상품에 붐이 일었던 때처럼, 그 혁신적 상품은 저렴한 구매가 가능해지면서 가시적으로 등장했다. 닷컴 붕괴에 뒤이은 미국의 저금리는 더 높은 금리하에서는 말도 안 되는 신용거래를 가능하게 만들었다. 그리고 금리는 계속 낮은 수준에 머물렀다. 그린스펀

---

2__ 수치들은 www.isda.org에서 확인해볼 수 있다.

과 연준위는 2006년 여름 5.25%의 목표금리를 정하고 금리를 거듭 인상했다. 하지만 연준위는 단기금리만 직접 움직일 수 있을 뿐이다. 장기대출시장에 더 중요한 금리는 10년만기 국채에 적용되는 이자율이었다. 이것은 암묵적인 '무위험' 수익률을 결정한다.

만일 국채 이자가 상승한다면, 더 위험한 신용에 대한 이자도 역시 상승할 수밖에 없을 것이다. 부도 리스크 자체에 아무런 변화가 없더라도 말이다. 하지만 미국 국채 이자는 도무지 오를 기색을 보이지 않았고 그 사이 수년간 신용 붐이 계속될 수 있었다. 앨런 그린스펀도 이 현상이 수수께끼라고 언급했다. 가장 그럴 법한 해석은 미국 국채에 대한 수요에 놓여 있다. 여타 아시아 국가들을 비롯해 중국은 달러를 사들여 미국 국채에 그 돈을 투자하는 식으로 외환보유고를 쌓아올리고 있었다.

가령 2000년 중국은 1,570억 달러의 외환보유고를 확보하고 있었다. 2009년까지 그 외환보유고는 2조 달러를 넘어섰다. 이는 미국의 국채 수익률을 충분히 끌어내릴 수 있는 정도다.

기준금리가 낮은 상황에서 부도 리스크를 따로 분리해 매매할 수 있는 기술은 새로운 방식의 거래에 적합했다. 기업에 직접 대출을 하지 않고도 은행들은 부도 리스크에 따라 가치가 오르내리는 식으로 대출을 모방한 '합성' 투자를 만들어낼 수 있었다. 이것은 금융시스템을 한층 더 부풀렸다. 만일 기업이 부도를 내면, 투자자들이 떠안는 총 비용은 부도가 난 부채의 액수보다 더 높아질 수 있었다.


연준위가 은행가들을 소집했던 시점인 2000년대 중반까지는 탐욕이 우세한 상황이었다. 시장가격들은 리스크가 분산되었음은 물론 경제 전반의 부도 리스크가 줄어들었음을 시사하고 있었다. 이것을 가늠해볼 수 있는 수학적 방법은 국채 대비 회사채의 이자를 살펴보고 기업이 투자자들에게 지불할 이자 총액을 국채와 동일한 수준으로 끌어내리는 데 어느 정도의 부도율이 적합한지 산출해보는 것이다. 런던에 위치한 도이체방크Deutsche Bank의 애널리스트 짐 레이드Jim Reid는 2007년까지 그것을 계산해보았는데, B등급 정크본드들은 과거 30년의 부도율보다 향후 5년간 지속적으로 더 낮은 부도율을 보일 경우 국채에 비해 아주 약간만 더 높은 이자를 지급하고 있었다. 당시 많은 사람들이 부도율을 높이게 될 경기침체를 우려하는 상황이었으므로 이 값은 이치에 맞지 않았다. 게다가 기업 부채에 활용되던 기술은 곧장 모기지들에도 적용되었다.

그 기술은 저렴한 보험을 제공해줌으로써 신용등급이 낮은 서브프라임 대출자들의 모기지에 대한 투자를 가능하게 만들어주었다. 정의상 신용이 불량한 리스크를 안고 있는 서브프라임 등급도 분산의 도움을 받으면 나름 괜찮은 투자대상이 되었다. 충분히 많은 수의 서브프라임 대출자들에게 자금을 빌려준다면, 그들 중 다수는 대출을 상환할 것이다ㅡ그리고 시장을 통해 쉽게 부도 리스크 보험에 들 수 있다면, 그렇게 한층 낮아진 리스크는 감수할 가치가 있을 것이다.


한편, 주택자금 대출자가 부도를 낼 경우에도 주택을 압류 처분할 수 있는 방안이 있었고, 마침 주택가격도 상승 중이었다. 여기에 또 한 겹의 연금술이 덧씌워졌다. 많은 수의 모기지들을 부채담보부증권CDO이라는 포장으로 한데 묶은 다음 각각의 묶음을 이른바 '트렌치들'로 쪼개는 것이다. 예를 들어 투자자들은 그 모기지 풀 중에서

10%에 해당하는 트렌치를 매입할 수 있을 것이며, 이 트렌치는 첫 손실분을 떠안게 될 것이다. 이때 그 전체 풀의 부도율이 10% 정도가 되면, 이 트렌치는 싹쓸이 당할 것이다. 이런 트렌치들은 위험한 투자대상이 된다. 하지만 모지기 풀의 부도율 중 마지막 50%에 해당하는 트렌치는 꽤 안전해 보였다. 그런 트렌치만 제공한다면 전체 풀에 대한 부도율은 50%를 넘지 않을 테고, 그것이 서브프라임 모기지들이라고 해도 50%는 큰 비중이므로 투자자들은 웬만하면 투자금을 전액 상환받게 될 것이었다. 근거 없이 높은 서열이 주어지는 그런 '슈퍼시니어super-senior' 부채는 AAA등급을 받을 수 있었고, 관대해진 규제하에 은행들은 아무런 대가를 치르지 않고도 이런 부채들을 보유할 수 있었다. 은행들은 더 위험한 트렌치들을 판매할 수 있었고, 좀 더 안전한 것들을 보유할 수 있었으며, 이 과정에서 그들이 확보한 자금을 풀어서 더 많은 부채들을 매입할 수 있었다. 그 전의 정크본드와 신흥시장들처럼, 거기에는 '뭉치면 산다'라는 개념이 작용하고 있었다.

그리고 투자자들은 부채담보부증권이 정말로 안전하다고 믿었다. 시장가격들은 부도 리스크를 명확히 가늠할 수 있게 해주었고, 이것은 시장조사기관 마르키트Markit가 창안한 ABX지수로 측정될 수 있었다. ABX지수 100은 부도율 제로를 의미하고 0은 완전한 부도를 뜻한다. 2007년 초 금융사태 직전에 서브프라임 모기지들의 ABX지수는 95 이상이었는데, 이는 서브프라임 모기지들의 5% 미만이 부도 가능성이 있다는 의미였다. 다시 되돌아보면, 이 사건은 미국 역사상 최대 스캔들로 보인다. 많은 대출기관들과 대출자들은 경솔하고 부주의하게 처신했으며 규제당국은 그 상황을 방관하고 있었다. 그 일을 가능하게 했던 것은 금융혁신이었다. 대출을 해준 장본인들은 해당 부채의 리스크를 떠안는 주인들과 분리되어 있었고, 은행들의 쇠퇴는 경솔한 활동에 나설 수밖에 없는 인센티브를 제공했다. 그 총체적인 결과는 채무자들─소규모 기업들이든 서브프라임 주택소유자들이든─에게 과거 어느 때보다 훨씬 저렴한 가격에 신용을 제공하는 행태였다. 그와 같은 저렴한 신용은 다른 시장들에도 반영되어 가격을 부풀렸다. 미국과 영국, 스페인 같은 국가들에서 주택가격이 치솟았다. 주택가격이─대출기관들의 담보물─ 상승하고 있는 동안 서브프라임 대출은 합당한 것으로 보이기 쉬웠고, 그리하여 더 많은 대출이 이뤄졌으며 이는 훨씬 더 높은 가격들로 이어졌다. 저렴한 신용은 주식시장도 그릇된 방향으로 유인했다.

기업들은 채권이나 주식을 통해 자체적으로 자금을 조달할 수 있다. 투자자들이 기업 이익의 일정 몫을 차지할 권리를 갖게 되는 주식은 대체로 기업들에게 더 저렴한 자금 조달 수단이다. 다시 말해 투자자들의 입장에서 일반적으로 기업들이 발행하는 총 주식의 일정 비율로 얻는 수익은 그 회사가 발행한 채권의 일정 비율로 지불받는 이자보다 낮다. 하지만 어느덧 채권을 통한 자금 조달이 주식보다 더 저렴해졌고, 그래서 기업 경영자들은 자금을 빌려 자사 주식을 매수하는 식으로 주식의 시장 가치를 높일 수 있었다. 이는 유통되는 주식의 공급량을 축소시켰고 그럼으로써 주주들에게 남아 있는 주식의 가치를 상승시켰다.

리서치 그룹 트림탭스TrimTabs에 따르면, 2007년 봄까지 미국 기업들은 자사 주식 매입에 매일 30억 달러를 쓰고 있었다. 적극적인 주주들은 기업들이 더 많은 부채를 떠안거나 거액의 배당금을 지불하도록 압력을 가하는 데 총력을 기울였다. 또한 마이클 밀켄 시절에 이른바 기업사냥꾼으로 통칭하던 것의 새로운 명칭인 사모펀드private equity funds로도 자금이 몰렸다. 미국 역사상 최대 레버리지 자금이 투여된 기업인수의 십중팔구는 2006년에 이루어졌다.

이렇게 해서 신용 및 주식시장들은 점점 더 밀착되었다. 주식시장의 성장은 실질적인 성장이 아니라 저렴한 신용에 기초하고 있었고, 서구 기업들은 성장을 위한 기회에 투자하기보다 부채를 늘려야 할 압박을 받고 있었다. 이번에도 역시, 어떤 시장이 어떤 시장을 끌어올리고 있는 것인지 불분명했다―이들은 상호 보강하는 사이클에 묶여 있었다. 그러므로 연준위가 이 모든 활동의 이면에 있었던 대규모 은행들에게 경고를 날렸던 이유는 쉽게 납득이 간다.

그러나 은행가들은 감독관들을 만족시키기에 딱 충분할 정도로 일관성 있게 행동했다. 2006년 말 은행들의 활동을 자제시킬 책임을 맡고 있던 뉴욕 연준위의 전임 총재인 제럴드 코리건Gerald Corrigan은 "금융기관들이 규제자들만큼이나 이 일을 진지하게 여기고 있다"라고 말했다. "피해 통제demage control 측면에서 지금까지는 훌륭한 편이다."[3]

하지만 코리건은 주의 깊게도 승리를 선언하지는 않았고, 이는 다행이었던 듯하다. 몇 달 뒤 시장들 사이의 상호연계 정도와 이 상황

---

**3__** Richard Beales, 'Industry on smooth learning curve with Corrigan report,' Financial Times, September 24, 2006에서 인용.

이 부추긴 과도한 확신은 완전히 수면 위로 떠오르게 된다.

　시장들이 서로 연계되어 발생한 두려운 상승은 동시다발적인 대량 매도 사태로 돌변할 준비를 마친 상태였다.

### 비이성적 과열의 시장

- 신용부도스와프는 리스크 관리기법으로 탄생했지만 신용의 가격을 총체적으로 낮출 수 있도록 해주었다. 이는 자금 조달 비용을 더 저렴하게 만들었고 전 세계 자산들의 가격을 상승시켰다.

- 신용파생상품들은 서브프라임 모기지 대출자들 쪽으로 자금의 물꼬를 터주었다. 이는 동시에 일제히 부풀어 오른 거품들이 더 이상 버텨낼 수 없는 상태에 이르도록 했다.

# 공포가 반영된 시장의 하락

## The Fall

2007년 2월 27일
• 대안정기를 막내린 상하이 서프라이즈

2007년 6월 7일
• 정점에 이른 미국 10년만기 국채 수익률

2007년 6월 19일
• 위험에 처한 베어스턴스의 헤지펀드

2007년 8월 3일
• 크레이머, 신용시장의 '아마겟돈' 선포

2007년 8월 7~9일
• 대규모 퀀트헤지펀드들의 위기

2007년 8월 9일
• BNP 파리바(BNP Paribas)의 머니펀드 해체,
유럽중앙은행의 개입

2007년 8월 17일
• 자금조달 위기에 몰린 미국과
연준위의 금리인하 조치

2007년 9월 13일
• 노던록 뱅크런 사태 발생

2007년 10월 31일
• 세계 주식시장의 투매사태

2008년 3월 16일
• J. P 모건의 베어스턴스 구제

2008년 7월 14일
• 유가 급등세의 하락,
'디커플링(탈동조화) 매매'의 종식

2008년 9월 7일
• 패니메이와 프레디맥의 국유화

2008년 9월 15일
• 리먼 브라더스 파산

2008년 9월 17일
• 공황에 빠진 단기금융시장

2008년 9월 29일
• 미 의회에서 부결된
'TARP(부실자산구제계획)' 구제책

2008년 10월 6~10일
• 전 세계 동반 대폭락

# THE FEARFUL RISE OF MARKETS

# 17 대안정화 시대의 종식



**상하이 서프라이즈**

"안정은, 다소 모험적인 투자자금 조달을 통해 투자에 나선 선두 그룹이 좋은 결과를 얻고 다른 이들이 그 뒤를 따르는 상황 속에서 불안정해진다. 확장은 더 빠른 속도로 호황에 반영될 것이다."

—하이먼 P. 민스키(Hyman P. Minsky), 1975년

거품은 낮은 변동성과 저금리에 기초한다. 이것들은 금융공학을 가능하게 해준다. 2007년 2월 '상하이 서프라이즈'와 뒤이은 장기 금리인상으로 변동성이 증가하자, 초대형 거품은 붕괴되기 직전에 이르렀다.

2007년 2월 27일, 여느 때와 다름없이 동쪽에서 동이 텄다. 아시아에 시선을 끄는 뉴스거리가 별로 없는 날이었지만, 무슨 까닭인지 상하이 트레이더들이 주식을 매도하기 시작했다. 정오 점심식사를 마친 이후에도 그들은 계속해서 매도 물량을 쏟아냈다. 거래 마감 시점에 이르자, 전 세계가 희망을 걸고 있었던 중국의 최대 주가지수인 상하

이 종합주가지수가 9% 폭락했다―지난 10년 사이 최악의 하루였다.

런던과 프랑크푸르트의 트레이더들은 어안이 벙벙해졌다. 유럽의 증권거래소들도 폭락해 한햇동안 올린 수익을 모조리 까먹었기 때문이다. 밤 사이 발생한 그런 끔찍한 소식이 전해지자마자 월스트리트도 당연히 폭락했다. 매도 주문이 첩첩이 쌓여갔고, 공식적인 '서킷 브레이커'가 가동되어 투매가 중단된 탓에 오후에 접어들면서 매도 주문 처리가 훨씬 더 힘들어졌다. 서킷 브레이커는 1997년 홍콩 증시 붕괴로 인해 뉴욕증권거래소가 일찌감치 마감할 수밖에 없었던 혼란사태 이후 도입된 것이었지만, 그날은 아무런 도움이 되지 않았다. 뉴욕거래소의 컴퓨터들이 느닷없이 놀라운 기세로 몰려드는 매도 폭주를 처리하는 내내 대규모 '매도' 주문들은 마냥 쌓여갔다.

그날 오후 2시 57분에 다우존스산업평균은 12,346.33으로 그때까지 약 2% 하락한 상태였다. 3시 2분이 되자 그 지수는 12,089.02로 떨어졌다. 하루 사이 주가지수가 540포인트 이상 빠져버린 것이다. 약 5년 전 9·11 테러 공격 이후 최악의 날이었다. 향후 이른바 '상하이 서프라이즈'로 널리 알려진 이 날은 수년간의 '대안정화' 시절이 막을 내리는 순간으로 기록되었다.[1]


경제학자들이 경제성장의 한 방식을 일컬어 사용하는 표현인 '대안정화'는 1980년대 초 폴 볼커의 인플레이션 통제 이후 시장의 변동성이 훨씬 덜해지면서 도래했다. 간간히 경기침체가 발생하기는 했으나 기간은 그리 길지 않았고 정도가 그다지 심각하지도 않았다. 하

1__ http://www.federalreserve.gov/BOARDDOCS/SPEECHES/2004/20040220/default.htm. 참고.

지만 경제적 대안정기 대부분의 기간 동안 시장들은 다른 시기와 만만치 않게 변동적이었다—시장들의 일간 움직임은 경기보다는 대중의 심리를 더 많이 반영하므로 당연한 일이다. 그 이후 신용 붐이 대단히 강력해졌고, 많은 이들이 안정기의 이점을 한껏 누렸다. 변동성이나 두려움은 옵션가격을 이용해 측정할 수 있다. 시카고 옵션거래소Chicago Borad Options Exchange의 빅스지수Vix Index는 옵션을 통해 주식시장의 향후 변동성에 대비하는 비용을 추적한다. 더 많은 투자자들이 미래 변동성에 대비해 방어 준비를 갖출수록 빅스는 더 높아진다—그래서 이 지수의 별칭이 '공포지수'다. LTCM 위기를 겪는 동안 빅스지수는 45를 상회하며 최고치를 기록했다. 시장들이 안정적일 때도 사이사이에 끼어드는 짧은 경기 발작 탓에 일반적으로 변동성 자체도 변동적이다.

그런데 21세기 첫 10년의 중반쯤에는 위에서 설명한 공식이 통하지 않았다. 〈그림 17-1〉에서 볼 수 있듯이, 변동성이 과거와 달리 상당히 낮아졌고 한동안 그 상태를 유지했다. 지나치게 저렴한 신용 때문에 변동성이 비정상적으로 낮았던 것이다. 신용이 아주 저렴하게 제공되는 동안 시장들은 차분한 상태를 유지할 수 있었으며, 2007년 초 빅스지수는 작성 이래 처음으로 10 이하로 내려갔다. 상하이 서프라이즈 날, 그 지수는 거의 60%나 상승해 18에 이르렀고 시장의 대안정기가 끝이 나면서 뒤로 물러날 기색을 보이지 않았다.

이런 맥락에서 보면 상하이 서프라이즈는 선행했던 대안정화보다 덜 이례적인 사건이었음을 알 수 있다. 그날의 극심한 반응과 그것에 뒤이어 발생한 훨씬 더 극심한 변동성은 거의 틀림없이 시장의 대안정

그림 17-1
시장의 대안정화 시대—그리고 엄청난 붕괴가 뒤따랐다

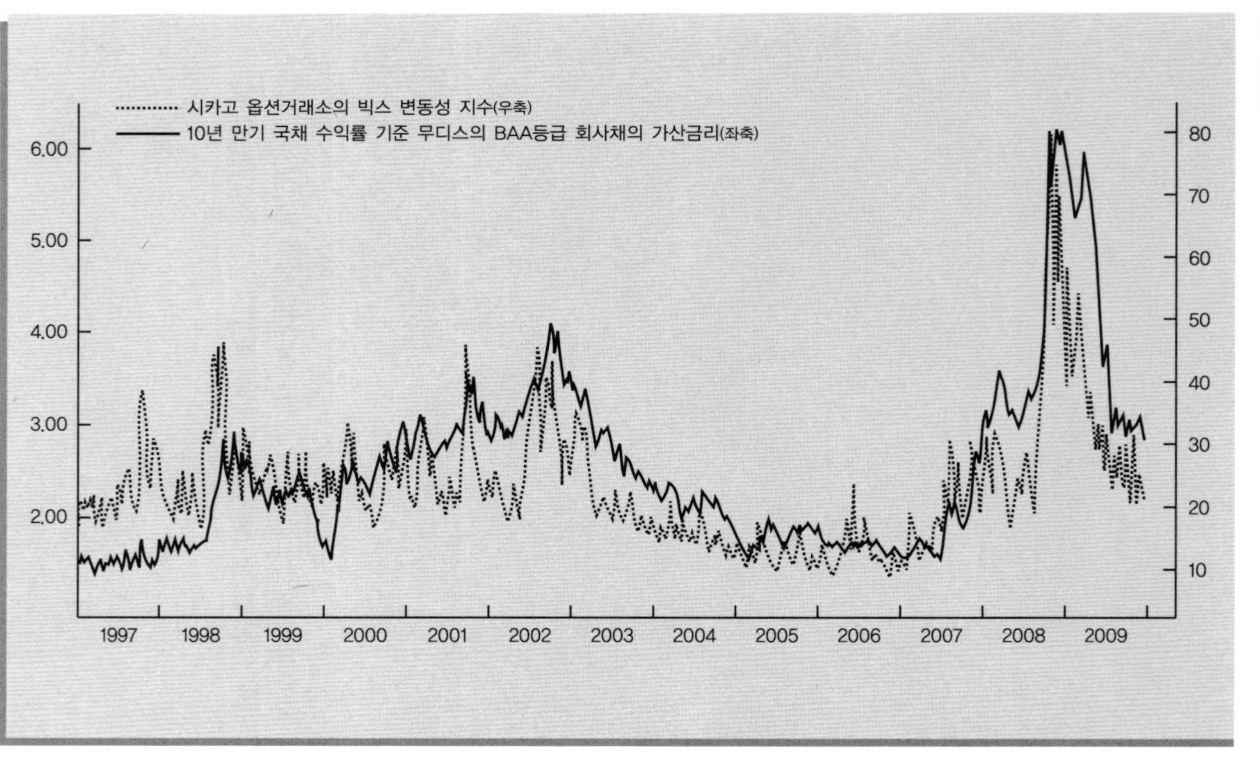
시카고 옵션거래소의 빅스 변동성 지수(우축)
10년 만기 국채 수익률 기준 무디스의 BAA등급 회사채의 가산금리(좌축)

화로 야기되었다고 볼 수 있다. 이 상황은 완고한 학자이자 대체로 주류 경제학자들에게 외면당했던 좌파 경제학자 하이먼 민스키가 평소 주장하던 것과 일맥상통하며, 상하이 서프라이즈가 발생한 시점은 마침 많은 이들이 그의 연구를 새삼 주목하던 때였다.

민스키의 주장에 따르면, 대안정화 시기는 신용의 과도한 확장을 허용했으며, 이것은 시장이 투기적 붕괴에 이를 때까지 다른 기관들도 아주 저렴한 조건에 대출을 제공할 수밖에 없도록 만들었다. 그는 건전하고 정기적인 어느 정도의 두려움이 존재하지 않을 경우 시장과 은행이 어리석은 일을 하게 되리라고 생각했다. 낮은 변동성은 대출을 보다 수월하고 안전하게 만들었고, 이는 다시 변동성을 제거하는 식으로 작용하곤 했다. 〈그림 17-1〉은 정확히 이런 일이 발생했음을 잘 보여준다. 국채 대비 회사채에 대한 추가적 가산금리의 하락-기업 부도 리스크의 측정수단-은 주식시장의 변동성 하락과 거의 완벽히 일치했다.


2000년대 중반쯤의 비정상적인 안정성은 좀 더 관대한 조건의 신용을 확보하려는 필사적인 레이스를 촉발시켰다고 민스키는 주장하곤 했다. 그의 표현을 빌리자면,

"호황이 계속 진전될수록, 가계와 기업 및 금융기관들은 훨씬 더 모험적인 포지션을 취할 압박을 받게 된다. 다른 부채를 갚기 위해 어떤 곳에서 자금을 빌릴 수 있는 능력이 한계에 이르면 그들에게 남는 대안은 그 포지션을 청산하거나 자산 확보를 중단 또는 자제하는 길밖에 없다."[2]

2__ Hyman P. Minsky, *John Maynard Keynes* (New York: McGraw—Hill, 2008), 125 참고.

이것은 2007년에 발생했던 일을 잘 설명해준다. 상하이 서프라이즈를 유발한 원인들은 그 사건이 발생했다는 사실 자체에 비하면 별로 중요하지 않다. 변동성은 금융공학자들이 할 수 있었던 일에 거대한 변화를 야기했다. 그것은 캐리트레이드를 위험한 일로 변모시켰는데, 이는 수십 년간 서로 무관했던 엔화와 미국 주식시장이 왜 상하이 서프라이즈가 발생한 날 갑자기 밀접히 연동되었는지 잘 보여준다.

변동성은 단기 신용에 기초한 거래들—이 시점까지 상당히 비대해진 시장이다—을 내재적으로 좀 더 위험하게 만들었다. 계속해서 첩첩이 쌓여왔던 그 포지션들의 이면에 놓여 있던 빌린 자금은 지나치게 거대했고 그래서 그 자금이 철수하자마자 시장들이 끔찍하게 돌변할 수 있는 상황에 이르렀다. 트레이더들은 시장의 대안정화를 확고히 뒷받침하는 가정들을 살펴보았고 신빙성이 있는지 자문해보았으며, 그렇지 않다는 판단을 내렸다. 상하이에서 발생했던 어떤 일들보다도 오히려 이것이 당시의 일을 잘 설명해준다. 그 사건은 중국발 전염병과 관련이 없었다. 여기에는 상관관계라는 다른 역학이 작용하고 있었다. 서프라이즈 사건 발생 당일에 한 트레이더는 〈파이낸셜 타임스〉와의 인터뷰에서 이렇게 털어놓았다.

"이 모든 일들의 거시적 배경은 전 세계 자산이 심각할 정도로 밀접히 연관되어 있다는 점이다. 과거와 달리 중국의 소비자들과 디트로이트의 조 아무개는 더 이상 다른 사람이라고 볼 수 없다."[3]

미국에서 흘러나온 리스크들은 명백하고 위협적이었다. 20개 이

---

3__　John Authers and Anuj Gangahar, '"Correlation" rather than "Contagion,"' Financial Times, February 28, 2007 참고.

상의 서브프라임 대출기관들이 파산을 신청했고, 부도에 대비한 보험료를 추적하는 ABX지수는 시장이 느끼는 두려움의 정도를 분명히 보여주었다. 1월에 그 지수는 모기지들에 대한 거의 제로 부도율을 시사했다. 2개월 뒤 상하이 서프라이즈 날까지, 그 지수는 거의 40%에 달하는 부도율을 예측하고 있었다. 그것은 미국 소비자들에게 주의할 필요가 있다는 인식을 심어주었고, 이에 따라 그들에게 상품을 판매하는 중국의 수출업자들에게도 동일한 함의를 지녔다. 그래서 다른 시장들에 있는 다수의 투자자들은 같은 날 동일한 판단을 내리고 그 시장에서 철수해버렸다. 철수 세력의 선두에 중국이 서 있었다. 시장들이 서로 너무 심하게 유착되어 있었던 탓에 상하이에 있는 트레이더들이 미국 신용시장의 문제점들에 대해 미국 트레이더들에게 경고를 날리는 형국이 되었다.

이 충격 이후, 변동성이 계속 높은 편이었음에도 불구하고 시장들은 회복했고 심지어 모기지 증권도 마구 발행하는 현상도 나타났다. 군집 심리에 힘입어 많은 은행가들은 동일한 계산 결과를 내놓았다. 즉 다른 은행들이 리스크를 감수하고 수익을 올리는 동안에는 그 대열에 합류하는 것 이외에 다른 방도가 없었다. 뮤추얼펀드의 매니저들처럼 은행가들도 동료들과 비교해 평가를 받았다. 당시 시티그룹의 CEO였던 척 프린스<sub>Chuck Prince</sub>는 잊을 수 없는 은유적 표현으로 이 상황을 설명했다. 그는 〈파이낸셜 타임스〉와의 인터뷰에서 이렇게 털어놓았다.

"음악이 끝나면 유동성 측면에서 사태가 복잡해질 것이다. 하지만 연주가 이어지는 한 우리는 일어나 춤을 출 수밖에 없다. 그래서 우리는 여전히 춤을 추고 있다."[4]

그 상황은 춤이 중단되고 대안정기 자체가 막을 내리는 시점까지 채권시장을 이끌었다. 채권 트레이더들은 거래 차트들에서 파악할 수 있는 패턴에 크게 의존한다. 그리고 금융계 전체 자산들의 가격 책정에 기준이 되는 '무위험' 증권, 즉 장기 국채는 당시 강력하고 믿을 만한 장기적 추세를 나타내고 있었다. 국채 수익률은 중앙은행이 금리를 철저히 통제하고 있을 때 상승하는 사이클을 따른다. 하지만 볼커가 인플레이션을 잡은 이후, 국채 수익률 각각의 연이은 정점들은 바로 앞의 정점보다 더 낮아졌다. 각 정점들을 연결하면 아래로 향하는 완벽한 일직선 형태가 된다. 인플레이션은 장기 국채에서 얻는 수익률의 가치를 깎아내린다. 이는 인플레이션이 예상될 경우 국채 가격은 낮아지는 반면 수익률은 높아진다는 점을 의미한다. 따라서 이런 하향 추세는 그 시스템에서 인플레이션이 꾸준히 제거되고 있었음을 보여준다. 하지만 상하이 서프라이즈 이후 국채 수익률이 무섭게 상승했다. 쉽게 대출한 너무 많은 자금은 단지 인플레이션의 불길에 기름을 붓는 꼴밖에 되지 않을 것이었다. 트레이더들은 영원히 하락하는 인플레이션이라는 수년간의 가정이 지속될 수 있을지 자문해보았고 그럴 수 없다는 판단을 내렸다.

6월 7일, 10년만기 국채 수익률이 5.05%에 이르면서 22년 만에 처음으로 추세선을 벗어났다. 전 세계 트레이더들은 그 의미를 즉각 알

---

4__   Michiyo Nakamoto and David Wighton, 'Bullish Citigroup is "still dancing" to the beat of the buy—out boom,' Financial Times, July 10, 2007 참고.

그림 17-2  추세에서 벗어난 상황: 2007년 여름 국채 수익률이 치솟다

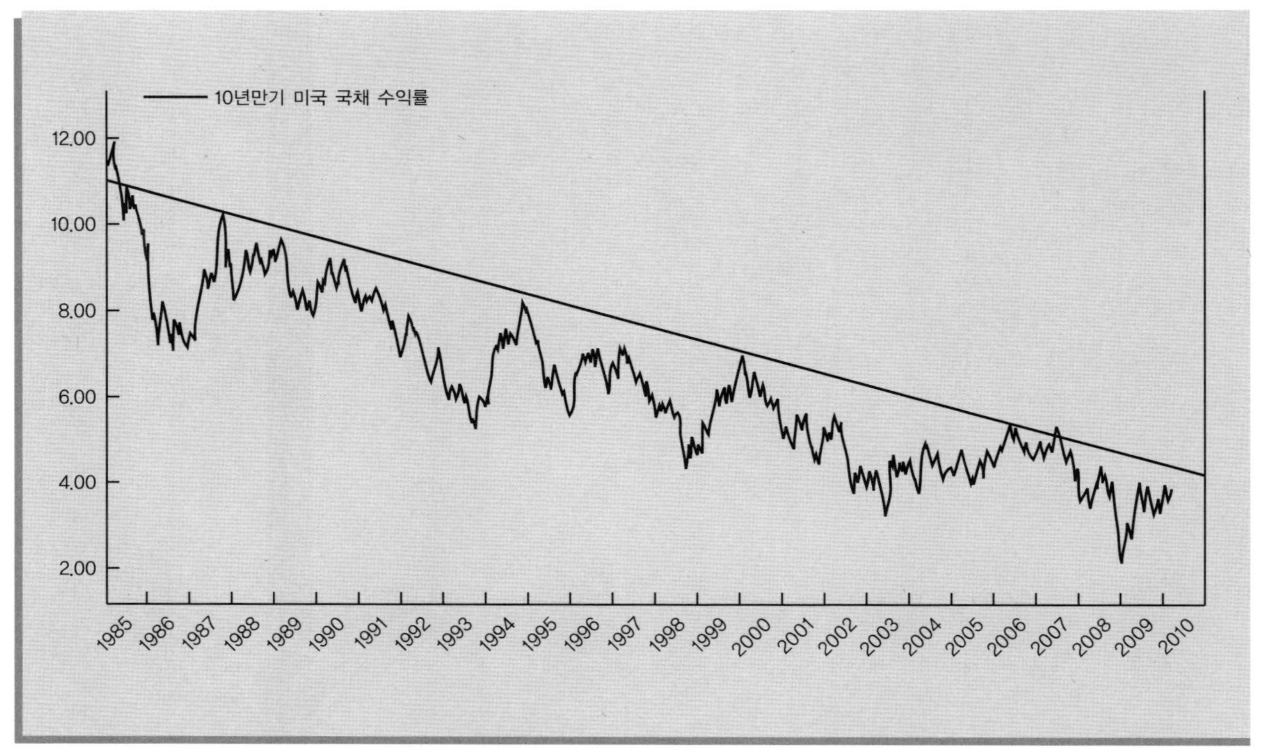
10년만기 미국 국채 수익률
12.00
10.00
8.00
6.00
4.00
2.00
1985
1986
1987
1988
1989
1990
1991
1992
1993
1994
1995
1996
1997
1998
1999
2000
2001
2002
2003
2004
2005
2006
2007
2008
2009
2010

아차렸고 곧이어 공황이 발생했다. 모든 사람들이 채권을 처분하고 싶어했다. 채권 수익률이 치솟았다. 그리고 이와 더불어 채권시장의 대안정화를 가능하게 했던 창의적인 금융공학의 두 번째 핵심적 지원 요인이 퇴출되었다. 이 현상은 빌린 자금으로 투자에 나선 신용투자에 직접적인 영향을 미쳤다. 신용투자는 국채 수익률에 따라 가격이 매겨지는데, 리스크가 클수록 채무자가 지불하는 '가산금리<sub>스프레드</sub>'가 더 높아진다. 국채 수익률이 상승하자 트레이더들에게는 선택의 대안이 없었다. 그들은 국채 대비 그들의 투자가 수반하는 추가적 리스크의 추정치를 축소시키기가 훨씬 더 힘들어졌다. 새로 발생한 서브프라임 부도들이 그것을 불가능하게 만들었기 때문이다.

결국 그들은 추가적인 가산금리가 지나치게 낮으며 실제 리스크를 반영해 그 금리를 높일 필요가 있다는 사실을 인정하지 않을 수 없었다. 결국 채무자들은 리스크가 더 높은 채권들에 추가적인 금리를 지불해야 하며, 그 인상분은 해당 채권에 더 이상 경제적 가치가 남아 있지 않을 정도로 무척 높은 수준일 터였다. 이와 동시에 채권 가격도 하루 빨리 처분하고 싶을 정도로 낮아질 게 뻔했다. 구조화된 신용투자의 가격이 자유낙하를 시작할 여건이 완성되었던 것이다.

# 18 퀀트펀드들의 위기

2007년 6월 19일

**베어스턴스 헤지펀드의 자금이 바닥나다**

"헤지펀드 산업 내부의 투명성과 조정능력이 부족하고 성과와 생존능력 사이의 관계가 강력하기 때문에 경쟁 압박이 거세질 것이며 이는 펀드매니저들과 프라임 브로커(prime broker, 헤지펀드 설립 지원부터 자금모집, 운용자금대출, 주식매매위탁 등 다양한 서비스를 제공하는 금융회사를 말한다—옮긴이)들이 마치 '군비확대경쟁'이라도 하는 양 더 나은 수익을 위해 레버리지를 높이는 결과를 낳을 것이다."

—앤드류 W. 로(Andrew W. Lo)

지나치게 많은 자금이 집단적으로 좋은 아이디어를 좇는 경향이 있으며, 그 집단이 다른 쪽으로 쏠려가 버리면 붕괴 여건이 조성된다. 2007년 퀀트펀드Quant Fund, 수학적 모델을 이용한 계량분석기법을 통해 컴퓨터가 자동으로 투자대상을 찾고 비중을 조절하는 펀드—옮긴이들이 그랬듯이, 동일한 투자자들이 다수의 여러 투자처로 몰려들면, 그렇게 군집된 무리는 느닷없는 방향으로 움직일 수 있다. 2007년 6월 빌린 자금을 운용하던 한 헤지펀드가 채권자들에게 도움을 구한 시점에 발생했던 일이 바로 이런 일이다. 그리고 이 사태는 그 펀드와 아무런 상관이 없던 주식 퀀트펀드들의 위기를 불러일으켰다.

채권시장이 혼란에 빠져들고 며칠 뒤인 2007년 6월 19일, 월스트리트에서 5번째로 큰 투자은행 베어스턴스가 운영하는 헤지펀드가 채권자들에게 도움을 요청했다.[1] 베어스턴스의 헤지펀드인 HGSCHigh-Grade Structured Credit Strategies Enhanced Leverage는 투자자들로부터 약 6억 달러의 자금을 모은 다음 그것을 담보로 다시 60억 달러를 빌렸다. 그 펀드가 투자한 자산의 가치가 상승했다면 그 정도의 레버리지는 투자자들의 수익을 몇 곱절 불려주었을 것이다. 안타깝게도 그 자금은 서브프라임 모기지를 담보로 하는 증권들에 투자되었고 그 증권들의 가치는 명백히 하락하고 있었다. 베어스턴스가 그 구렁텅이에서 벗어나려고 발버둥치고 있던 와중에 신용시장의 실상이 드러났다. 또한 그 사건은 시장들이 서로 연계되어 있던 탓에 모기지들과 아무런 관련이 없는 투자들도 광범위한 손실을 입을 수밖에 없다는 사실을 무참히 입증해 보였다.

그 레버리지 자금은 월스트리트의 대규모 은행들에서 융통한 것이었고, 베어스턴스는 곤란에 빠진 자사의 펀드를 짓누르는 압력을 줄이기 위해 자금을 내준 은행들에게 1년간 이자를 유예해 달라고 부탁했다. 하지만 그러기엔 빌린 액수가 너무 컸고 그 부탁은 거절당했다. 오히려 은행들은 담보로 잡혀 있던 증권들을 요구했다. 그 담보증권은 대개 대량의 서브프라임 채권들로서 합성작업을 거쳐 이른바 부채담보부증권CDO으로 판매되었던 것이며, 베어스턴스는 문제의 헤지펀드를 위한 자금 대출을 받을 때 그 증권들을 담보로 설정

1__ Ben White and Saskia Scholtes, 'Bear Stearns hedge fund on brink of failure after bad subprime bets,' Financial Times, June 20, 2007 참고.

했었다. 베어스턴스가 CDO를 매입한 시점의 가격으로 이 증권자산들은 은행에게서 빌린 자금을 충분히 커버할 수 있었다. 하지만 CDO는 거래 용도로 고안된 게 아니었다. 그 본래 개념은 그것을 구성하는 모든 부채가 상환될 때까지 매입 후 보유하는 것이었고, 그 증권들을 거래할 만한 2차 시장도 거의 형성되지 않은 상황이었다. 만일 채권자가 자금 회수를 원할 경우, CDO들을 시장에서 처분해야 할 터였다. 그들은 경매를 통해 CDO를 처분하려고 시도했다. 그리하여 6월 20일 엄청난 양의 서브프라임 증권들이 갑자기 시장에 쏟아져 나오는 사태가 발생했던 것이다. 이 일은 아주 근본적인 실상을 들춰냈다―그 증권들이 어느 정도의 가치를 지니는지 분명히 알고 있는 사람은 아무도 없었고, 그러니 누구도 그것을 매수하려 들지 않았다. 7년 전의 닷컴주식처럼, 그간 CDO를 시장에서 일정량 처분하려고 시도한 사람이 아무도 없었다는 이유만으로 CDO는 고평가된 상태로 장부에 올라 있었던 것이다.

이것은 신용시장들이 마치 '와일 E. 코요테<sub>Wile E. Coyote, 미국의 유명한 만화 캐릭터-옮긴이</sub>'처럼 되어버린 형국이었다. 워너브라더스 로드러너<sub>Warner Brothers Roadrunner</sub>의 만화에서 그 캐릭터는 중력 따위는 아랑곳없이 낭떠러지를 향해 계속 내달리곤 한다. 그러다 멈추고는 아래를 내려다본다. 겨우 그제야 몹시 짜증나는 체념의 표정을 지으며 그대로 추락해버린다. 이와 아주 유사하게도 시장들은 상하이 서프라이즈 날 절벽을 향해 달려가기 시작했다. 서브프라임에 투자된 자금이 합당한 투자 가치가 있다는 소설을 유지해야 할 필요성은 그들을 계속해서 내달리도록 만들었다. 상승하는 국채 수익률은 그 소설을 지속시키기 힘들게 만들었다. 베어스턴스의 CDO들이 마침내 시장에 쏟아져 나왔을 때, 그 코요테는 아래를 내려다보는 것 이외에 아무런 대안이 없었다. 그리고 코요테는 더 이상 중력을 거역할 수 없었다.

이는 대차대조표에 유사한 CDO들을 보유한 은행들을 곤경에 몰아넣었다. 시장에서 수집한 냉정한 증거는 그 증권들이 고평가되어 있었음을 시사했지만, 장부에 그 가격을 낮게 기재하는 일은 곧 은행들이 자산 가치를 큰 폭으로 축소해야 한다는 것을 의미했다. 은행들이 CDO들을 담보로 얼마의 자금을 빌렸는지에 따라, 지불불능 상태를 시인해야 할지도 모를 처지였다—이는 그 증권들이 어째서 소설에나 나올 법한 높은 가치를 그토록 오래 유지할 수 있었는지 잘 설명해준다.


문제를 일으킨 펀드의 모기업인 베어스턴스는 16억 달러의 비용을 들여 문제의 펀드와 유사하지만 레버리지 정도가 덜했던 다른 펀드를 구제하면서 자사의 신용도에 추가로 타격을 가했고, 결국 애초에 문제를 일으킨 HGSC의 자산 가치 전체를 잃어버렸음을 인정했다.[2] 이 일로 인해 서브프라임 증권들에 대한 신뢰가 돌이킬 수 없을 정도로 손상되었다—그리고 이 신뢰의 상실은 상호 연계되어 있던 세계 시장들로 파고들어가 전혀 뜻밖의 장소에서 손실을 가하게 된다.

다음 희생자는 서브프라임 모기지들과 거의 무관한 투자를 했던 컴퓨터 주도의 헤지펀드 집단이었다. '시장중립Market-neutral형' 또는 '롱숏long/short' 헤지펀드들은 난해한 형태의 투자를 수행한다. 롱숏

---

**2__** Saskia Sholtes, 'Bear Stearns shock waves gain new force' Financial Times, July 18, 2007 참고.

헤지펀드들은 고평가된 것으로 보이는 기업들의 주식을 빌린 다음 매도하고(주가 하락 시 수익이 난다), 저평가되었다고 생각되는 주식에 그 자금을 투입함으로써 투자수익의 균형을 맞춘다. 이것을 '시장중립형'이라고 부르는 이유는 시장의 방향성이 중요하게 작용할 리가 없기 때문이다. 시장이 하락할 경우 '매도' 포지션은 수익을 낼 것이고, '매수' 포지션은 손실을 보게 될 것이다. 시장이 상승할 경우에는 반대로 작동할 것이다. 이 펀드에게 가장 중요한 것은 펀드매니저가 주식들을 제대로 골라내는 것이고, 어떤 것이 상대적으로 고평가되었고 어떤 것이 저평가되었는지 파악하는 것이다. 어떤 부문이 다른 부문들보다 더 나은 성과를 낼 것이라는 식의 베팅을 피하기 위해 이런 펀드들은 주로 동일한 산업에 속한 두 종목의 주식을 이용하며, 예컨대 제너럴 모터스에 불리한 베팅은 포드에 우호적인 베팅을 통해 균형을 맞추곤 한다.

서브프라임이 초래한 혼란은 소비자들의 가계지출이 하락하리라는 의미였으므로 시장 전체에 나쁜 소식이었다. 하지만 주택저당증권MBO의 가격 하락은 포드가 제너럴 모터스보다 더 나은 성과를 내리라는 베팅에 영향을 미칠 리 없었다. 그런 소식이 이 두 기업의 주가 하락을 야기할 수도 있을 테지만, 그렇더라도 포드로 인한 손실의 균형을 맞추기 위해 GM 쪽에 취해놓은 매도 포지션에서는 수익이 발생하게 되어 있었다. 어쨌든 이런 펀드들은 가격 책정이 잘못되고 사고가 발생할 가능성이 있는 비유동적이고 드물게 거래되는 증권들이 아니라 대중적으로 거래되는 주식들에만 투자를 했다. 하지만 8월 7일과 8월 9일 사이에 월스트리트에서 가장 저명한 몇몇 펀드들이 시장중립형 투자로 엄청난 손실을 입었다. 골드만삭스의 주력 펀드인 글로벌 에쿼티Global Equity Opportunities는 그 한 주 동안 30%를 약간 웃도는 자산 가치를 잃어버렸다. 골드만은 자사가 운영하는 헤지펀드들 중 하나를 구제하기 위해 20억 달러의 자금을 투입하는 과정에서 베어스턴스와 손을 잡을 수밖에 없었다. 골드만삭스만 그런 게 아니었다. 주식시장 전반이 상대적으로 조용했던 한 주 동안 다른 많은 펀드들도 유사한 상황을 겪었다.

이 펀드들도 모기지에 노출되어 있었다. 당시 일어났던 일을 종합적으로 짜 맞춰 제대로 파악하기란 쉽지 않은 작업이지만, 매사추세츠 공과대학Massachusetts Institute of Technology, MIT의 헤지펀드 전문가 앤드류 W. 로가 당시 상황을 조사한 연구는 꽤 설득력이 있어 보인다―그리고 그 주에 손실을 떠안은 상당수의 헤지펀드 전문가들도 그의 연구결과에 강한 확신을 내비쳤다.[3] 로의 추정에 따르면, 8월 5일 한 대규모 롱숏펀드가 전에 매도했던 주식들을 다시 매입하고 보유하고 있던 주식들을 매도함으로써 기존의 포지션을 청산했을 가능성이 있었다.

그 펀드는 왜 이런 일을 했을까? 많은 헤지펀드들은 궁극적으로 펀드오브헤지펀드funds of hedge funds, 모태펀드의 소유하에 운영되는데, 모태펀드는 투자회사들이 흔히 활용하는 방식이다. 만일 어떤 모태펀드가 빌린 자금으로 뛰어든 신용투자에서 손실을 입었거나 신용자금을 구할 수 없게 되었다면, 당연히 자사의 롱숏펀드로부터 자금을

---

3__ Amir E. Khandanity and Andrew W. Lo, 'What Happened to the Quants in August 2007?' www.ssrn.com 참고.

회수하기로 결정할 수 있다. 이는 얼마든지 있을 법한 일이다. 또는 포지션을 청산하기 시작한 펀드가 대출기관들로부터 자금 회수 요구에 직면했을 수도 있다. 롱숏 전략은 위험해 보이지 않는 한편으로 큰 돈을 벌지도 못한다—빌린 자금이 공짜가 아닌 한 말이다. 연간 1 내지 2%의 수익은 만일 그 수익이 레버리지를 통해 10배로 불어난다면 훨씬 더 구미가 당기는 것이 된다. 당시 서브프라임 사태로 대손액credit loss, 대부금 등이 회수되지 않거나 회수되지 않으리라고 예상되는 금액—옮긴이을 우려하게 된 대출기관들은 가능한 모든 곳에서 대출을 회수할 필요가 있었고, 롱숏펀드에게도 빌려간 자금을 돌려달라고 요구했을 수 있다.

로 교수는 시장중립형 펀드들이 그 한 주 동안 움직였을 법한 경로를 추적해보았고, 3일 동안 6.8%의 손실을 입었을 것이라는 계산을 도출해냈다—전에 경험했던 어떤 것보다 훨씬 나쁜 성과—월스트리트에서 이름을 날리던 롱숏펀드들이 실제로 30% 정도의 큰 손실을 냈다는 점은 레버리지 탓으로 돌릴 수 있을 것이다. 레버리지가 사라지고 나자, 그것이 부풀렸던 거품은 꺼질 수밖에 없었다. 한 펀드가 선두로 시장을 빠져나가면서 그 펀드의 '숏' 포지션이 상승하고 '롱' 포지션은 하락하는 원인을 제공했다. 이는 똑같은 모델에 의존해 동일한 베팅을 걸었던 다른 많은 펀드들에게 손실을 유발했다. 그 손실들로 인해 대출기관들의 자금 회수 요구에 부응하기가 더 힘들어지자 그들도 역시 철수했으며, 이는 기존의 포지션을 고수하고 있던 펀드들에게 더욱 큰 손실을 안겼다. 펀드들이 지나치게 많은 차용금으로 베팅에 나섰던 탓에 어느덧 그들은 주가를 주도하고 있었다. 시장에서 흔히 쓰는 표현으로, 이것이 이른바 '집단거래crowded trades'다.

어떻게 이런 일이 발생했던 것일까? 헤지펀드들의 운용자금이 더 적었던 2000년이나 2001년에 그 펀드들은 롱숏전략을 구사할 수 있었고 시장이 폭락하더라도 돈을 벌 수 있었다. 하지만 이런 성과는 헤지펀드들 쪽으로 훨씬 더 많은 자금을 끌어들였고 주변에는 충분한 차액을 노릴 만한 주식들이 더 이상 남아 있지 않았다. 너무 많은 펀드들이 똑같은 일을 하고 있는 상황에서 가격 왜곡이 급속히 수정되는 경향을 보였고 차익매매로 수익을 내기가 한층 더 어려워졌다. 이것은 10년 전 피델리티의 마젤란펀드가 직면했던 딜레마를 야기했다. 마젤란펀드는 문을 걸어 잠그고 투자자들에게 자금을 환불해 주는 식으로 이 딜레마에 대처할 수 있었다. 하지만 헤지펀드들은 규제를 받는 뮤추얼펀드에게 허용되지 않는 다른 대안을 갖고 있었다. 즉 최대한도로 자금을 빌려서 계속 그런 식으로 수익을 증진시키는 방식이었다. 이것은 동일한 베팅들에 비정상적으로 많은 자금을 쏟아 붓고 있다는 의미였다. 몇 년 전까지만 해도 시장을 효율적으로 만드는 원동력이었던 레버리지는 어느덧 극도로 비효율적인 호황과 불황들을 유발하는 수단이 되어 있었다.

그 투자에 합류했던 많은 투자자들 스스로도 그들에게 닥친 사태가 말 그대로 불가능한 일이라고 믿고 있었다. 골드만삭스의 최고재무책임자CFO 데이비드 비니어David Viniar도 〈파이낸셜 타임스〉와의 인터뷰에서 "시장이 며칠 연속 25 표준편차에 해당하는 움직임에 시달렸다"고 언급한 바 있었다.

종형곡선에서, 정상 수준에서 3표준편차만큼 크게 벗어난 사건이 발생할 확률은 1%다. 25표준편차에 해당하는 사건은 극히 이례적이라서 우주 역사상 한 번도 발생한 적이 없어야 한다. 그러니 비니어는 인터뷰를 통해, 이런 사건들이 실제로 발생한 적이 없었거나 아니면 그런 표준편차 추정치를 도출한 통계모델이 애초에 결함이 있었다고 말하고픈 것이었다.

이 모든 일은 불법이 아니었다. 담당검사들은 베어스턴스의 해당 펀드매니저들에게 사기죄를 선고하려고 애썼으나 실패했다. 그들은 2009년 11월 맨해튼의 배심원단에 의해 무죄로 판명되었다. 퀀트펀드들은 살아남았고 2008년 위기 동안 다른 투자자들보다는 고통을 적게 받았다. 하지만 그들도 피해를 입기는 매한가지였다. 그리고 어느덧 모기지들은 이제 막 단기금융시장 자체를 감염시킬 채비를 마친 상태였다.

비이성적 과열의 시장

- 베어스턴스 헤지펀드의 채권자들이 담보로 받은 증권들을 경매로 내놓았을 때, 그 가치를 정확히 아는 사람이 아무도 없다는 사실이 드러났다. 이 일은 그 시스템 전체에서 저렴한 레버리지가 철수하는 결과를 낳았다.

- 저렴한 레버리지는 헤지펀드들이 더 이상 큰 수익성이 없으며 폐기했어야 할 전략들을 통해 수익을 계속 증진시킬 수 있도록 해준다(그들은 이것을 폐기해야 한다). 이것은 그들이 '집단거래'에 나서게 만들고, 이런 밀집 현상은 레버리지가 사라지면 붕괴로 이어진다.

- 금융공학을 이용한 퀀트 모델들은 많은 투자자들을 동일한 투자로 끌어들였다.

# 19 신뢰의 붕괴

2007년 8월 16일

**국가 전체에 신용경색 위기의 기운이 감돌다**

"아닙니다. 가장 우선적으로 보는 것은 성품입니다. 돈이나 다른 어떤 것 이전에 말입니다. 돈으로는 그것을 살 수 없습니다. 내가 신뢰하지 않는 사람은 기독교 국가들에 존재하는 모든 채권을 담보로 내놓는다 해도 나에게서 자금을 융통할 수 없을 것입니다."

—J. P. 모건, 1913년 돈이나 재산이 기업신용대출의 근거가 되는지 묻자 이렇게 대답

금융시장들은 신뢰에 의존한다. 2007년 여름, 서브프라임으로 인한 손실이 어디에서 발생할지 모른다는 불확실성은 신뢰의 위기를 야기했다. 하지만 중앙은행의 개입으로 재앙적 사태는 가까스로 막아냈다. 시장들이 여전히 정부와 중앙은행을 신뢰하고 있었기 때문이다. 하지만 이 일은 도덕적 해이의 문제를 심화시켰다.

"연준위가 잠들어 있다!"

CNBC의 유명 투자전문가 짐 크레이머Jim Cramer가 울분을 터트렸다. "우리에게는 아마겟돈이 닥쳤다. 채권시장에 있는 우리는 아마

겟돈이나 다름없는 상황에 빠져 있단 말이다."

2007년 8월 3일 그는 연준위를 겨냥해 5분간 장황한 비난을 쏟아 부었다. 연준위 의장 자리에는 1년 전 앨런 그린스펀을 대체해 프린스턴 대학의 경제학자 벤 버냉키Ben Bernanke가 앉아 있었다.

"버냉키는 이론에만 능한 학자다! 탁상놀음을 하고 있을 시간이 없다. 그는 바깥 실정이 얼마나 나쁜지 전혀 모르고 있다! 전혀!" 그는 생방송에 출연해 소리 높여 말했다. "내 동료들은 25년간 이 일을 해왔다. 그런데 지금 일자리를 잃고 있고 직장들도 문을 닫는 실정이다. 버냉키는 바보다! 그들은 멍청하다! 아무것도 모른다."[1]


거래소 텔레비전들은 대체로 CNBC 채널에 맞춰져 있기 때문에 그의 비판은 영향력을 지녔다. 단기금융시장이 과거 은행들이 담당했던 역할을 빼앗긴 했지만, 그 시장은 대체로 등한시되는 실정이었고, 그 시장이 곤경에 처해 있다는 사실은 대부분의 투자자들에게 낯선 소식이었다. 그날 크레이머는 모기지 문제가 자금 조달의 가격 자체를 감염시켰음을 폭로하고 있었다. 또한 그는 도덕적 해이에 관한 논쟁으로 이어갔다. 시장이 곤란에 처할 때마다 금리를 인하하는 식의 '그린스펀 풋'은 시장들이 이 지경까지 상승하는 데 일조했다. 연준위의 몇몇 관계자들은 입장을 분명히 하고 시장이 하락해도 '풋'은 일체 없을 거라는 점을 시장들이 깨닫도록 밀어붙이고자 했다. 세인트루이스 연방준비은행 총재 빌 풀Bill Poole은 이렇게 말했다.

"잘못을 저지르고 경솔한 판단을 내린 사람들에게 그 죗값이 돌아

---

[1]　크레이머가 분노를 표출하던 장면은 인터넷상에서 쉽게 찾아볼 수 있으며, 유튜브 (www.youtube.com)에도 여러 차례 올라온 바 있다.

갔다. 피해를 입은 기업들과 헤지펀드들은 벌을 받을 만한 짓을 했고, 우리는 그에 대한 충분히 많은 증거를 확보하고 있다."

크레이머는 도덕적 해이에 대한 혐오감이 풀 총재와 같은 '학자들'과 관련이 있다고 주장하면서, '부끄러운 줄 알라'고 비판했다. 그 이론들은 이론 자체로는 훌륭해 보였지만 실제 세상에는 통하지 않았다. 바깥 어딘가에 실제로 리스크가 존재한다는 점을 제대로 보여주고자 했던 중앙은행의 단호한 처사로 인해 너무 많은 사람들이 상처를 입을 수 있었다. 핵심적인 문제는 신뢰의 상실에 있었다. 신뢰의 상실은 전 세계 수십 개의 거래소들에서 서서히 부작용을 낳고 있었고 외부인의 눈에는 그런 현실이 거의 보이지 않았다. 《해리 포터 Harry Potter》를 통한 유추가 이 문제를 잘 설명해준다.[2] 꼬마 마법사의 막강한 적 볼드모트 Voldemort는 자기 영혼을 작은 조각들로 쪼개서 세계 곳곳에 숨겨놓는다. 그 영혼 조각들이 모두 발견되고 파괴되기 전까지 그를 죽일 수 있는 방법은 없다. 이와 똑같은 식으로 금융증권화 작업은 전 세계 은행들의 장부에 대체로 무가치한 '악성' 서브프라임 자산들을 남겨놓았다. 그런 자산들이 어디에 숨어 있는지 아는 사람은 아무도 없었고, 그것을 분별해내기 전까지 모든 은행들은 의혹의 눈길을 피할 수 없었다. '볼드모기지 Voldemortgage'의 영혼 조각들은 어느 금융기관의 대차대조표에든 숨어 있을 가능성이 있었다. 상황이 이렇다 보니 신뢰가 산산이 조각나버렸다. 대출에 대한 대가로 제공된 담보물이 가치가 없음이 드러날 수 있었고, 그래서 은행들은

---

2__  *Harry Potter and the Deathly Hallows* by J. K. Rowling 참고.

아예 서로에 대한 대출을 중지해버렸다.

이 드라마는 환매채시장인 '리포시장repo market'에서 전개되었다. 이 시장에서 많은 은행들은 차츰 더 자체적으로 자금을 조달하는 쪽을 택했다. 리포 거래 시 은행들은 다음 날 재구매(또는 '리포')할 것을 조건으로 채권을 내놓고 단 하룻동안만 자금을 빌린다. 투자은행들은 이런 식의 자금 조달에 의존하고 있었는데, 이는 곧 리포 자금이 단 며칠 동안만이라도 거절될 경우 투자은행들의 자금이 바닥날 수도 있음을 의미한다. 이런 일은 실제로 발생할 가능성이 농후했다. 은행들은 자금을 빌리고자 담보물로 증권을 내놓곤 했는데, 그 은행이 훨씬 더 높은 이자를 제시하지 않는 한 증권을 매입하겠다는 사람을 찾을 수 없었다. 그 결과 은행들의 자금이 고갈되었다.[3]

이런 기본적인 신뢰가 메말라버리자 기업어음시장도 똑같은 상황에 처했다. 투자자들은 대기업들에조차 단기간이라도 자금을 빌려주려 하지 않았다. 어느덧 모든 채무증권들이 의심을 받고 있었고, 특히 담보물에 부채가 포함된 자산담보부 기업어음들은 더욱 그러했다. 대기업들은 종종 2주마다 총급여 자금을 마련하기 위해 기업어음에 의존하고 있었기 때문에, 단기간이라도 시장이 제대로 돌아가지 않으면 큰 난관에 처할 수 있었다.

이렇게 둔화된 시장들은 마치 금융시스템의 배관시설과 같다. 어

---

3__ 리포 마켓의 작동 원리와 2007년의 실패 경위에 관한 자세한 설명을 위해, Gary B. Gorton, *Slapped by the Invisible Hand—The Panic of 2007*(New York: Oxford University Press, 2010) 참고.

딘가 고장이 나서 물이 흘러넘치기 전에는 아무도 그것을 신경 쓰지 않는다. 그러다 갑자기 그것보다 더 중요한 게 없어진다. 두 가지 지표가 외부 세계에 그 문제를 드러냈다.

첫째, 미국 단기 국채 수익률이었다. 이것들은 미국 재무부가 발행하는 채권들로 3개월 이내에 원금이 상환된다—리스크가 가장 낮은 투자대상이다. 투자자들이 기업어음과 같은 여타의 저위험 투자에 대한 신뢰를 잃게 되면 3개월짜리 국채로 이동하는 경향을 보인다. 이렇게 추가로 유입된 국채 매입 세력은 수익률을 하락시키며, 따라서 단기 국채 수익률의 하락은 신뢰가 무너지고 있음을 시사한다.

둘째, 흔히 리보London Inter-Bank Offer Rate, LIBOR라 불리는 은행들 간 대출금리와 3개월짜리 단기 국채 수익률 사이에는 이른바 테드 스프레드Ted spread라는 차이가 생긴다. 일반적으로 리보가 약간 더 높은데, 이는 정부가 아닌 대규모 은행에 자금을 빌려주는 데 따르는 약간의 추가적인 리스크를 반영하기 때문이다. 이 두 금리의 차이는 시간이 흘러도 아주 안정적인 경향이 있으며, 그 격차가 확대될 경우는 은행들 사이의 신뢰가 무너지고 있음을 시사한다. 〈그림 19-1〉에서 볼 수 있듯이 대안정기 시절에는 이상할 정도로 신뢰가 강력했으나 2007년 8월 이후 몇 개월 사이에 신뢰가 완전히 붕괴되었다(그림 〈19-2〉 참고). 크레이머는 단기금융시장의 가격상에 이미 명백히 드러나는 두려움을 표명하고 있었던 것이다—그리고 연준위에 도전장을 내밀고 있는 중이기도 했다.

8월의 조용하고 나른한 마지막 주, 미국 모기지 시장의 약 17%를

'테드 스프레드'-신뢰의 척도

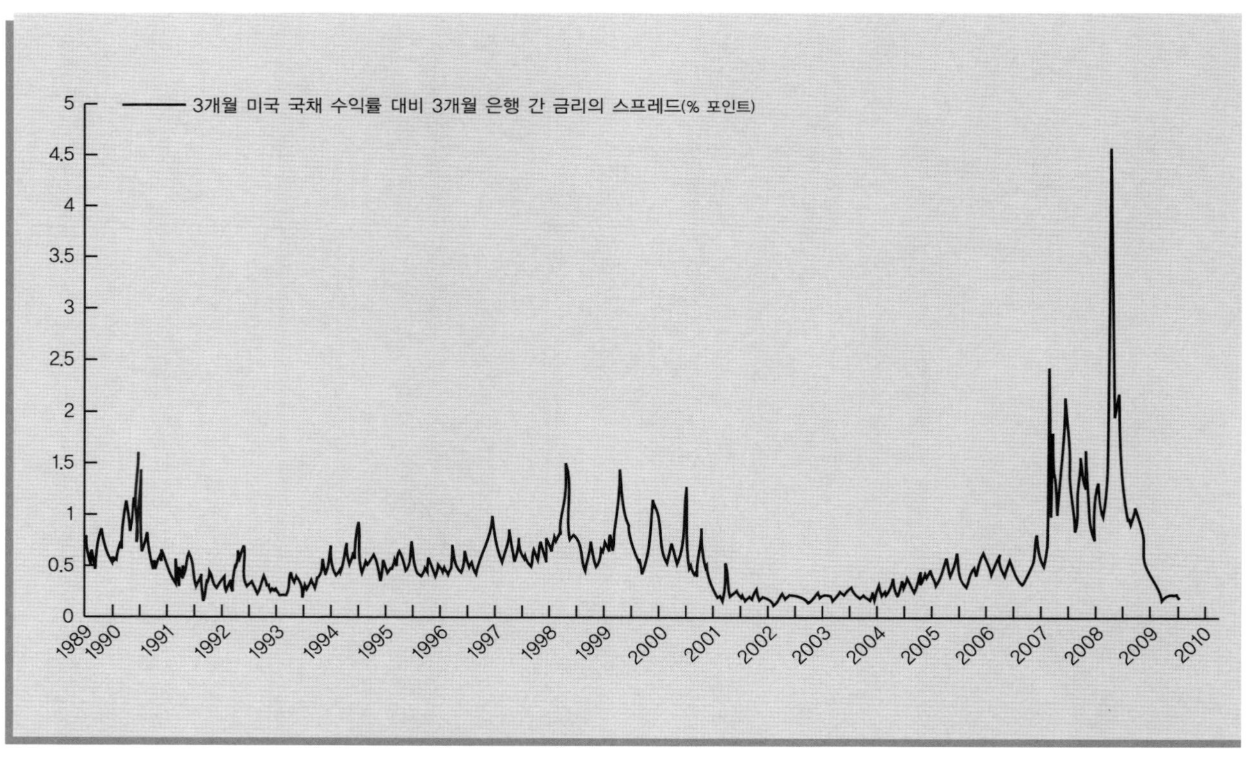

신뢰의 붕괴: 은행 간 대출금리가 치솟는 동안 국채 수익률이 폭락하고 있다

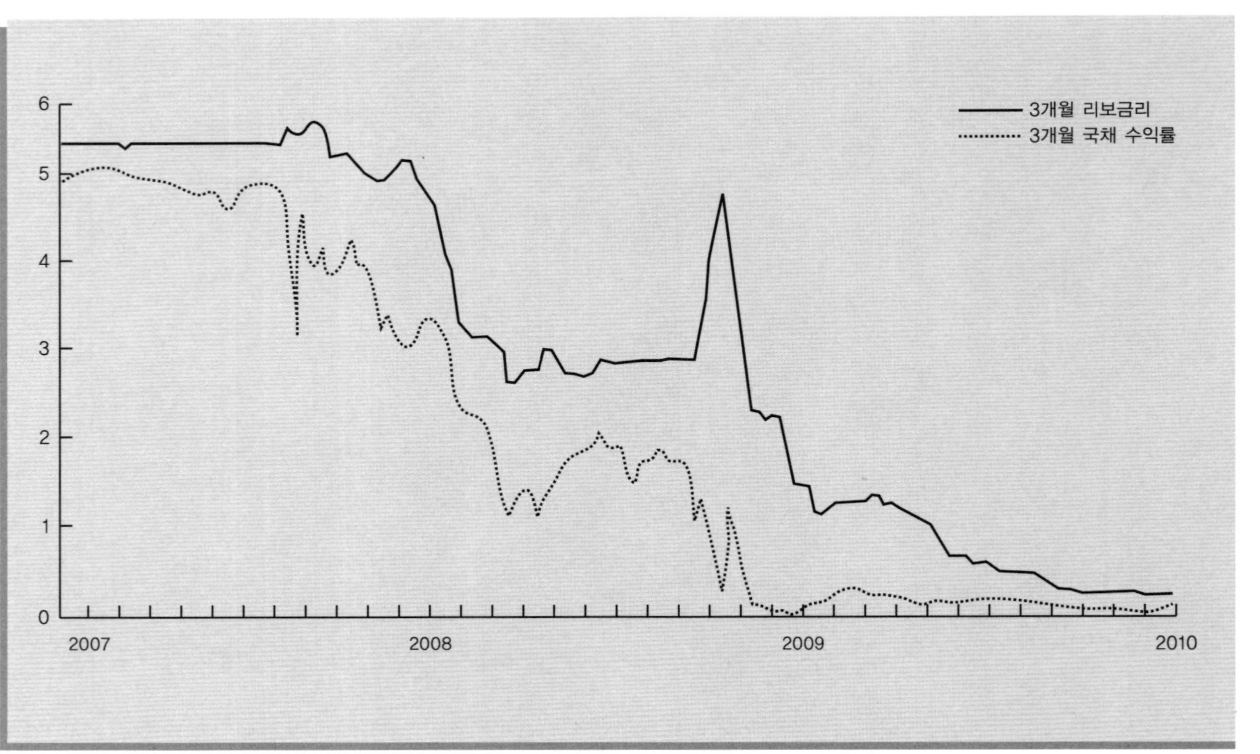

차지하는 컨트리와이드 파이낸셜Countrywide Financial은 자사의 기업어음을 매입하려는 세력이 없다는 사실을 알게 되었고, 그 배관에 발생한 위기는 마침내 터지기 일보 직전에 이르렀다. 시장은 이 업체가 끔찍한 손실을 떠안고 있다고 추정하고 있었고, 어음을 매입하려 들지 않았다(다시 말해 그 업체에게 단기 대출을 내주기를 거부했다). 컨트리와이드의 몰락은 미국 경제에 상상을 초월한 피해를 입히게 될 것이었고, 그래서 그 위기가 고조되고 있던 여름 내내 그 업체의 주식은 단기 국채와 거의 완벽히 상응하는 움직임을 보였다. 컨트리와이드에게 조금이라도 불리해 보이는 사건들은 단기 국채 매입 경쟁에 불을 지폈다. 결국 8월 16일 오전 컨트리와이드는 기업어음을 통한 자금 조달에 실패했다. 그 주가는 몇 시간 사이에 40% 폭락했고, 이와 동시에 3개월 국채 수익률은 0.5% 포인트 하락했다—국채시장에서는 엄청난 변동이다. 투자자들이 모기지를 담보로 안고 있는 모든 곳에서 달아나버렸기 때문이다.[4] 이것은 LTCM 이래 최악의 시장 발작 증상이었다.

하지만 좀 더 냉철한 투자자들은 '담력 겨루기 게임chicken game'을 하고 있었다. 제임스 딘이 출연한 영화 〈이유 없는 반항Rebel Without a Cause〉에서 두 젊은 반항아들이 절벽 끝을 향해 차를 모는 장면처럼, 담력 겨루기 게임에서는 먼저 자동차 방향을 바꾸는 사람이 패자가 된다. 이 게임의 문제는 승리를 거두는 과정에서 승자 자신도 죽음에 이를 수 있다는 점이다. 연준위가 과연 컨트리와이드의 붕괴를 그대로 내버려둘 담력이 있었을까? 트레이더들은 금융시스템이 극심한

---

[4]  John Authers, 'The short view: Countrywide crunch,' Financial Times, August 23, 2007 참고.

위험에 빠져 있는 상황이므로 중앙은행이 먼저 방향을 바꿀 수밖에 없다는 데 베팅을 걸고 주식을 마구 사들였다. S&P 500은 그날 오후 마감을 몇 시간 앞두고 반등했으며 더 높은 수준에서 장을 마감했다.

다음 날 아침 연준위는 중앙은행이 상업은행들에게 자금을 대출할 때 적용하는 이자율인 할인율을 6.25%에서 5.75%로 인하한다고 발표했고(이 발표 덕분에 컨트리와이드 주식은 4시간 동안 60% 상승했다), 다음 미팅에서도 또다시 금리를 인하하는 결정을 내렸다. 트레이더들은 '그린스펀 풋'이 '버냉키 풋'으로 대체되었다는 점에 크게 기뻐했다. 컨트리와이드 위기가 최악으로 치달았던 시점부터 2개월 간 S&P 500은 14% 상승했다. 어떻게 이런 일이 발생했을까? 투자자들은 LTCM 위기 때 나온 대본을 따르고 있었다. LTCM의 문제들이 더 이상 주변으로 번지지 않았듯이 당시의 문제도 컨트리와이드에 국한될 것이라고 추정했던 것이다. 이번에도 역시 연준위에서 비롯된 더 낮은 금리는 미국 경제에서 그나마 가장 건강했으며 최소한의 도움을 필요로 했던 부분들로 자금이 마구 몰리도록 만들었다―1999년에는 그것이 기술주였다.

2007년의 경우, 기술주에 해당하는 부분은 신흥시장들이었다. MSCI의 신흥시장지수는 8월 16일에 바닥을 찍고 10주 동안의 랠리를 이어갔다. 10월 31일 할로윈 날까지 그 지수는 40% 상승했고, 같은 기간 동안 브릭스는 57%나 치솟았다. 그 지수들을 끌어올렸던 요인은 다른 무엇보다 서구인들의 리스크에 대한 욕구였다. 투자자들은 '마치 1999년인 양 파티를 즐기려' 들었다. 연준위는 도전장을 받아들고는 화들짝 잠에서 깨어났다.

이렇게 해서 캘리포니아의 한 모기지 대출업체에 닥친 자금 위기가 브라질과 러시아, 인도 및 중국의 기업에 이점으로 작용하게 되었다. 그리고 만일 이것이 지속 가능하다고 생각한 사람이 있었다면, 오판이었다. 세계 시장들은 이제 뱅크런 사태에 극도로 취약해져 있고 은행들에는 언제든 그런 일이 닥칠 가능성이 존재한다.

- 은행업은 신뢰에 의존한다. 단기자금시장들이 은행 업무를 도맡아 수행할 때도 마찬가지다. 신뢰가 없다면 전체 금융시스템은 위태로워진다.

- 낮은 금리는 단기자금시장을 긴급히 구제할 수 있지만, 도움이 필요치 않은 부문들의 투기성 버블을 부풀리는 대가를 치러야 한다.

# 20 무서운 파급력을 지닌 뱅크런

**2007년 9월 13일**

**노던록**Northern Rock**이 곤경에 처하다**

"이 하나의 법이 제정됨으로써 취약점을 곳곳에 전파시키던 두려움이 말끔히 해소되었다. 그 결과 실패가 또 다른 실패를 낳곤 했던 낡은 시스템의 치명적인 결함이 제거되었다."[1]

—존 케네스 갈브레이스, 예금보험에 관해

은행들의 시장금융market financing은 '뱅크런'—예금자들이 은행에 대한 신뢰를 잃고 자금을 모두 인출하는 상황—에 취약하게 만든다. 영국의 노던록에 발생한 대량 예금인출 사태는 지금도 여전히 뱅크런이 발생할 수 있음을 보여주었다. 월스트리트의 '그림자 은행들'과 베어스턴스에 발생한 뱅크런은 더욱 치명적이었다. 그 은행들이 세계 금융시스템에 투자를 해놓은 상황이었기 때문이다—단 하나의 은행에 발생한 뱅크런이라도 전 세계 거품을 꺼뜨릴 수 있다.

1__    Galbraith, *The Great Crash 1929* 참고.

2007년 9월 13일 밤, BBC의 경제부 기자 로버트 페스턴Robert Peston[2]은 영국의 대규모 모기지 대출기관인 노던록이 영국중앙은행으로부터 '긴급 자금 지원'을 받을 예정이라는 소식을 TV 뉴스에 내보냈다. 정부의 노던록 지원 조치는 다음 날 아침까지 대중에 공개될 예정이 아니었기 때문에 그 뉴스는 특종이었다. 페스턴은 상황을 확대하지 않도록 주의를 기울였다. 그는 다음 멘트로, "그렇다고 그 은행이 파산 위험에 처해 있다는 의미는 아닙니다"라고 말하고는, "노던록 은행에 예금계좌가 있는 분들이라도 지나치게 걱정하실 필요는 없습니다"라고 덧붙였다.[3]

다음 날 아침, 노던록에 예금을 넣어둔 사람들은 공황상태에 빠져들었다. 은행 웹사이트는 쇄도하는 문의로 인해 다운되어 이용이 불가능했다. 노던록 지점에 사람들이 줄을 잇기 시작했다. 온라인 계좌에 역점을 두었던 노던록은 상대적으로 적은 지점들을 운영하고 있었고, 그래서 각 지점들에는 굉장히 긴 줄이 늘어서게 되었다. 넉넉한 예금보험의 보장에도 불구하고 그들은 어쨌든 줄부터 서고 보았다. 영국 정부는 모든 계좌에 대해 2,000파운드까지 전액 보장해주었고, 3만 파운드까지는 90%를 보장했다. 이 금액을 초과하는 자금만 위험한 상황이었고, 대부분의 사람들은 분명 예금액이 더 적을 게 뻔했다.

그 사건은 영국의 금융규제와 노동당 정부에 대한 신뢰를 무너뜨렸다. 여기에도 분명 군집 역학이 작동하고 있었다. 즉 신뢰가 차츰 줄어든 이후 군집이 형성되는 과정에서 신뢰가 완전히 사라져버린

---

2__ 페스턴과 저자는 수년간 〈파이낸셜 타임스〉에서 동료로 일했다.
3__ 'Northern Rock gets bail out,' BBC, September 13, 2007.

셈이다. 이에 대한 대처로 영국은 노던록 계좌에 대한 보험금을 무제한으로 인상했는데, 이는 곧 그 은행의 예금자들이 영국 정부에 돈을 빌려준 것으로 여길 수도 있음을 의미했다. 이후 노던록은 정부에 인수되었고 그 은행을 매수하려는 대상이 나서지 않자 국유화되었다. 이것은 대공황 이래 선진국에서 발생한 최대 규모의 뱅크런이었다. 예금보험이 은행에 저축해둔 돈을 날릴 수도 있다는 두려움을 없애준 덕분에 뱅크런은 한낱 과거의 일이 되어 있었다—추가적인 예금보험으로 노던록 예금인출 사태를 마무리 지을 수 있었듯이 말이다. 예금보험의 도입은 은행들의 부실대출 관행을 막지는 못했지만, 최소한 노던록 사태 이전까지는 갑자기 예금을 날려버리는 일로부터 예금자를 보호했고 금융시스템을 보다 안전하게 만들어주었다. 그 대신 은행이 지불하는 보험료와 그들이 받는 철저한 감사는 성장을 제한하는 경향이 있었다. 1930년대에나 오늘날에나 이 거래는 훌륭해 보이지만, 그 개념은 비난의 여지가 있었다.

대공황 이전에는 뱅크런과 파산이 빈번했다. 이론상 예금자들의 자금 인출 권리가 일종의 감시체계로 작동했기 때문이다. 뱅크런은 냉정하고 철두철미한 시장규율이다—그리고 시장은 인간이 개입되는 규제당국과 달리 감정이 완전히 배제된 판단을 내릴 수 있다. 예금보험은 일종의 도덕적 해이였다. 그래서 1930년대에 은행가들은 예금보험에 반대했고, 한 고위급 경영진은 "은행들의 역량은 보험으로 대비할 수 있는 리스크가 아니다"라고 불평을 토로하기도 했다.[4]

시장규율이 지닌 문제는 불공정하고 비합리적일 수 있다는 점이다. 규제당국은 BBC 기자 페스턴의 보도에 뒤이은 비이성적인 공황

상태를 모면할 수 있었을 것이다. 그러나 시장들이 집단행동을 수반하고 있기 때문에 그렇게 할 수 없었다. 게다가 뱅크런은 건강한 은행들에게 상이나 벌을 부과할 수 있다. 은행들은 좀 더 장기의 조건으로 대출을 해주는 반면 예금을 통한 단기 자금 조달에 의존한다. 이것은 내재적으로 불안정한 모델이고, 그래서 은행은 지불불능 상태가 아니어도 언제든 비유동적인 상태-예금자들이 은행에 제공하는 현금이 고갈되는 상태-에 빠져들 수 있다(이는 은행의 자산이 부채보다 가치가 더 적으며, 그래서 미지불된 대출과 부채 문제를 완벽히 해소할 수 없다는 의미다). 따라서 시장규율에 무턱대고 의존하는 일은 위험하다. 원칙적으로 투자자들에게 모든 예금계좌에 대하여 신중한 주의를 기울이도록 요구하는 것은 소구력 있는 일이지만, 경험칙상 이는 먹혀들지 않을 것이다. 실제로 예금보험은 국가가 단 한 차례 개입한 정도의 가치를 지닌다.

문제는 상업은행들이 예금보험에 적응해나가는 동안, 애초에 예금보험의 보장에서 제외된 투자은행들이 자진해서 뱅크런에 취약해질 수밖에 없는 방식으로 자체 자금을 조달하는 쪽을 택했다는 점이다. 결정적인 사례가 구조화투자회사structured investment vehicle, SIV다. 이것은 규제당국이 정한 법규를 어기지 않는 선에서 은행들이 고객에게 더 높은 수익을 안겨주려는 계략에서 탄생했다. SIV들은 마치 은행 축소판처럼 주택저당증권들을 매입하는 방식으로 장기 자금을 빌려주고 사들인 주택저당증권을 담보로 기업어음을 발행해 단기로

4__ Martin Mayer, *The Fed—The Inside Story of How the World's Most Powerful Financial Institution Drives the Markets* (New York: Free Press, 2001), 159에서 인용.

자금을 빌린다. 이에 따른 수익은 다시 그 은행으로 흘러들어오지만, 그 리스크들은 대차대조표상에 나타나지 않는다.

　단기자금시장에서 신뢰가 무너지자 SIV들은 자금을 빌릴 능력을 상실했고, 이는 규제당국에게 딜레마를 안겼다. 이 모델을 가장 많이 활용했던 시티그룹은 한때 800억 달러의 가치에 이르는 SIV들을 운영했다.[5] 노던록에 발생한 뱅크런 사태처럼 시티뱅크의 채권자들도 (이 경우 예금자들보다는 기업어음 매수자들) 파업에 돌입했다. SIV의 채권자들이 더 이상 자금을 빌려주기를 거부할 경우 논리적으로 다음 단계는 그들이 갖고 있는 주택저당증권들을 '헐값 처분'하는 것이었고, 이는 그 시장이 더 하락하도록 압박했다.

　유럽의 경우 은행들은 자사의 SIV를 긴급히 구제하고 그것들을 대차대조표상에 기재하기 시작했다. 미국의 경우에는 재무부가 나서서 일종의 부실자산 구제용 펀드인 '슈퍼 SIV Super SIV'를 조직하려는 노력을 기울였다. 이 계획은 슈퍼 SIV를 통해 기업어음시장에서 대출 자금을 증가시켜서 곤경에 처한 다른 SIV들의 증권을 사들이려는 것이었다. 하지만 뱅크런은 빠른 속도로 계속되었다. 많은 이들은 슈퍼 SIV가 단지 시티그룹의 손실을 면피해주는 구제작업에 지나지 않으며 그 펀드가 순조롭게 출범할 수 없을 거라고 생각했다.[6]

　세계 시장들을 역대 최고 수준에서 아래로 끌어내렸던 것이 이런

---

5__　Paul J. Davies and David Wighton, 'Citi slashes SIV fund exposure,' Financail Times, December 11, 2007 참고.

6__　Francesco Guerrera, 'On Wall St: Super fund pill can't treat the SIV illness,' Financial Times, December 7, 2007 참고.

보이지 않는 뱅크런이었다. MSCI 세계지수와 신흥시장지수 모두 2007년 10월 31일 불길한 할로윈 날에 기록적 수치를 달성했다. 다음 날 아침 뉴욕의 시장전문조사기관 CIBC 월드마켓CIBC World Markets 의 애널리스트 메레디스 휘트니Meredith Whitney는 시티가 탕감해야 할 자산의 손실을 커버하기 위해 300억 달러의 신규 자본금을 마련할 필요가 있을 것이라는 보고서를 내놓았다.[7] 이는 곧 시티가 신규 주식을 발행하고(그리고 주가를 약화시키고) 배당금을 삭감할 것이라는 의미였다. 다음 날 시티의 주식은 7% 폭락했다. 스위스 최대 은행 UBS 의 주가는 유사한 우려로 인해 5% 이상 하락했고, 그동안 대규모 은행주를 포함하는 S&P 500 금융지수는 4.6% 하락했으며, 이는 지난 4년 사이 8개월 전 상하이 서프라이즈 이후 거래일에 발생한 최악의 하락이었다.

시티의 SIV들에 대한 우려가 어떻게 신흥시장들의 랠리를 중단시킬 수 있었던 것일까? 전 세계에서 가장 상호 연관성이 큰 시티그룹에 대량 자금인출 사태가 발생했다면, 신흥시장들에서 이용 가능한 자금이 즉각 줄어들 것이라는 논리가 성립될 것이다-그리고 세계 최후의 매수자인 미국 경제 자체에 대한 그 함의들은 험악해 보였다. 더구나 많은 투자자들은 채권자들로부터의 자금 회수 요구에 부응해야 했고, 이는 신흥시장들이 여전히 수익을 내고 있더라도 그것을 매도해야 한다는 의미였다. 상호 연관성은 이 위기를 전 세계에 확산시켰다. 4개월 뒤 또 다른 대규모 자금인출 사태가 그 위기를 심각한

---

7__ 이 추정액은 상당히 과소평가되었음이 밝혀졌다. Chris Bryant and Anora Mahmudova, 'Citigroup leads financials to a five year low,' Financial Times, November 2, 2007 참고.

새 국면으로 이끌었다. 베어스턴스는 월스트리트에서 다섯 번째로 큰 투자은행이었다. 단기자금시장을 통해 자금 조달에 공격적으로 의존하고 있던 그 업체는 2007년 가을 더 이상 자본금을 마련하지 못하게 되었다. 시장에서 자금을 마련하기엔 너무 늦은 상황이었기 때문이다. 이번에도 핵심적인 문제는 베어스턴스가 미심쩍은 자산들을 보유하고 있다는 점이었다. 시장은 그런 자산에 대한 신뢰를 잃어버렸고, 그래서 단기자금시장에서 활동하던 투자자들은 베어스턴스가 운영을 지속하기 위해 필요로 했던 단기 자금을 빌려주기를 거부했다. 그동안 많은 헤지펀드들은 베어스턴스를 '프라임 브로커'로 활용했다. 즉 베어스턴스는 헤지펀드들이 자금을 예치해두는 은행이었다. 부도가 날 경우 자금이 묶여버릴 여지가 있었기 때문에 그들은 즉각 자금을 회수했다.

이 뱅크런에는 추가적인 요인이 있었다. 많은 이들은 신용부도스와프를 이용해 베어스턴스의 부도에 대비한 보호장치를 마련했다. 더 많은 투자자들이 신용부도스와프를 사들일수록 그 보호장치의 비용은 높아지게 마련이었다. 이는 베어스턴스가 자금을 빌릴 수 있는 비용을 높여놓았다. 보험 가격이 더 증가할 경우 베어스턴스의 자금 조달 비용은 더 높아질 수밖에 없었다. 하지만 이 상황은 단지 보호장치와 관련된 일만은 아니었다. 베어스턴스의 신용부도스와프를 매수한다는 것은 그 업체가 파산하리라는 쪽에 베팅을 거는 일이었다. 그러니 베어스턴스의 채권을 보유할 근거가 전혀 없었던 셈이다. 당시의 보험 매입 행태는 소유하지 않은 집에 보험을 드는 일이나 마찬가지였다—일차적으로 위험에 빠지는 일은 없을 테지만 그 집에

화재가 발생할 경우 혜택을 볼 것이다.

이런 이유로 트레이더들은 투기적 공격의 형태로 보호장치를 매입했던 것이다. 그들이 몰려들면서 베어스턴스는 신규 자금을 마련하기가 더 힘겨워졌다. 이 상황은 그 주가에 피해를 입혔다. 이후 투기자들은 베어스턴스 주식을 공매했고, 그 주식이 하락하고 보험 비용이 상승하는 동안 그들은 돈을 벌었다. 주가 하락으로 인해 베어스턴스는 신규 주식 발행을 통해 자금을 마련하는 일마저 더 큰 비용을 들여야 할 처지가 되었다.

3월 13일 목요일 밤까지 베어스턴스에는 거우 20억 달러의 현금밖에 남지 않았다. 그 주가 시작되는 시점에는 180억 달러가 있었다. 베어스턴스는 규제당국에게 다음 날 아침 파산을 신청하겠다고 알렸다. 그러자 정치권은 발 빠르게 움직여 베어스턴스로 하여금 훨씬 더 튼튼한 은행인 J. P 모건에게 주당 10달러에 주식을 처분하도록 하는 거래를 주선했다. 거의 1년 전까지만 해도 베어스턴스 주식은 주당 170달러에 거래되었다. 정부는 300억 달러의 보장을 제시하며 J. P 모건을 설득해 그 거래를 성사시켰다.[8]

베어스턴스는 상업은행은 아니었지만, 스스로 자금을 조달했던 방식으로 인해 과거 시대의 뱅크런에 취약해졌고, 공매와 부도 스와프에 쉽게 공격당하는 상태가 되었다. 뱅크런은 베어스턴스의 경영자들에게서 회사 경영권을 완전히 박탈해버렸다. 헤지펀드에 자금을 빌려주고 그들의 계좌를 보유하며 신용부도스와프의 한쪽 당사

---

8__ 베어스턴스의 몰락에 관한 자세한 설명을 위해, *Street Fighters* by Kate Kelly 또는 *The Sellout* by Charles Gasparino 참고.

자가 되었던 베어스턴스의 역할 때문에, 그 어수선한 종말은 세계의 많은 시장들에 대규모 뱅크런이 발생하는 상황으로 돌변할 가능성이 있었다. 베어스턴스는 망하도록 내버려두기에 너무 큰 대상이었다기보다 너무 방대한 상호 연관성을 지니고 있었다.

그러나 베어스턴스의 구제 조치는 나름의 문제를 발생시켰다. 베어스턴스의 위기가 최악에 이른 시점에 S&P 500은 고점에서 20% 이상 하락했다. 하지만 베어스턴스가 그 위기의 대미를 장식했다는 희망이 팽배해졌다. 이에 대한 반응으로 원유 매입이 활발해졌는데, 이 베팅은 자폭의 씨앗을 품고 있었다.

- 예금보험은 뱅크런을 거의 유명무실하게 만들어주었지만, 단기자금시장들은 그것을 우회할 방법들을 찾아냈다.

- 투자은행들은 리포 마켓을 통해 스스로 자금을 조달하는 쪽을 택했고, 이 탓에 그들은 뱅크런에 취약해졌다.

- 이런 은행들은 서로 너무 심하게 연관되어 있어서 뱅크런 사태가 발생할 경우 수많은 다른 시장들에 충격을 줄 수 있었다. 베어스턴스의 뱅크런은 그 위험성을 잘 보여주었다.

# 21 재귀적인 모습을 보여준 시장들

**2008년 7월 14일** ------------------------------------------------------------

**프랑스혁명 기념일이 인플레이션 공포를 잠재우다**

"첫째, 시장가격들은 반영하는 근본적인 현실을 왜곡시킨다. 그 왜곡의 범위는 무시해도 될 정도로 아주 소소한 수준에서 극히 중대한 정도까지 광범위할 것이다. 둘째, 금융시장들은 근본적인 현실을 반영하는 데 있어 온전히 수동적인 역할을 하기보다는, 적극적 역할을 하기도 한다. 즉 금융시장들은 그것이 반영하게끔 되어 있는 펀더멘털들에 영향을 미칠 수도 있다."

—조지 소로스[1], 자기 이론의 두 가지 원칙을 설명하면서

동시에 움직이는 시장들은 주변 상황에 대한 인식을 왜곡시키고 정치인들과 투자자들이 모두 똑같이 역사적 오류 속에 빠져들도록 만든다—하지만 결국에는 자기모순에 짓눌린다. 2008년 투자자들은 일제히 금융 붕괴와 유가 급등에 베팅을 했고 신용위기가 한창인 가운데 인플레이션 공포를 야기했다. 그 위기가 마무리되었을 때, 원유와 외환 및 주식시장 모두 반대로 돌아섰고 폭락의 분위기가 무르익었다.

---

1__     2009년 10월 부다페스트에서 조지 소로스가 한 연설. 저자에게 제공된 연설문.

7월 14일은 프랑스혁명을 기념하는 혁명의 날이다. 2008년의 그날은 시장들의 구체제가 붕괴되는 순간이었다. 2008년 프랑스혁명 기념일에 투자수익을 올릴 수 있는 방법들 중 하나는 미국 정부와 특히 연준위에 불리한 쪽으로 베팅하는 것이었다. 그 논리는 이렇다. 미국 금융시스템은 치명적인 상처를 입었고 연준위는 인플레이션을 낮추거나 도덕적 해이를 피하기 위한 시도를 모두 단념했다. 오히려 연준위는 금리인하와 다른 일들을 통해 미국 은행들을 구제하는 일에 전력을 다하곤 했다. 이에 대한 시장의 반응이 너무나 극단적이어서 중앙은행은 다시 금리를 인상해 인플레이션과 전쟁을 치러야 하는 상황에 이르렀다―그럼으로써 당시의 시장 반등을 크게 한풀 꺾어놓았다. 이것은 '네거티브 피드백 루프negative feedback loop, 음의 순환고리' 또는 조지 소로스가 '재귀성reflexivity'이라고 칭한 상황의 고전적 사례였다. 이 표현을 통해 소로스는 세상에 대한 우리의 인식이 세상 자체를 바꿀 수도 있음을 말하고 있다. 일단 시장들이 재귀성을 띠면, 앞선 사건들의 '실제 현실'보다는 그릇된 인식을 반영하게 된다―하지만 그렇기 때문에 시장 버전의 '현실'은 그야말로 현실적이다. 2008년 여름의 재귀적 사건들은 동시에 움직이는 시장들이 어떻게 미국 당국의 정책 실수를 야기할 정도로까지 발전했는지 잘 보여주는 교과서적 사례다.

사건들의 연결고리는 이렇다. 베어스턴스가 구제된 이후 뒤이어 금리가 인하되자 트레이더들은 연준위가 통화 관리를 포기했다고 판단했다. 그래서 그들은 달러가 하락하리라는 쪽에 베팅했다. 1970년대의 경험이 말해주듯 이런 베팅을 위한 좋은 방법은 달러가 하락해도 변함없는 가치를 유지할 석유를 매입하는 것이었다. 그들은 또한 외환시장에서 달러를 직접 매도해 다른 통화들을 유리하게 만들수도 있었다. '디커플링' 및 브릭스와 같은 대단한 개념에 대한 굳건한 믿음은 그 베팅을 한층 더 훌륭해 보이도록 만들었다. 그러나 헤지펀드들이 정말로 거액의 수익을 올리고자 했다면 미국의 은행주들을 공매하고 석유를 매입함으로써 좀 더 공격적인 투자를 구사했을 수도 있다. 그렇게 한다면 미국 은행들이 계속 침몰할 것이고 은행을 구제하기 위한 저리자금은 달러화를 약화시킬 것이며 미국 밖으로 자금이 유출될 터였다. 이렇듯 그 전략은 여러 요인이 관여된 베팅이었다. LTCM 구제 조치 이후 인터넷주식들의 급등이나 2007년 브릭스에 대한 열풍처럼, 투자자들은 병든 환자를 치료하기 위한 미국의 저리자금이 이미 원기 왕성한 다른 국가나 부문을 과도하게 자극하리라는 데 베팅하고 있었다.

〈그림 21-1〉에서 알 수 있듯이 이런 식의 투자전략을 통한 수익은 엄청났다. 〈그림 21-1〉을 보면, 당시에 미국 은행주를 공매하고 그 자금을 이용해 석유선물을 매입하는 전략은 큰 수익을 안겨주었음을 알 수 있다. 이 투자전략은 2008년 연초부터 7월 14일까지 168%의 수익을 올렸다. 미국 이외의 다른 국가들에서도 그 추세는 약간 약했을 뿐 거의 마찬가지였다. 미국 은행주 대신 보다 광범위한 MSCI 세계금융지수(선진국 중심의 은행들을 포함하는 지수로, 그들 대부분이 미국 주택시장의 위험에 노출되어 있었다)를 공매했다면 114%의 순이익이 발생했을 것으로 추정된다.

미국 정부에 불리한 쪽에 베팅한 투자: 석유 매입, 은행주 매도

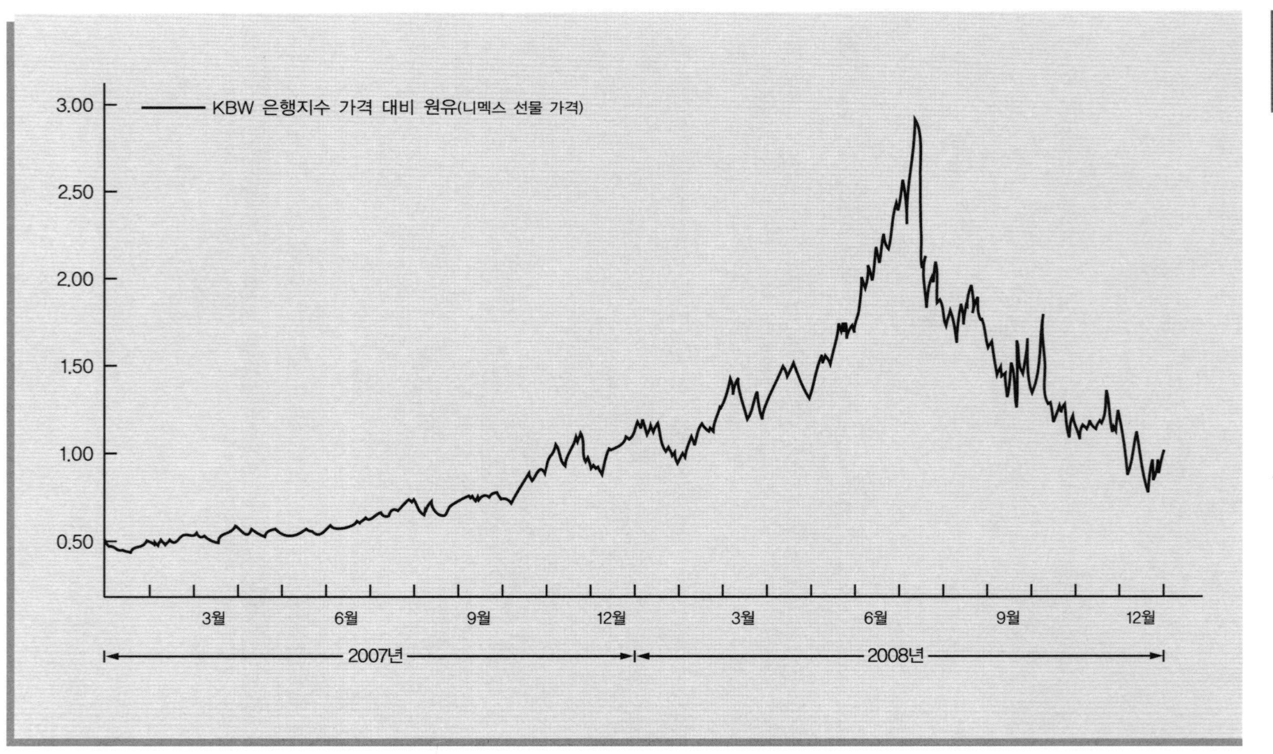

7월까지 유가는 배럴당 145달러에 이르렀다. 이는 1년 전 8월 이후 두 배 상승한 수준이고 11월 이래로는 세 배 상승한 수치였다—전 세계적인 석유 수요 하락과 공급 증가라는 배경하에 이런 일이 발생했다는 점이 더욱 놀랄 만한 일이다. 이런 투자의 장기적인 문제는 본연적으로 비논리적이라는 점이다. 미국이 정말로 극심한 금융위기에 빠져들게 된다면, 경제 활동이 침체될 것이고 석유 수입이 줄어들 것이었다. 미국은 세계 최대 석유 소비국이므로, 이런 상황은 유가 상승은커녕 하락을 의미했다. 하지만 일부 눈에 띄는 시장들에서 유가를 밀어올리는 자금의 흐름은 너무나 강력했고 그래서 유가가 정점에 이를 수 있었다.

'미국을 팔자'는 식의 매매 행태는 중앙은행들에게 견디기 힘든 압박을 가했다. 석유는 인플레이션 지수의 기초가 되는 소비자바구니consumer basket의 큰 비중을 차지하기 때문에 유가 상승은 더 높은 인플레이션으로 직결된다(1970년대에도 그랬듯이 말이다). 어느덧 시장은 각국 중앙은행들이 인플레이션을 통제하지 않을 것이라고 믿는 듯했고 이에 따라 미국은 1970년대에 그 경제를 지배했던 '석유본위제'로 되돌아갔다. 이는 재귀적인 현상이었다—트레이더들은 인플레이션이 재발할 것이라는 쪽에 베팅함으로써 아주 실질적인 방식으로 인플레이션의 발생을 도왔다.

신용위기는 대개 디플레이션을 유발하게 마련이다. 그러나 유가가 치솟자 중앙은행들은 신용시장에서 시선을 돌려 인플레이션과의 전쟁을 선포해야 할 압박감을 느꼈다. 실제로 몇몇 중앙은행 총재들은 사실상 서로에 대한 전쟁을 선포했다. 대개 중앙은행 총재들은 피할 수만 있다면 자국의 통화에 대해 애써 언급하려 들지 않는다. 하지만 6월 3일 벤 버냉키는 바르셀로나에서 열린 한 컨퍼런스와의 위성통신에서 달러화에 대한 이야기를 꺼냈다. 그는 '수입가격과 소비자가격 인플레이션의 달갑지 않은 상승'에 대해 우려하면서 달러화의 약세가 인플레이션에 미치는 함의들에 주목하고 있다고 말했다. 달러가 약해지면 수입 물가가 상승하고 이는 인플레이션을 높이는 압력으로 작용한다. 따라서 그의 이런 발언은 분명 인플레이션의 유발 가능성을 과장해 말함으로써 자국의 통화 가치를 더 높게 끌어올리기 위한 시도였을 것이다.

이틀 뒤 유럽중앙은행European Central Bank, ECB의 장-클로드 트리셰Jean-Claude Trichet는 한 발 더 나아가 사실상의 금리인상을 약속했다. 그는 유럽의 물가에 대해 '현저히 더 높은' 새로운 추정치가 나왔고, 고유가로 인한 '임금/물가 급등'의 가능성이 있으며, '긴장의 끈을 늦추지 말아야 할 상황'이라고 발표했다. 그는 또한 경제성장률이 연간 1.5%에서 곧 바닥을 찍은 뒤 회복될 것이라고 예상했다.

유럽은 금리인상을 통해 인플레이션과 전쟁을 벌였으나, 한편으로는 유로화 표기 예금 금리도 높아졌기 때문에 달러 대비 유로를 훨씬 더 강화시켰다. 이에 따라 많은 트레이더들이 심각한 손실을 입게 될 어수선한 여건이 전개되는 가운데 달러가 하락했다. 각국 중앙은행 총재들이 인플레이션을 우려하고 있다면, 논리상 원유를 매입하는 것이 타당한 일이었다. 이제 시장들이 손 쓸 수 없을 정도로 상호 연계된 상황에서 유가는 훨씬 많이 상승했고, 반면 은행주의 헐값 처분은 빠르게 계속되었다. 그런데 특이하게도 그 상황은 유럽중앙은행이 정말로 인플레이션과 전쟁을 벌이고자 한다면 금리를 인하해야 한다는 사실을 함축하고 있었다. 유로화의 가치가 더 낮아져야 유가도 하락할 여지가 있기 때문이었다.

이것이 가장 치명적인 재귀적 현상이었다. '타당한' 이유로든 아니든 일단 유가가 상승하자 경제에 실질적인 영향을 미쳤고, 이는 세계의 양대 축을 이루는 경제들에서 금리와 같은 중대한 요인들을 변화시킬 유인을 제공했다. 트레이더들은 미국의 금리가 하락할 위험을 회피하려는 합리적인 헤지수단으로 원유를 사들였다. 하지만 당시 그들은 너무 많은 원유를 매입한 나머지 중앙은행들이 오히려 금리를 인상할 수밖에 없도록 밀어붙였다. 원유를 맹렬히 사들이는 전략은 부진한 경제 상황을 방어하는 헤지수단이 되기는커녕 오히려 심각한 정책 실수를 강요했고 경제적 재앙을 유발하는 데 한몫했다.


한편, 그 투자전략의 다른 한 축인 은행주에 대한 공격 전략도 자폭 시점에 이르렀다. 인플레이션의 위험을 회피하기 위해 원유를 매입했던 전략과 마찬가지로, 은행들이 신규 자본을 절실히 필요로 하는 시점에 은행주들을 공매한 전략도 자기실현적인 예언이 되어버렸다. 당시 가장 마지막으로 곤란한 지경에 처한 금융기관은 미국 모기지시장의 양대 축인 패니메이와 프레디맥이었다. 이 기관들이 날로 증가하는 손실을 충당할 자금을 갖고 있지 않다는 점은 명백했다. 더 많은 자금을 빌릴 수도 없었다—이것이 바로 그 기관들이 애초에 곤경에 이르게 된 요인이다. 하지만 이 기관들의 주가 하락은 그들이 자기자본을 늘릴 수도 없다는 의미였다. 많은 은행들은 패니와 프레디가 발행한 채권이나 주식을 보유하고 있었고, 상황이 이러했기에 트레이더들은 은행주들 역시 처분했다. 이렇게 해서 시장들은 유가 급등과 미국 금융기관의 추락이라는 '현실'을 창조해냈다. 하지만 프랑스혁명 기념일에 '미국을 팔자'는 투자전략은 자기 꾀에 자기가 걸려 넘어진 꼴이 되었다. 당시의 상황은 비록 몇 달간 엄청난 수익을 안겨주었다고 해도 상식 밖의 일이었다. 세계 여러 시장에서 이중 삼중의·다양한 역할을 하던 배우들은 이제 새로운 현실을 자초했다는 사실을 확실히 자각하게 되었다.

7월 첫 주에 유럽중앙은행은 더 이상의 금리인상은 없을 것이라는 발표를 내놓았다. 이로써 중앙은행 총재들이 엉겁결에 달러의 가치를 높이도록 밀어붙였던 투자자들의 노력은 더 이상 먹혀들지 않게 되었다. 그리고 7월 13일 미국 정부는 패니메이와 프레디맥의 채권에 대한 보장을 약속했다. 정부는 이 기관들의 파산을 그대로 보고만 있지는 않을 터였다. 은행주들은 신나게 반등하기 시작했다. 이와 동시에 세계의 다른 한쪽에서는 중국이 자국 통화의 가치 상승을 막아서면서 시장에 공포탄을 날렸다. 그 전까지 3년 동안 중국은 위안화가 달러 대비 20%까지 점진적으로 상승하도록 허용했다. 그래서 중국의 통화관리체제하에 달러 대비 위안화는 꾸준히 상향하는 직선 형태를 보였다. 이는 세계 주요 통화들의 혼란을 야기하지 않는 가운데 미국을 매우 위태롭게 했던 글로벌 불균형을 바로잡아주었고 중국발 인플레이션을 방어하는 데 도움이 되었다. 하지만 중국 당국은 돌연 달러 대비 위안화의 절상을 중단하기로 결정했고, 그동안 엔화를 제외한 다른 모든 통화들 대비 위안화가 계속 상승하도록 했다.

다른 모든 여건이 동일하다는 전제하에, 이 조치는 달러화의 상승을 야기할 것이다─달러가 위안화에 고정되어 있고 유로화 대비 위안화가 상승한다면, 논리적으로 달러도 상승하게 될 것이었다. 그리고 달러화의 상승은 유가를 하락시킬 것이고, 유가와 달러화가 정확히 같은 비율로 움직였을 테니 이는 어느 시점에 중국 산업에 큰 손상을 가했을 것이다. 이것이 중국 당국의 의도적인 목표였든 아니든, 결과적으로 중국의 조치 덕분에 유가가 하락했다.

유럽과 미국, 중국 당국 모두 달러화의 가치가 상승할 수밖에 없는 단호한 입장을 취한 가운데 프랑스혁명 기념일에 예상대로 상황이 전개되었다. 달러화는 엔화를 제외한 모든 통화 대비 급등했고, 미국 이외의 국가들에서 주식을 매입하는 식으로 달러에 불리한 베팅을 했던 다수의 투자자들은 난관에 봉착했다. 빠져나갔던 자금이 다시 미국으로 유입되면서 달러는 계속 상승했고 그해 말까지 유로화는 상당히 높은 수준이었던 1.59달러에서 1.25달러까지 꾸준히 하락했다. 미국 은행주들의 상승과 달러화의 가치 상승은 원유로 몰려들었던 투자자들에게 손실을 가했다. 그렇게 해서 투자자들은 프랑스혁명 기념일에 이익을 실현하고 대거 철수했다. 석유계에서 비롯된 유가 관련 소식이 전혀 없었음에도, 유가는 느닷없이 하락하기 시작해 12월까지 줄곧 하락세를 이어갔고 배럴당 35달러까지 낮아졌다. 그리고 미국의 은행주를 공매하고 원유를 매입하는 식의 '미국에 불리한 베팅'을 고수했던 트레이더들은 그 한햇동안 손실을 입었다. 유가가 그해 중반의 엄청난 급등에도 불구하고 미국의 은행주들보다 더 큰 하락에 시달렸기 때문이다.

유가가 폭락하면서 시장에서는 인플레이션에 대한 두려움이 급속히 자취를 감췄다. 이와 동시에 브릭스와 상품 및 '디커플링'에 대한 믿음도 사라졌다. 지난 날 브릭스에 대한 베팅을 통해 금융시장의 대혼란 속에서 살아남았던 많은 투자자들은 이제 난관에 봉착했고 손실을 떠안고 말았다. 2008년에 돈을 벌 수 있는 거의 유일한 방법이었던 전략을 빼앗긴 그들은 '디레버리징deleveraging'—가능한 모든 자산들을 처분해 자금을 마련하고 부채를 청산하는 작업—이라는 고통스런 과정에 착수했다. 하지만 그것은 나름의 파괴적 결과들을 잉태하고 있었다.

비 이성적 과열의 시장

- 시장들은 재귀적이다. 즉 시장은 나름의 현실을 창조해낼 수 있다.

- 2008년 달러화 및 미국 은행주의 투매 현상과 유가 급등은 중앙은행들이 심각한 정책 실수를 저지르도록 몰아붙였고 전 세계 정부들이 어쩔 수 없이 대응에 나서도록 만들었다.

- 유가 급등은 도덕적 해이와 저리자금, 그리고 추세를 과도하게 밀어붙이는 헤지펀드의 성향이 낳은 결과였다.

- 이것이 남긴 교훈은 세계가 '석유본위제' 상태가 되었으며 경제적 현실에 완전히 모순되는 랠리들을 피해야 한다는 것이다.

# 22 리먼 사태가 남긴 교훈



**리먼 브라더스의 잃어버린 주말**

'그러면 내가 멍청이란 말인가?'

—리처드 풀드(Richard Fuld), 리먼 브라더스의 CEO, 구제조치가 실패로 돌아간 데서 배운 것[1]

리먼 브라더스의 파산은 시장 대폭락의 방아쇠를 당겼다. 미국 정부는 과도한 리스크 감수로 인해 발생한 사태를 더 이상 지원하지 않겠다는 의지를 피력하려고 애썼지만, 그러기에는 너무 늦어버렸다는 사실만 확인했을 뿐이다. 그 결과 MMF는 '뱅크런'에 시달렸고, 이는 전 세계 시장을 마비시켰다.

월스트리트의 잃어버린 주말이라 할 수 있는 2008년 9월 13일과

---

1   Andrew Ross Sorkin, Too Big To Fail—The inside story of how Wall Street and Washington fought to save the financial system—and themselves (New York: Viking, 2009) 표지글에서 인용.

14일에 발생한 사건은 거의 즉각적으로 대중문화 속에 녹아들었다. 그 주말에 미국에서 네 번째로 큰 투자은행인 리먼브라더스가 파산을 신청했고, 세 번째로 큰 메릴린치는 뱅크오브아메리카에 매각되었으며, 세계 최대 보험회사 아메리칸 인터내셔널 그룹American International Group은 정부 지원을 애타게 구걸했다. 몇 개월도 채 안 되어 그 사건들을 다룬 온갖 책들이 출간되었다.

그러면 리먼이 어떻게 그런 지경에 이르렀으며, 그 사태는 어쩌다가 역대 가장 동시다발적인 금융위기를 촉발했을까? 리먼의 파산은 1999년 LTCM 헤지펀드 구제 이래 첩첩이 쌓여갔던 도덕적 해이를 타개해보려는 미국의 뒤늦은 시도의 일환으로 발생한 일이었다. 그러나 미국 정부는 그러기에 너무 늦었다는 사실만 확인했을 뿐이다. 도덕적 해이가 너무나 깊숙이 자리를 잡아서 끔찍한 사태를 촉발하지 않고는 그것을 뿌리째 뽑아버릴 수 없었기 때문이다. 예금보험이 적용되는 은행의 기능을 단기자금시장이 대체한 상황은 뱅크런의 리스크를 창출했다. 게다가 단기자금시장들은 투자 매매에 자금을 대기 위한 레버리지를 제공했고, 이는 뱅크런 사태가 즉각 여러 다양한 시장들에서 복합적인 재난을 발생시킬 수도 있음을 시사했다.

리먼 사태 발생과 관련하여 핵심적 역할을 한 첫 사건이 터진 시점은 2008년 9월 7일 일요일이었다. 그날 미국 재무장관 행크 폴슨은 다소 섣부른 대응으로 패니메이와 프레디맥을 국유화시켰다. 시장에서 패니와 프레디에 대한 신뢰가 차츰 줄어들고 있었지만, 그 주말에 정부가 어떤 조치를 취하리라고 예상할 만한 특별한 이유는 없었다. 이 기관들의 경영진을 비롯한 많은 이들이 정부의 국유화 조치에 당혹감을 내비쳤다.

채권 보유자들은 보호를 받았다. 해외 정부들은 패니와 프레디의 채권이 미국 국채만큼 안전하고 미국은 정치적으로 반드시 채무를 충실히 이행하게 되어 있다는 믿음으로 그 채권들을 매수했었다. 하지만 보통주 보유자보다 우선적인 권리를 갖는 '우선주' 보유자들을 비롯해 주주들은 완전히 망한 처지가 되었다. 미국의 많은 소규모 상업은행들은 그 우선주를 안전한 투자로 간주해 대량 보유하고 있었고, 그래서 이 상황은 가뜩이나 위태로운 그들의 재정상태에 치명상을 입혔다. 폴슨은 LTCM 구제조치로 인해 조성된 도덕적 해이를 마침내 근절하겠다는 의지를 표명하고자 했고 성공을 거뒀다. 많은 이들이 은행주를 보유하는 데 따르는 리스크를 제대로 확인했으니 말이다.

이제 의문은 다음 차례가 누구인가 하는 것이었다. 그 명백한 답은 남아 있는 투자은행들 중 규모가 가장 작은 리먼이었다. 이 투자은행은 그 전의 베어스턴스처럼 대손액의 위험을 안고 있는 상태였고, 손실 가능성이 농후한 상업용 부동산이 대규모 편입된 포트폴리오를 운영하고 있었다. 베어스턴스에게 그랬듯, 트레이더들은 리먼의 주식을 공매하는 동시에 부도 보험을 인수했다. 이 일이 직접적으로 리먼의 몰락을 야기하진 않았지만, 사망 시점을 결정하는 데 큰 역할을 한 건 사실이다.

2008년 9월 15일, 리먼의 주식 매매는 불가능했다. 만일 J. P 모건이 베어스턴스에게 해준 역할을 맡아줄 은행이 물색되었다면, 리먼도 아마 구제되었을지도 모른다–하지만 혼동과 오해가 난무하는 극적인 주말을 보내는 와중에 리먼을 인수하겠다고 나서는 업체는 하나도 없었다.[2] 그리하여 리먼은 파산에 이르렀다.

이 결정은 끔찍한 사태로 이어졌다. 하지만 그 뒤에 발생한 일들을 지켜보면, 누군가가 리먼을 구제했다고 쳐도 단지 최후의 심판의 날을 연기하는 정도에 불과했을 뿐이라는 점을 알 수 있다–그 시스템은 이미 붕괴 기운이 무르익어 있었다. 폴슨과 그의 동료들은, 금융기관들이 악성 리스크를 감수할 경우 그에 응당한 결과를 맞게 되리라는 점을 제대로 보여주는 것이 금융시스템에 이로우리라는 믿음을 넘어서서, 기업들이 만일의 사태에 대비한 계획을 갖추고 있을 것으로 믿었던 듯하다. 베어스턴스가 붕괴된 지 6개월밖에 지나지 않은 시점이었기 때문이다. 하지만 그런 대비책 따위는 없었다. 리먼과 거래 관계를 맺고 있던 헤지펀드들은 자금이 동결되었음을 깨달았고 극도의 긴장감을 드러냈다. 현금을 조달할 수 없었던 헤지펀드들은 다른 자산들을 처분했고, 이는 이전에 별다른 연관이 없었던 시장들에 큰 혼란을 불러일으켰다.

진정한 공황이 닥쳐든 시점은 화요일 뉴욕 시장들이 마감한 이후였다. 40년 전 MMF를 개척한 리저브펀드는 자사의 프라이머리펀드Primary Fund가 이제 휴지 조각에 불과한 리먼 채권들을 7억 8,500만 달

---

러어치나 보유하고 있음을 시인했다. 이것은 그 투자신탁회사가 충당하기에는 너무 큰 액수였고, 결국 투자금 1달러당 97센트밖에 지불할 수 없다는 사실을 발표했다. '원금 손실'이 발생하고 만 것이다. 겨우 몇 주 전까지만 해도 리저브 회장은 투자자들에게 "우리 펀드 덕분에 투자자들이 숙면을 취할 수 있게 되었다"라고 말한 바 있었다. 엎친 데 덮친 격으로 투자자들은 자금을 회수하기 위해 최소 7일을 기다려야 할 상황이었다.

거의 동일한 시점에 미국 정부는 AIG에게 850억 달러를 빌려주고 그 대가로 지배지분을 확보할 계획을 발표했다—이는 사실상의 국유화 조치였다. 이 발표로 인해 시장이 공포감에 휩싸였다. 대출채권의 보호수단으로 신용부도스와프를 활용하는 데 있어 AIG가 맡았던 역할 때문이었다. 실제로 AIG의 보장 덕분에 유럽의 대다수 큰 은행들은 대차대조표상에 보유한 부채들이 해당 시장에서 팔릴 수 있는 가격보다 훨씬 더 많은 가치를 지니고 있는 것처럼 가장할 수 있었다. AIG의 보장이 사라진다면, 유럽의 은행금고들과 골드만삭스 같은 미국 투자은행들에 예치된 신용투자들이 더 이상 AAA등급을 유지할 수 없을 것이었다. 그렇게 된다면 바젤 규정에 따라 부채 대비 더 많은 자기자본을 마련해야 했다. 따라서 AIG의 몰락은 유럽 금융시스템의 지불 능력을 심각한 위험에 빠뜨릴 것이었다. 대체로 금융가들은 일반 대중보다 그 함의를 더 잘 이해했다. 이 사건은 곧 은행 직불카드로 ATM에서 멀쩡한 예금을 한 푼도 찾지 못하게 되거나, 회사들이 다음 주 지급 예정인 급료를 체불하게 되거나, 신용카드가 돌연 제 기능을 잃어버리는 상황을 의미했다. 금융가들이 이해하기에,

AIG가 정부의 재정 지원을 필요로 한다는 사실은 상상을 초월하는 재앙이 가까워졌다는 의미였다.

수요일에 시장들이 개장하자마자 전면적인 공황상태가 발생했다. 투자자들은 MMF에서 자금을 회수하려 몰려들었고, 동시에 MMF들 자체도 미국 정부의 보장을 받지 못하는 모든 것들에서 벗어나고자 했다. 그 결과 시장에 대량 자금인출 사태가 발생했다. 그 주에 금융기관의 MMF에 보유된 자금들 중 1,760억 달러가 빠져나갔다. 그리고 포트폴리오를 정부 채권들로만 한정짓지 않았던 펀드들의 자산은 2,390억 달러나 폭락했다. 정부 채권들로 맹렬히 몰려드는 현상으로 인해 국채 수익률은 1941년 이래 최저 수준인 0.02%까지 하락했다. 기업들이 유가증권을 발행해 자금을 마련하는 데 그토록 많은 비용이 들었던 적은 한 번도 없었다. 그런 여건 속에서는 어떤 기업도 스스로 자금을 조달할 수 없었다.

MMF들이 은행계좌보다 더 위험하지 않다는 점을 투자자들에게 확신시키기 위해 그간 '원금 손실'을 방지하고자 자산신탁회사들이 여러 차례 개입했다는 사실이 이제 명백해졌다. 3%의 작은 손실만으로도 믿음을 완전히 무너뜨리기에 충분했다. MMF는 은행과 달리 예금보험에 보험료를 지불할 필요가 없었던 까닭에 독보적 위상을 점할 수 있었다. 리먼 사태 이후의 자금 대량인출 사태는 MMF들도 예금보험 도입 전 은행과 마찬가지로 대량 자금인출 사태에 취약하다는 사실을 보여주었다. 그리고 사실상 MMF의 자금인출 사태와 AIG의 위기에 대한 미국 정부의 대응은 실제로 예금보험을 제공하는 것이나 다름없었다. 미국 정부는 AIG가 체결한 보험계약들을 전액(은행에 대한 220억 달러 이상까지 포함해서) 보장해주었고 MMF에 정부 보증을 제공했다.

이렇게 해서 미국 정부는 도덕적 해이에 맞서 싸우려는 입장에서 후퇴하고 말았다. 하지만 리먼 사태 이후 며칠 동안 투자자들의 반응을 살펴보면 금융시스템 내에 도덕적 해이가 압도적일 정도로 증폭되었음을 알 수 있다. 패니와 프레디의 우선주 보유자들과 리먼과 거래관계를 맺고 있던 상대방들, 리저브펀드의 고객과 AIG의 고객 모두 투자자금이 보장을 받게 되리라고 여기고 있었다. 이런 추정이 지나치게 널리 확산되어 있던 나머지 금융기관들의 파산이 더 빈번해졌고 이로 인해 상황이 훨씬 더 악화되곤 했다. 리먼의 몰락은 도덕적 해이를 근절하기에는 너무 늦어버렸으며 시장이 정부 지원에 대한 믿음에 과도하게 의존해왔음을 입증해 보여주었다. 이런 와중에 정치인들에게 남은 유일한 대안은 부주의하게 처신한 기관을 구제하고 도덕적 해이를 다시 주입함으로써 신뢰를 회복시키는 일뿐이었다. 이런 조치는 단지 저리자금과 또 다른 버블을 부풀리는 요인인 과도한 확신만 부추길 뿐이었다. 투자자들은 이것을 너무나도 잘 알고 있었다.

미국 정부의 대응이 구체화되면서 사건이 터진 주의 말경에는 시장들이 큰 폭의 반등을 보였다. 공매가 금지되었고 폴슨은 부실채권을 매입하기 위해 7,000억 달러를 할애할 계획을 발표했다. 주식시장은 주 초반보다 더 높은 수준에서 한 주를 마감했다. 주식시장의 반등은 시장이 정치권을 믿고 있었음을 보여주었다. 다음 문제는 그것이 옳은 믿음이었는지의 여부에 달려 있었다.

비이성적 과열의 시장

리먼의 붕괴는 다음과 같은 사실을 알려준다.

■ 망하도록 내버려두기에 리먼은 너무 많은 부분과 연관되어 있었다.

■ MMF들이 뱅크런에 취약한 상황이었다.

■ 거대 은행이 망할 정도로 극심한 도덕적 해이가 시장에 뿌리 박혀 있었다. 리먼 사태는 정부들로 하여금 도덕적 해이를 다시 조장할 수밖에 없도록 만들었다.

# 23 일관성 있는 정치제도의 필요성

2008년 9월 29일

## 의회가 TARP 긴급구제책을 부결하다

"역사를 통해 알 수 있듯이, 오늘날 금융의 역량과 정치권의 통찰력은 역의 상관관계에 있다. 따라서 비록 향후에 심각한 문제를 유발할지라도 당장은 아무 조치도 취하지 않는 게 상책이라는 견해가 지지받을 것이다. 공산주의에 못지않게 자본주의를 위협하는 요인이 여기에 있다. 상황이 크게 악화되리라는 점을 뻔히 알면서도 모든 게 근본적으로 튼튼한 상태라고 말하도록 만드는 것이 바로 이런 요인이다."

— 존 케네스 갈브레이스, 《대공황 1929》 중에서

정치제도에 대한 신뢰는 시장들에게 필수적이며, 일반적으로 당연하게 여겨진다. 그러나 일단 신뢰를 잃고 나면, 되돌리는 데 큰 대가가 따른다. 미 의회가 TARPTroubled Asset Relief Program, 부실자산구제프로그램를 부결시켰고 그 뒤에 유럽연합이 유럽 은행들의 뱅크런에 대한 대응책을 조정할 능력이 없다는 사실이 드러나자, 시장은 정부들에 대한 신뢰를 잃어버렸다—그리고 초대형 거품이 꺼져버렸다.

뉴욕증권거래소 객장에 있는 트레이더들은 정치를 지켜보는 데 많은 시간을 할애하지는 않는다. 그들의 관심을 훨씬 많이 사로잡는 것은 주가다. 하지만 2008년 9월 29일에는 상황이 달랐다.

미국은 정치적 드라마 속에서 한 주를 보냈다. 의회의 좌우 양당 의원들은 헨리 폴슨Henry Paulson이 내놓은 이른바 TRAP 구제책을 반대할 만한 원칙적인 근거가 있었다. 이 구제책은 정부가 부실화된 주택저당담보부증권들을 매입해 그것을 보유한 은행들의 압박을 줄여주자는 것이었다. 하지만 좌파의 입장에서, 미국의 실물경제를 대변하는 메인스트리트Main Street America가 고통을 받고 있는 와중에 월스트리트를 구제한다는 것은 결코 있을 수 없는 일이었다. 우파의 경우, 시장이 자연스럽게 제 갈 길을 가도록 해야 한다고 생각했다. 그리고 그들은 대통령 선거가 치러지기 한 달 전에 7,000억 달러의 긴급구제자금을 비준할 것을 요구받고 있었다. 두 명의 대선주자인 버락 오바마Barack Obama와 존 맥케인John McCain 모두 일반 대중과 합세해 목소리를 높이고 있는 동안 대통령 조지 W. 부시George W. Bush는 귀신처럼 창백한 모습으로 TV 방송에 출연해 국민에게 그 구제책을 납득시키고 있었다.

마침내 타협안이 나왔고, 하원의 양당 대표들은 그것을 의회투표에 부치기로 결정했다. 트레이더들은 정치권이 법안을 통과시킬 확신이 없다면 그 많은 위험을 무릅쓰고 표결에 부칠 리가 없다고 추정했다. 어쨌든 정치권이 그 법안을 마지못해 받아들이고 통과시키는 것 이외에 아무런 대안이 없을 게 분명해 보였다.


월요일 아침 하원에서 논의가 진행되는 동안, 증권거래소의 매매 상황은 두서없이 전개되었다. 정치권은 혼란만 가중시키는 잡음만 내보냈다. 재무부가 요청하는 7,000억 달러의 긴급구제자금에 대한 의회투표가 시작되자 월스트리트의 주식매매가 서서히 중단되었다. 텔레비전 화면 맨 위에 투표결과가 천천히 집계되었다―그리고 믿을 수 없게도, 반대표가 찬성표보다 더 빠르게 쌓여갔다. 투표가 마감된 뒤에도 여전히 그대로였다. TV 해설자들은 이 투표결과가 향후 더 이상의 구제자금을 투입할 의지가 없다는 의미인지의 여부를 두고 갈피를 못 잡고 있었지만, 트레이더들은 지극히 상식적인 길로 들어섰다. 주식 투매에 나선 것이다. 일반적으로 트레이더들은 외부에서 받은 주문들을 취합해서 주식을 매매하기 때문에 월스트리트의 대량 거래는 하루의 시작과 끝에 집중적으로 몰린다. 제아무리 대형 뉴스라도 이 패턴을 거스른 적은 없었다. 그런데 이날만큼은 정오 이후 몇 분간 광적으로 밀려든 거래량이 하루 종일 있었던 다른 모든 거래량을 압도했다.

'순전히' 지수 포인트로만 말하자면, 다우존스산업평균은 정확히 777포인트 하락해 역대 최악의 날을 기록했다. 미국에서만 증발해버린 시가총액이 약 1조 5,000억 달러로, 이는 의회가 부결시킨 부실자산 처리 자금의 약 두 배에 달하는 수치였다. 미국 주식시장의 대부분이 궁극적으로 납세자들에게 속해 있는 형국이므로 유권자들의 가계 재무상황을 보호하려는 그 시도가, 최소한 처음에는, 엄청난 역효과를 낳았던 셈이다.

시장들에게 있어 그 문제는 정부의 구제자금 규모나 심지어 부실자산 자체가 아니었다. TARP 플랜은 무효가 되었고, 많은 이들은 아주 다른 방식의 구제책이 다시 나올 게 뻔하다고 생각했다. 그렇지만 의회가 의도치 않게 국민에게 알리게 된 것은 정치권이 내부정리를 제대로 하거나, 필요로 할 때 행동을 취하거나, 또는 심지어 중대한 재정적 사안에 올바른 판단을 내리리라고 더는 기대할 수 없을 거라는 점이었다. 결국 시장질서의 근간을 이루는 제도가 제 기능을 잃어버린 셈이다. 그 전까지만 해도 이런 취약한 제도는 신흥시장에 대한 투자 리스크의 일부로 인식되어왔다. 하지만 이제 미국의 정치제도도 더 나을 게 없다는 점이 드러났다.

긴급구제자금을 투표에 부쳐 결국 부결된 사실을 국민이 알게 된 것은 아예 아무런 조치도 취하지 않은 것보다 신뢰에 훨씬 더 나쁜 영향을 미쳤다. 47년간 거래소에서 일했으며 그곳의 권위자로 잘 알려진 아트 카신Art Cashin은 마치 트레이더들이 폭풍우가 몰아치는 날 배에 타고 있는 모습 같았다고 언급했다－그리고 갑자기 선장들과 선원들이 서로 총력전을 벌이는 양상을 보였다.[1]

진정한 독성은 여기에 있었다. 마침내 미 의회가 TARP를 통과시켰지만(해당 사건과 무관한 거액의 '지역개발자금'의 도움을 얻어 4일 후 가까스로 통과되었고, 이 자금은 분명 지역개발자금 정책에 '반대' 표를 던졌던 사람들의 구역으로 향했다), 이미 엉망이 된 상황을 바로잡을 수는 없었다. 정치권이 상황 파악을 하지 못했고 일관성 있는 처신을 보이지 않았다는 점은 의심의 여지가 없었다. 그리고 전 세계 투자자들은 그 상황을 해결하는 데 있어 다른 국가의 정치인들도 미국의 정치권과 별반 다를 게 없으리라는 리스크에 주목했다.

미국은 2세기가 넘는 동안 존속해왔다. 그 제도는 안정적이었다.

---

1__　Art Cashin, 2009년 9월 9일 저자와의 인터뷰. http://www.ft.com/cms/bfba2c48—5588—11dc—b971—0000779fd2ac.html?_refferralObject=9564041&fromSearch=n 참고.

그렇다면 유럽연합에게는 더 나은 대안이 있었을까? 언어가 다르고, 때론 역사적 원한을 지닌 서로 다른 국가들로 구성된 유럽집단도 똑같이 어려운 문제들과 힘겨운 전쟁을 치러야 했다. 미국 의회가 TARP를 부결시킨 날, 아일랜드는 훨씬 더 관대한 예금보험을 발표함으로써 뱅크런의 초기 조짐을 막아냈다. 아일랜드는 예금 보장액을 2만 유로에서 10만 유로로 다섯 배 높였는데, 이것은 유로 사용국들 중 단연 가장 후한 보험정책이었다. 다음 날에는 한 발 더 나아가 아일랜드의 모든 예금을 전액 보장했다. 그들에게는 그럴 만한 큰 유인이 있었다. 아일랜드의 은행시스템이 그 국가의 GDP보다 네 배나 많은 자산을 지닌 명백한 '대마불사'였기 때문이다. 비교하자면, 미국 은행의 자산들은 국가 GDP와 정확히 일치하는 수준이었다.[2]

불안해진 유럽인들은 은행에서 예금을 인출해 아일랜드로 옮기기 시작했다. 모든 계좌가 유로로 통용되기 때문에 인터넷뱅킹을 통해 쉽게 계좌이체를 할 수 있었다. 이렇게 해서 유럽 대륙의 대규모 은행들에서 자금이 대거 빠져나갔다. 유럽의 각국 정상들은 프랑스가 제시한 3,500억 유로의 예금보험 공동 기준안에 합의하려 애썼지만, 그 주말까지 논의는 별다른 진척을 보이지 않았다.

유럽의 고질적인 적대감이 다시 한 번 급부상했다. 그 주 목요일, 독일 총리 앙겔라 메르켈Angela Merkel은 파탄에 이른 논의 결과를 발표했다.

---

2__ Beim, 'Europe and the Financial Crisis,' Columbia Business School 참고.

"유럽 연방정부는 은행 전체를 위한 백지수표를 발행할 수 없거니와 발행하지도 않을 것이다. 은행들이 책임감 있게 행동했든 아니든 상관없이 말이다."[3]

그러나 공황이 심화되자 그녀는 그 주 일요일에 독일의 모든 개인 은행계좌를 보장하겠다고 발표했다.[4] 며칠 전 단호히 거부했던 일을 독일 정부가 하게 될 것이라고 말하고 있었던 것이다. 이 발표는 유럽의 정치인들이 한 목소리를 낼 수 없다는 점을 충분히 보여주었다. 정치권이 어느 때보다 신속한 결정을 내려야 할 위기의 와중에, 유럽연합은 크고 복잡하고 느린 제도에 가로막혀 일관성 있는 대응책을 내놓을 수 없었다—특히 유럽 은행들이 미국 은행보다 분명 훨씬 더 많이 부풀려져 있었고 구제도 훨씬 더 어려울 법한 시점에 말이다. 결국 유럽에서도 정치권에 대한 신뢰가 무너져 내렸다.

제대로 기능하는 금융시스템과 마찬가지로 일관성 있는 정치시스템도 당연한 것으로 간주되는 경향이 있다. 사람들은 그것이 사라졌을 때에야 비로소 그 사실을 깨닫는다. 하지만 훌륭한 거버넌스는 중요하다. 투자자들이 믿을 수 있는 강력한 제도나 정치권의 부재는 신흥시장들이 애초에 선진시장들보다 더 저렴했던 핵심적인 이유였다. 이제 선진시장들도 더 나을 게 없다는 점이 드러났다.

2008년 9월 말, 시장들은 수십 년간 미국과 유럽의 안정적인 정부가 시장들에 제공해주었던 '안정배당stability dividend'을 돌연 잃어버렸

---

3__ 'Pressure grows on Europe to protect banks,' Financial Times, October 1, 2008 참고.

4__ Bertrand Benoit, James Wilson and agencies, 'Germany guarantees savings,' Financial Times, October 5, 2008 참고. 독일의 경우 은행 자산이 GDP의 약 세 배에 달했다.

다. 정치권과 제도에 대한 신뢰가 되돌아오기 전까지 회복은 불가능
할 것이다. 그리고 신뢰를 다시 얻기 위해서는 애초에 TARP에 붙어
있던 7,000억 달러의 가격표보다 훨씬 더 높은 대가를 치르게 되리라
는 사실이 머지않아 밝혀지게 된다.

■ 일관성 있는 정부제도는 정상적인 시장기능을 위한 필수조건이다.

■ 미국과 유럽 정부들의 금융위기 대처 능력에 대한 잃어버린 신뢰는 2008년의
대폭락을 위한 마지막 기폭제가 되었다.

# 24 분산투자의 모순

2008년 10월 6일

**전 세계 시장이 동반 폭락하다**

존 스튜어트: "내 어머니는 75세이고 장기 투자가 최선의 전략이라는 개념을 굴뚝같이 믿고 있었습니다. 어떻게 되었을지 맞혀보세요."

짐 크레이머: "그 전략이 먹혀들지 않았군요."

— 미국 코미디 방송 '코미디 센트럴(Comedy Central)'의
〈The Daily Show with John Stewart〉의 인터뷰 내용, 2009년 3월 11일

2008년 10월 거의 모든 종류의 자산이 일제히 폭락하는 유례없는 사건이 발생했다. 이 일로 인해 전 세계 투자자들이 손실을 입었고, 리스크를 완화할 새로운 방법을 강구할 필요가 있다는 점이 분명해졌다.

2008년 10월 6일 월요일, 낙관적 견해를 지지했던 근거가 모두 사라졌다. 은행들에 뱅크런이 발생했고, 정부들은 분명 대처하지 못했으며, 수십 년간 이어진 투자자들의 도덕적 해이와 군집행위로 인해 시장들도 극도로 고평가되어 있었다. 그 결과 한 주 동안 유사 이래 가장 끔찍한 사태가 발생했다. 이 일로 인해 투자에 관한 모든 정설

이 실험대에 올랐고 전 세계 시장들이 동시에 일제히 붕괴하는 버블에 발목이 묶여 있다는 사실이 확연히 드러났다. 그 주 월요일 주식시장이 개장했을 때 S&P 500은 1099.23을 가리켰다. 금요일 오전까지 그 지수는 23.5% 폭락해 839.8이 되었다. 미국 주식시장은 1929년 대공황에 따른 폭락사태를 포함해 역대 하락장들 중에서 최악의 한 주를 보냈다.

보다 주목할 점은 상황이 무차별적이었다는 것이다. MSCI가 미국 이외의 선진시장을 반영해 작성하는 EAFE 지수는 그 주에 22.4% 폭락했다. 그리고 MSCI 세계지수는 22.5% 하락했으며, MSCI 신흥시장지수는 21.3% 떨어졌다. 투자자들이 이른바 '디커플'을 도모할 수 있었던 브릭스지수도 21.6% 폭락했다. 완벽히 동시에 세계 거의 모든 시장은 그 한 주 동안 5분의 1에 해당하는 가치를 허공으로 날려버렸다. 심지어 시장들 내에서도 폭락사태는 무차별적이었다. 대형주를 중심으로 하는 표준지수와 달리 S&P 500지수에 포함된 모든 주식을 고르게 0.2%씩 반영해 만든 균등가중지수만 살펴보아도 그렇다. 특정 부문이나 주식에 버블이 꺼지면서 가격 폭락이 발생할 경우 균등가중지수는 다른 표준지수들보다 그나마 나은 성과를 올리게 마련이다. 예컨대 인터넷주 붕괴 이후 수년 동안, 주요 S&P지수는 하락한 반면 균등가중지수는 상승했다. 하지만 2008년의 경우 균등가중지수는 주요 지수보다 훨씬 큰 폭의 하락세를 보였다. 2003년부터 2007년까지 이어진 주가 급등 기간 내내 균등가중지수는 S&P 주요 주가지수를 상회했으나, 2008년 10월 그것은 훨씬 더 많이 하락해 최고점에서 48.5% 폭락한 상태로 마감되었다. 이런 현상은 전 세계적이었다. 선진국 주식들의 가격을 반영하는 MSCI 세계지수는 당시 주가가 폭락하는 동안 49% 하락해, 시가총액가중 방식capitalization-weighted의 하락폭과 정확히 일치했다. 보스턴에 기반을 둔 투자운용사 GMO의 계산에 따르면, 이렇게 심각한 수준까지 주요 지수가 하락할 확률은 100년마다 약 한 번꼴로 발생해야 한다. 균등가중지수의 경우에는 3만 4,000년마다 겨우 한 번 그런 일이 발생해야 마땅하다.[1]

버블이 꺼지는 이유는 자산이 고평가되어 있기 때문이다. 하지만 고평가라는 표현은 거품이 끼어 있는 자산들이 '다른 자산에 비해' 고평가되어 있다는 의미를 함축한다. 그러나 당시 사태의 경우에는 일말의 리스크 요인을 안고 있는 모든 자산이 동시에 일제히 붕괴되었다. 그렇게 사라진 가치는 다른 어떤 곳으로 이동해간 것이 아니라 그대로 공중분해 되어버렸다. 그 가치가 애초에 존재하지 말았어야 했기 때문이다. 시장들은 가격이 반영하고 있었던 것보다 지구상에 더 많은 리스크가 존재하고 있었다는 점을 간파하고 있었다.

어느덧 주식들에 완전히 연계되어버린 모든 자산들도 일제히 무섭게 무너져 내렸다. 그 한 주 동안 호주 달러는 일본 엔화 대비 21.4% 폭락했다. 캐리트레이드가 붕괴되었고, 트레이더들이 캐리트레이드로 입은 손실은 주식으로 인한 손실액과 거의 동일했다. 미국 투자자들이 매도 압박에 내몰려 해외에 투자된 자금을 본국으로 가져올 수밖에 없었기 때문에, 그들은 달러를 마구 사들였고 그럼으로

---

1__    John Authers, 'Short view: diversification,' Financial Times, January 29, 2009 참고.

써 다른 모든 통화의 가치를 하락시켰다. 상품의 경우, 원유는 프랑스혁명 기념일에 시작된 대대적인 하락이 계속되는 가운데 그 주에만 16.8% 폭락했다. 같은 기간 동안 산업용 금속들은 15.6% 폭락했다(결과적으로 그 해 봄 최고치에 이른 이래로 64.9%나 폭락했다). 벌크운임 Baltic Dry 지수와 무역 대리인이 결정하는 컨테이너선 운임은 26% 폭락했다.

시장에서 대학살이 벌어지는 동안 피난처가 되었어야 할 자산들조차 진통을 겪었다. 전통적으로 다른 시장의 변동성을 회피하는 최후의 피난처인 금은 그 주초에 11% 이상 상승했지만, 금요일에 대량 매도 사태가 발생하면서 상승폭을 전부 까먹었다. 그 주 동안 미국 국채는 그럭저럭 가치를 유지했지만, 캐리트레이드나 상품, 또는 주식에서 이탈한 자금이 국채로 대거 몰려드는 현상도 발생하지 않았다. 이런 일이 있었다면 국채가격이 상승했을 것이다. 오히려 국채 액면가상으로는 5분의 1의 부가 증발했다.

한때 학계에 몸담았던 롭 아노트 Rob Arnott 가 운영하는 투자회사 리서치 어필리에이츠 Research Affiliates 는 전 세계 국채와 회사채, 주식, 부채 및 상품을 비롯한 16개 자산집단을 추적하는 연구를 실시했다. 2008년 9월, 미국 장기 국채를 제외한 모든 자산이 폭락했다(미국 국채는 0.4%의 수익을 올렸다). 10월에는 모든 자산이 일제히 하락했고, 만일 16개의 자산집단 모두에 동일한 가중치를 둔 포트폴리오를 구성했다면 그 달에 14.4%의 손실을 기록했을 것이다―이는 상상조차 불가능한 사건이다. LTCM이 무너진 달이자 2008년의 연쇄 폭락과 가장 유사한 시장 상황을 보였던 1998년 8월의 경우만 해도 6개의 자산집

단은 수익을 올렸었다.[2]

　2008년의 시장 폭락사태는 자산집단들이 서로를 강화하는 상태가 되었음을 입증하는 궁극적인 증거였다. 이 자산집단들의 대다수는 지난 10년간의 금융혁신 덕분에 비로소 투자자들이 접근할 수 있게 된 것들이었다. 그 각각의 가치는 실제 세상의 여건들이 아니라 다른 시장들의 가치 평가에 따라 결정되었다. 이것은 투자산업이 수십 년간 부추겨왔던 군집행위의 궁극적 결과였다. 그 무리가 결국 세계의 모든 시장들을 요란하게 짓밟고 다녔던 것이다. 이 사태는 분산투자와 장기 수익이라는 기본 개념을 송두리째 날려버렸다. 지난 반세기 동안 발전해온 학문적 통설에 따르면, 분산투자는 서로 다른 자산집단들의 균형을 맞추는 작업이다. 다른 자산들 사이의 상관관계는 시간이 흘러도 상대적으로 안정적이라고 간주된다. 그런 이유로 투자자들은 우선적으로 상관관계가 없는 새로운 자산집단을 찾아 나섰다.

　시장들이 동일한 세력에 의해 주도되지 않고 가격이 다른 시장들과 무관하게 결정되기만 한다면, 세계를 자산집단이나 지역들로 분류하는 식으로 투자를 분산하는 것은 사실상 리스크를 축소시켜야 마땅하다. 하지만 투자자금이 서로 다른 자산들 사이를 너무 쉽사리 넘나들기 때문에 이것은 그렇게 간단한 문제가 아니다. 트레이더들은 상관관계가 없는 곳에 투자를 하고 있다고 생각했지만, 사실상 그들은 몇 차례 연속해서 똑같은 베팅—미국이 곤경에 처해 있지만 '디

2__　RAFI Fundamentals newsletter, January 2009, http://www.researchaffiliates.com/ideas/pdf/Fundamentals/200901.pdf. 참고.

커플된' 신흥시장들은 괜찮을 거라는—을 하고 있었다. 모든 이들이 이와 똑같은 리스크에 노출되어 있었다. 자금이 황급히 철수되기 일 쑤였고(전문용어로 '유동성 리스크') 상품가격의 폭등세가 돌연 중단되곤 했다. 2008년의 대폭락사태는 이른바 신생어라 할 만한 '분산투자의 모순'을 제대로 보여주었다. 즉 상관관계가 없을 거라는 가정하에 자산을 매수하는 사람들이 더 많아질수록, 자산들은 더 높은 상관관계를 보이는 경향이 있었다.

이제는 리스크를 기준으로 세계를 분류하는 투자전략이 더 합당할 것이다. 이미 투자한 대상과 동일한 리스크에 쉽게 피해를 입지 않는 투자대상이 있다면, 그것을 매수하는 것이 전체적인 리스크를 축소해줄 것이다. 만일 어떤 자산이 기존에 보유한 자산과 완전히 똑같은 리스크에 좌우된다면, 비록 그것이 다른 자산집단이나 국가에 속한 것이라도 매수할 가치는 없다. 예를 들어 주식과 채권 사이에 균형을 잡기보다, 주식과 채권에 공히 영향을 미치는 인플레이션과 디플레이션의 리스크 사이에 균형을 맞추는 것이 더 바람직할 것이다. 분산 그 자체는 예나 지금이나 훌륭한 개념이다. 한 바구니에 모든 달걀을 담아서는 안 된다. 하지만 글로벌화된 세계에서 당신은 달걀을 서로 다른 국가에 담을 수 있겠지만, 그 바구니가 똑같은 것이 었음을 깨닫게 될 수도 있다. 더구나 리스크의 핵심은 그것을 감수하는 데 따른 보상을 받게 될지 아닐지 미리 알 수 없다는 것이다. 리스크는 정확히 계산될 수 없으며—그래서 리스크의 더 핵심적인 개념에 따르면 오류의 가능성을 더 많이 남겨둘 것을 권장한다— 자산집단들 사이의 상관관계를 분석해 도출할 수 있는 것도 아니다. 오히려 리스크 관리는 상관관계의 변화를 초래할 만한 여건들에 대비해 방어태세를 갖추는 일에 관한 것이어야 한다.

또 다른 핵심 개념도 재고할 필요가 있다. 1950년대 이래로 주식에 대한 광풍은 이론과 경험 모두의 뒷받침을 받으며 패권을 장악했다. 이론적으로 투자자들은 리스크를 감수하는 대가로 수익을 얻는다. 그런 리스크는 단기적으로 자기자본이익률이 변동적이라는 것을 의미한다. 하지만 장기적으로는 리스크를 감수하는 데 대한 프리미엄을 얻게 될 것이고, 그래서 주식은 채권과 같은 더 안전한 투자 대상을 능가할 것이다. 경영대학원들은 일반적으로 이 '프리미엄'이 연간 약 7%라고 가정한다.

역사를 면밀히 관찰한 연구들에 따르면, 장기적으로는 주식이 채권을 쉽게 능가한다. 수십 년에 걸쳐 복리로 계산해보면 그 차이는 천문학적으로 커진다. 런던 경영대학원이 실시한 연구에 따르면, 20세기에 미국 주식은 채권 수익률 4.8%와 인플레이션 증가율 3.2%에 비해 연간 10.1%씩 상승했다. 이것을 복리로 계산하면, 1900년에 1달러였던 주식은 2000년에 1만 6,797달러가 된다. 같은 기간 동안 1달러짜리 채권은 119달러가 되어 큰 차이가 생긴다. 인플레이션의 영향으로 1900년도의 1달러에 해당하는 구매력을 2000년에 유지하려면 24달러가 필요했다. 영국 주식에 투자된 1파운드도 거의 똑같은 수익을 올려서 1만 6,160파운드가 되지만, 영국의 인플레이션은 미국의 약 두 배였다.[3] 따라서 채권에 대한 주식의 프리미엄은 강력하고 높았다. 1900년부터 2005년까지 16개국을 대상으로 한 런던 경영대학원의 연구에 따르면, 주식의 매년 추가적인 자기자본이익률은 6.1%

였다.[4] 이 광고에 현혹된 연기금들과 개인들은 장기적으로 최선의 투자대상으로 간주되는 우량주에 훨씬 더 많은 자산을 할당했다.

장기 주식투자가 더 나은 성과를 낳는다는 믿음은 주식들을 더 비싸게 만들었다. 1954년 이래로 주식의 배당 수익은 채권 수익보다 더 적었다. 이는 채권이 더 높은 이자를 지급할 필요가 있다는 통설에 부합했다. 주식들이 장기적으로 더 많이 상승할 것이기 때문이다. 하지만 2008년 12월, 주식들이 붕괴하면서 그 가정은 수명을 다하게 되었다. 주식의 배당 수익이 채권 수익을 넘어섰기 때문이다. 투자자들은 주식의 장기 평균수익률에서 큰 안도감을 얻었고, 그 탓에 아주 긴 기간 동안에는 주식이 인플레이션보다 저조한 성과를 낳을 수도 있다는 또 다른 역사적 교훈이 가려져버렸다. 20세기에 미국 이외에 3개국을 제외한 모든 국가에서 최소 20년간 주식수익률이 인플레이션을 넘어서는 데 실패한 경우가 최소 한 번씩 발생했다. 일본, 이탈리아, 독일과 같은 선진국들 모두 약 반세기에 걸쳐 주식으로 손실을 기록한 경험이 있었다.[5] '장기간'이 항상 주식의 구세주가 될 것이라는 가정은 안일한 것이었다.

동반 폭락사태가 발생한 이후 2009년 2월에 이 사실이 결정적으로

---


3__  Elroy Dimson, Paul Marsh, and Mike Staunton, *Triumph of the Optimists: 101 Years of Global Investment Returns* (Princeton, NJ: Princeton University Press, 2002) 참고.

4__  Elroy Dimson, Paul Marsh, and Mike Staunton, 'The Worldwide Equity Premium: A Smaller Puzzle,' London Business School, January 2007 참고.

5__  *Triumph of the Optimists* 참고.

입증되었다. 베이비붐 세대가 직장을 잡고 저축을 시작했던 1969년 2월에 투자를 시작한 사람은 40년이 흐른 시점에 채권이 주식보다 더 나은 성과를 낳았음을 깨달았을 것이다.[6] 이것은 베이비붐 세대가 투자산업으로부터 받았던 모든 조언과 상충하는 결과였다.

2008년의 동반 폭락은 예외적인 사건이며 저가 매수를 위한 좋은 기회였다는 일부 주장도 있다. 2009년에 주가가 회복됐을 때, 주식의 배당 수익은 다시 채권 수익률 밑으로 떨어졌다. 그렇다고 해서 지난 사건들을 고려할 가치가 없는 것으로 일축할 수 있다는 의미는 아니다. 단순히 선호에 따라 투자대상을 고르기보다 다양한 자산집단에 투자하는 전략의 핵심은, 시장의 급락에 대비해 자산을 보호하는 것이다. 시장 폭락이 극히 이례적인 사건이었고 이런 극단적 여건하에서는 상관관계가 변할 수도 있다고 항변하는 것은 핵심을 벗어난 주장이다. 분산은 바로 그런 극단적 사건들에 대비해 자산을 보호하는 일이다.

장기적 성과를 위해 주식에만 의존하는 것 또한 위험하다. 일부 투자자들은 나름의 확신으로 채권을 아예 배제하고 주식으로만 몰려들었다. 장기라는 기간이 주식의 구세주로 항상 그 자리에 있을 것이라고 맹신했기 때문이다. 역사를 돌아보면 시간이 흐를수록 주식이 채권보다 더 나은 성과를 안겨주었음이 명백했고, 그러니 그런 사실을 무시하는 것은 어리석은 일일지도 모른다. 하지만 가장 완벽한 데이터를 갖추고 있는 역사적 시기는 세계가 두 차례의 세계대전에서

---

6__ Robert Arnott, 'Bonds: Why Bother?' Journal of Indexes, May/June 2009, http://www.indexuniverse.com/publications/journalofindexes/joi—articles/5710—bonds—why—bother.html?Itemid=11 참고.

회복하고 많은 국가가 공산주의를 포기했으며 기술의 발전을 향유했던 오랜 평화와 번영의 기간을 포함한다. 이런 상황이 반복되리라고 가정할 만한 근거는 어디에도 없다. 우리가 100세까지 산다는 보장이 있다면 장기적으로 더 나은 성과를 얻기 위해 주식에 의존해도 좋을지 모른다. 하지만 이것은 기부와 자선에 적합할 만한 계획이다-개인의 재정을 위한 계획으로는 부적당할 것이다.

영원히 하락하는 것은 없다. 가격 동반 폭락 이후 시장들은 반등했다. 하지만 그 회복은 월스트리트나 시티 오브 런던에서 멀리 떨어진 곳에서 시작되었다.

- ■ 서로 다른 자산집단의 균형을 맞추는 전통적 형태의 분산은 실패를 낳았다. 2008년 붕괴 이후, 새로운 형태의 분산전략이 요구된다.

- ■ 자산집단이 아니라 리스크를 고려해 자산을 배분하는 방법이 더 바람직할 것이다.

# 3부

# 다시 반복되는 시장의 상승과 하락

## Again the Rise and Fall

2008년 10월 24일
중국 경제 반등, 신흥시장 경기 회복
2009년 3월 9일
은행주와 선진시장이 바닥 찍고 상승
2009년 5월~2011년 말
새로운 버블의 등장?
2010년 5월
재정긴축안 그리스 의회 통과,
유럽 위기의 서막

# THE FEARFUL RISE OF MARKETS

# 25 신흥시장의 디커플링

2008년 10월 24일

**중국 경제가 반등하고 신흥시장의 경기가 회복되다**

"만리장성은 인간의 에너지와 엄청난 지력을 가장 효율적으로 사용할 수 있는 방법을 소통하고 상의하고 공동으로 결정하는 능력이 차단되었음을 보여주는 역사적 증거다."

—리스자드 카푸친스키(Ryszard Kapusckinski), 《헤로도토스와의 여행(Travels with Herodotus)》

선진시장이 경기회복을 주도하던 과거 수십 년간의 패턴을 깨고 이번에는 신흥시장이 앞장서서 경기회복을 이끌었다. 이에 관한 좋은 측면은, 대규모 신흥시장들이 강력한 제도를 기반으로 '정말로 부상했다'는 점이다. 나쁜 측면은 그 회복이 중국의 지속 불가능한 저리자금에 힘입은 결과로 보인다는 점이다.

세계 시장이 동반 폭락한 다음 주에 멕시코에서 세 번째로 큰 슈퍼마켓 체인인 콘트롤라도라 커머셜 멕시카나 SAB<sub>Controladora Comercial Mexicana SAB, 커머시</sub>가 파산을 신청했다. 커머시는 은행들로부터 매입한 통화파생상품으로 인해 11억 달러의 손실을 입었다. 이 파생상품은 페소화의 상승에 대비해 그 업체를 보호하는 역할을 했지만, 페소화가 하락할 경우 엄청난 손실에 노출될 수밖에 없는 구조였다. 해외 투자자들은 금융위기에 대처하기 위해 필사적으로 리스크를 줄여나갔고 부채를 상환하는 과정에서 멕시코에 투자한 자금도 처분했다. 그들은 페소화를 팔고 달러를 사들였으며, 이는 페소화의 갑작스런 붕괴를 촉발했다. 대체로 내수시장의 영향을 받았던 커머시는 주로 자국 내 지표들에 주의를 기울여왔으나, 페소화의 느닷없는 폭락으로 무참히 무너지고 말았다.

커머시가 파산에 이르자, 마치 1990년대 국제 자본의 유출로 인해 통화위기와 대외 채무위기가 발생했던 신흥시장의 금융위기가 재현될 듯한 흉흉한 기운이 감돌았다. 정부들의 채무불이행 선언이 잇따르는 재앙의 시나리오가 실제로 전개될 것처럼 보였다. 그러나 그런 일은 발생하지 않았다. 오히려 신흥시장은 전 세계 반등을 이끌었다. 신흥시장이 어떻게 그렇게 할 수 있었는지는 필히 살펴볼 필요가 있다. 당시 환율의 공격에 노출된 기업은 커머시만이 아니었다. 사실상 그 사태의 확산 과정을 살펴보면 국제적 펀드들이 얼마나 무차별적으로 신흥시장을 공략해왔는지 잘 알 수 있다.

브라질과 홍콩, 인도, 인도네시아, 말레이시아, 폴란드, 대만 등에서도 커머시와 유사한 사건이 발생했다. 국제통화기금IMF에 따르면, 인도네시아의 수출업체 중 10%와 한국의 중소 수출업체 571개를 포함해 신흥시장의 5만 개에 이르는 기업들이 통화 헤지로 인해 손실을 입었다. IMF에 따르면, 인도네시아에서 발생한 손실은 30억 달러였고 같은 기간 동안 브라질도 280억 달러의 손실을 입었다. 멕시코와 폴란드의 손실은 각각 50억 달러였다. 스리랑카의 공기업 세일론 석유회사Ceylon Petroleum Company도 6억 달러의 손실을 입었고, 심지어 중국의 거대 은행 시틱 퍼시픽Citic Pacific도 24억 달러를 날렸다.[1]

한국의 경우, 자국 통화가 특정 한도 이상으로 상승하게 될 위험에 대비한 보호수단으로 이른바 키코Knock-in, Knock-out, KIKO 옵션을 널리 활용하고 있었다. 자국 통화가 지정된 상한선을 넘어설 경우, 기업들은 이 상품을 통해 통화가치 급등에 따른 손실을 회피할 수 있었다. 상품시장과 브릭스가 호황을 구가하던 수년 동안 신흥시장의 통화는 크게 상승했고 따라서 이 상품은 훌륭한 보호책이었다. 실제로 기업들은 은행에서 키코 옵션을 매입함으로써 자국 통화가 계속 상승하리라는 성공적인 베팅을 하고 있었다. 하지만 옵션 계약상 하한으로 정한 일정선 이하로 통화가치가 떨어질 경우, 기업들은 키코 옵션을 판매한 은행들에게 보상을 해줘야 했다. 따라서 사실상 이 옵션은 같은 국가 내에서 기업들은 통화 상승 쪽에, 은행들은 통화 하락 쪽에 베팅을 걸도록 만들었다.

한때 멕시코 은행들이 외환 리스크를 관리하기 위해 스와프를 적극 활용하다 1994년 위기에 봉착했던 상황의 재발을 막기 위해 각국 규제당국은 자국 은행이 취하는 외환 포지션을 주도면밀히 주시하고 있었지만, 슈퍼마켓이나 텔레비전 제조업체와 같은 비금융권 기업들에 대해서는 그만큼의 주의를 기울이지 않았다. 그 결과 위기상황이 재앙에 가까운 상태로 돌변했다. 리먼 사태 이후 몇 주 동안 서

---

1__  Randall Dodd, 'Playing with fire,' Finance & Development (2009) 참고.

구의 공황으로 인해 신흥시장에서 자금이 대거 빠져나갔고, 해당 국가들의 통화가치도 크게 하락했다. 몇 달 전까지만 해도 신흥시장에 가격 거품이 끼었던 터라 위기상황에서도 해외 투자자들은 여전히 약간의 수익을 남긴 상태였고, 그래서 그들은 매도에 더더욱 열을 올렸다. 투자자들이 앞 다퉈 채권 투매에 나서면서 채권 수익률이 상승했고, 이로 인해 기업이나 정부의 자금 조달 비용도 증가했다. 외환 손실을 입은 신흥시장 기업들은 달러를 매수할 수밖에 없었으며 이는 자국 통화를 더 크게 하락시켰다.

이런 식의 골치 아픈 현상에는 '디커플링'의 정반대 논리가 작용했다. 당시의 MSCI 지수들을 보면, 신흥시장은 어느 정도의 보호수단을 제공하기는커녕, 2007년 할로윈에 고점을 기록한 이후 12개월 동안 3분의 2까지 폭락하는 양상을 보였다. 그 사이 지수는 문제의 발원지인 선진세계보다 26%나 더 하락했다.

신흥시장의 취약한 시스템과 제도는 시험대에 오를 수밖에 없었고 위기상황을 타개하기에는 역부족으로 보였다. 러시아는 2008년 9월, 쏟아지는 주문량에 짓눌려 며칠간 최대 증권거래소 두 곳의 문을 닫아야 했다. 그 모멘텀은 결코 멈출 것처럼 보이지 않았다. 하지만 10월 27일 모멘텀이 돌연 중단되었다. 신흥시장의 주식 하락세가 멈추고 잠시 주춤하더니 이내 반등하기 시작했다. 은행을 둘러싼 공황으로 인해 선진세계 시장들이 심각한 폭락을 겪고 있던 시점에 말이다(〈그림 25-1〉 참고). 적어도 시장들이 서로 연관되어 있다는 전제가 유효하다면, 신흥시장이 마침내 선진시장에서 '디커플된' 셈이었다. 신흥시장은 바닥을 찍고 다른 어떤 시장보다 앞서 회복하기 시작했다.

단기간의 디커플링: 몇 달간 신흥시장이 선진국 시장과 확연히 다른 움직임을 보이다

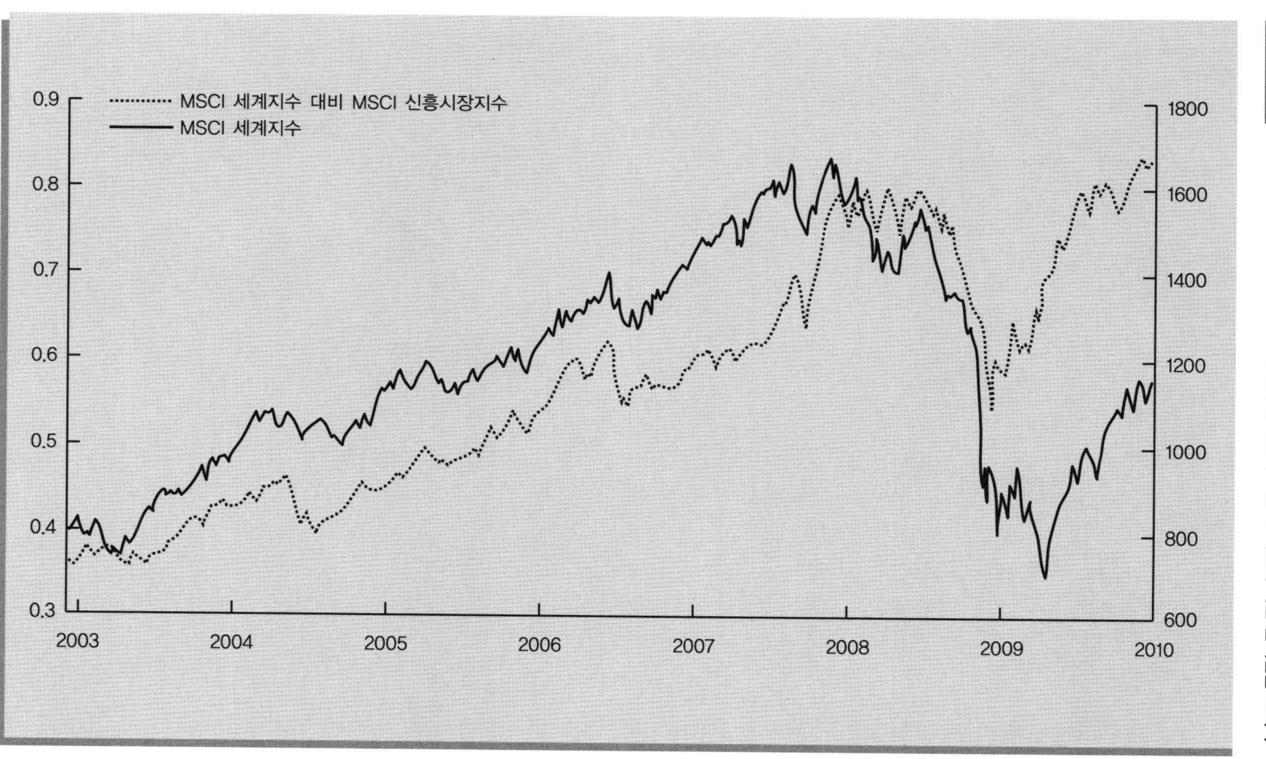

**개별 브릭스 국가들: 선진국 시장과 훨씬 밀접한 관계를 보이며 성장해오다**

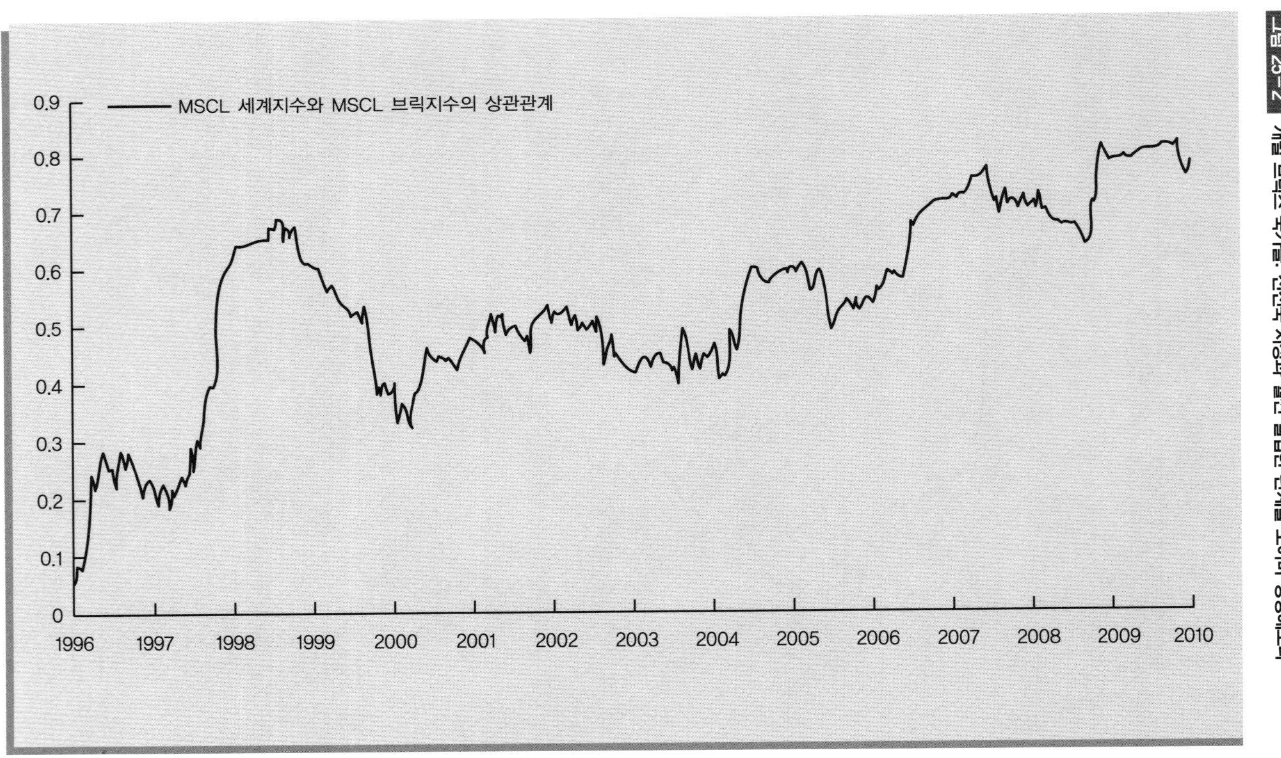

한 세대 동안 신흥시장은 선진시장에 비해 일관되게 더 극단적 양상만 보여왔다. 전반적인 시장 상황이 좋을 때는 훨씬 큰 상승폭을 나타냈고 시절이 나쁠 때는 엄청난 낙폭을 보였다. 그러던 그들이 드디어 선진세계에서 분리된 것이다(〈그림 25-2〉 참고).

무슨 일이 발생한 것일까? 첫째, 선진세계가 자구책을 내놓았다. 미국의 정책 책임자들은 신흥시장의 대규모 채무불이행 사태가 대공황을 불러일으킬 게 분명하다는 점을 잘 알고 있었다. 이에 10월 30일 미국 연준위는 브라질과 멕시코, 싱가포르 및 한국과 각각 300억 달러의 '스왑협정swap lines'을 맺었다.[2] 쉽게 말해, 미 연준위가 이 국가들의 중앙은행에 달러를 빌려주고, 이 중앙은행들이 다시 대외 채무를 상환하기 위해 현금을 절실히 필요로 하는 기업들에게 달러를 빌려줄 수 있도록 한 것이다. 이 조치가 갖는 결정적으로 중요한 의의는 기업들이 공개시장에서 달러를 매수하지 않고도 달러 채무를 상환할 수 있게 되었다는 점이다. 만일 기업들이 공개시장에서 달러를 매입했다면, 자국의 통화가치를 더 크게 하락시켰을 것이다. 연준위는 도덕적 해이를 피하기 위한 일환으로 금융 관리 상태가 훌륭하며 당시의 위기에 총체적으로 중요한 역할을 할 만한 국가들로만 자금 지원을 한정했다. 결과적으로 연준위는 통화 평가절하로 인해 대외 채무 위기로까지 비화되었던 과거의 역학을 영리하게 막아낸 셈이다.

좀 더 중요한 두 번째 요인은 10월 말 발표된 중국의 경기부양책이었다. 중국은 자국의 경제지표를 철두철미하게 관리하고 있었지만

---

2   Krishna Guha, 'Fed supports emerging economies,' Financial Times, October 30, 2008 참고.

손대기 힘든 몇몇 부분들은 상당히 위험해 보였다. 예를 들어 전기발전 부문이 하락하고 있었고, 이는 중국 경제가 향후 수축하게 될 수도 있음을 시사했다. 또 홍콩 근처 진주강 삼각주Pearl River Delta에서 값싼 장난감과 신발을 제조하는 공장을 비롯해 몇몇 기초산업 부문에서는 공장주가 근로자의 임금을 들고 도주했다는 소문이 간간이 들려오는 가운데 실제로 공장이 문을 닫는 극단적 모습도 간혹 보였다.[3]

다른 요인들을 전부 차치하더라도, 19년 전의 천안문 사태 이후 처음으로 중국의 경제성장률이 6% 이하로 떨어질 수도 있는 실질적인 위험이 존재했다. 만일 실제로 이런 일이 발생한다면, 공산당이 국민에게 약속한 급속한 경제성장이라는 오랜 합의가 깨져버릴 터였다. 하지만 중국은 외환보유고 형태의 막대한 자금을 확보하고 있었다. 그러니 이 자금력을 동원하리라는 기대를 걸어볼 만했고 중국은 실제로 그렇게 했다. 발표 당시 중국의 부양책은 2년에 걸쳐 인프라스트럭처와 사회보장정책에 5,860억 달러의 신규 정부자금을 지출하는 형태였다(4조 위안). 이는 마치 뉴딜처럼 들렸다. 중국은 '적극적' 재정정책의 일환으로 이 자금을 활용할 것이고, 그 사이 통화정책은 '적당히 적극적'으로 운용할 계획이라고 밝혔다.[4] 중국 정부로부터 어느 정도의 신규 정책자금이 실제로 풀려나오게 될지 알 수 없다는 우려가 있긴 했지만, 시장은 확연한 안도감을 내보였다. 부양책 발표 이후 상하이 종합주가지수는 그날에만 7.3% 상승했고 뒤이어 9

**3__**   Tom Mitchell, 'Slowdown Forces rethink on social compact,' Financial Times, November 10, 2008 참고.

**4__**   Geoff Dyer, 'China authorises massive stimulus package,' Financial Times, November 9, 2008 참고.

개월 동안 두 배로 뛰었다. 중국에서 날아든 소식에 상품시장도 다시 들썩였다. 구리는 그날 하루 사이에 10% 상승했다.

신흥시장이 반등했던 데에는 또 하나의 이유가 있었다. 미국이나 서유럽과 달리, 신흥시장은 1980년대와 1990년대의 위기에서 교훈을 얻었다. 키코 옵션 사태로 인해 잠시간 새로운 위기 국면이 전개될 것처럼 보였던 당시, 신흥시장은 국제 자본의 흐름에 과거만큼 취약하지 않다는 점을 보여주었다. 25년 전 신흥시장에 투자한 바 있는 앙트완 반 아그마엘은 이렇게 말했다.

"신흥시장의 움직임은 평소와 크게 다르지 않았다. 기존의 평지와 다른 험한 지형에 도착한 그들은 '여긴 좀 특이하군'이라고 말하고는 대수롭지 않게 지나갔다."[5]

아그마엘은 의학용어에도 빗대어 설명했다. "면역체계가 엉성할 때는 유행성 전염병이 치명적일 수 있다. 하지만 면역체계가 훌륭할 때는 그 영향력이 약해진다. 근본적으로 신흥시장들은 대부분의 사람들이 생각했던 것보다 더 훌륭한 면역체계를 갖추고 있었다." 다시 말해 신흥시장은 외환보유고를 확보하고 있었고, 가계 대출도 많지 않았으며, 은행들은 전보다 더 철저한 규제를 받고 있었다.

외환보유고를 축적하고 있던 국가는 중국만이 아니었다. 러시아는 루블화를 방어하려는 목적으로 2,000억 달러를 투입했다. 한국은 1997년 외환위기 당시 보유하고 있던 220억 달러보다 훨씬 많은

---

5__    Antoine van Agtmael, 2009년 10월 6일 저자와의 대화.

2,400억 달러의 외환을 확보하고 있었다.

그리고 신흥시장들의 상대적으로 저렴한 자산가격 덕분에 정부는 자체 자금으로도 문제를 쉽게 해결할 수 있었다. 2009년 11월 말까지 그 해에만 신흥시장에 725억 달러가 유입되었다. 이는 2007년 거품이 끼어 있던 한햇동안 유입된 540억 달러를 훨씬 웃도는 액수였다. 이렇게 쏟아져 들어온 자금은 대대적인 상승장을 이끌었다. 신흥시장지수는 한햇동안 두 배 이상 상승했고, 브릭스지수는 145% 급등했다. 이 기간 동안 세계에서 가장 강력한 추세를 보인 페루의 주식시장은 195%나 폭등했다. 이는 거의 전적으로 중국이 내놓은 부양책과 구리와 같은 원자재들에 대한 중국의 수요 덕분이었다. 그 핵심에는 자기 모순적 측면이 엿보이는 중국의 경기회복이 놓여 있었다.[6]

중국의 금속 수입량은 어디에 쓰일지 이해할 수 없을 정도로 엄청났다. 2009년 첫 9개월 동안 중국이 수입한 구리의 양은 두 배 증가했고, 더불어 세계 구리 가격도 두 배로 올랐다. 이렇게 수입된 구리의 대부분은 단순한 비축이나 투기 용도로 쓰이는 것으로 보였지만,[7] 어쨌든 중국의 이런 활동은 금속의 주요 수출국인 페루와 여타 원자재 수출국들의 경제회복을 이끌었다. 당시의 경기 회복 속도와 중국의 원자재 독식에 가까운 행태는 머지않아 우려를 자아냈다. 2008년 11월, 중국은 '적당히 적극적인' 통화정책을 발표했다. 하지만 이후의 상황을 더 정확히 설명하자면, '매우 적극적'이었다고 할 수 있을 것

6__　John Authers, 'Short view: China's bubble,' Financial Times, August 12, 2009 참고.

7__　John Dizard 'A copper kettle mania in China has boiled up for a bull market,' Financial Times, November 14, 2009 참고.

이다. 2009년 상반기 동안 중국의 신규 대출 총액은 한 해 전 같은 기간 대비 약 세 배에 달했다—이에 중국 당국은 즉각 대출 억제책을 강구했다. 이 정도의 대출 붐이 신용 버블로 이어지지 않을 리 없었다.

중국에서 새롭게 창출된 대부분의 자금은 부동산시장으로 흘러들어가 새로운 버블을 부풀렸다. 그리고 중국이 정치적으로 중요시 여기는 사안인 인플레이션이 들썩였다. 이에 2010년 중국당국은 은행의 지급준비율을 엄격히 통제하고 금리를 인상하는 등 인플레이션 자극요인을 근절하기 위한 조치에 나섰다. 2011년 말 중국 정부는 다시 긴축완화 조치를 개시하면서, 중국이 거의 불가능한 일을 해냈으며 거품의 급작스런 붕괴를 일으키지 않은 채 무난히 거품을 빼냈다는 기대감을 높였다. 하지만 많은 이들은 의심을 거두지 않았다. 상하이 주식시장은 2009년 8월 고점을 찍은 뒤 꾸준히 하락해 시가총액의 3분의 1에 달하는 가치를 잃어버렸다.


중국의 통화도 가뜩이나 복잡한 현 상황에 추가적인 위험 요인으로 작용한다. 신흥시장에서 마지막으로 거품이 부풀어 2008년 여름 갑자기 꺼져버릴 때까지 중국의 통화는 달러 대비 꾸준히 상승했다—그 탓에 중국 수출업체들의 경쟁력은 나날이 약해져갔다. 3년 사이 위안화의 가치는 약 20% 상승했다. 그러나 2009년 신흥시장이 랠리를 이어가는 동안 중국의 통화는 달러에 고정되어 있었고, 그래서 달러에서 유출되어 브라질 같은 국가들로 유입된 자금은 달러 대비 현지 통화의 가치를 높였음은 물론, 위안화에 대해서도 통화가치를 높일 수밖에 없는 압박을 가했다. 그 결과 미국과 중국 모두 수출기업들의 경쟁력이 향상되었다. 2010년 여름 중국은 위안화를 절상시켰지만 통화가치의 상승 속도는 이전 통화관리 체제 하의 절반 수준에 불과했다. 달러와 위안화의 동반 약세는 심각한 정치적 대응을 유발했다. 다른 신흥시장들이 환율 경쟁력의 약화에 대처하려는 노력을 기울였기 때문이다. 2008년 브라질은 자국 주식이나 채권으로 들어오는 해외 투자금에 세금을 부과하는 식으로 해외자금의 유입을 억제하는 조치를 취했다―이는 어느덧 해외자금이 불청객으로 전락했다는 점을 단적으로 보여주는 조치다. 금융위기 이후 각국의 이런 노력은 더욱 거세졌다. 일례로 브라질의 재무부장관 기도 만테가 는 '통화 전쟁currency war'에 대해 맹비난을 토로했다. 아시아 여러 국가들도 나름의 방어조치를 취했다.

2008년 신흥시장은 중대한 시험을 치러냈다. 미국 연준위의 소소한 기술적 지원이 있긴 했지만 신흥시장은 위기를 견뎌내기에 충분할 정도로 견실했다. 이는 매우 고무적인 현상이다. 하지만 뒤이어진 투자자들의 행태는 그렇지 않았다. 신흥시장 자체가 성숙해졌다손 쳐도, 이들 국가에 자금을 들이붓는 투자자들의 행태는 그렇지 않았다. 이는 심히 우려할 만한 상황이다.

요약<br>정리       비 이 성 적  과 열 의  시 장

- 2008년 중국의 경기부양책은 신흥시장들의 파멸을 중단시켰다.

- 신흥시장의 제도는 1980년대와 1990년대보다 훨씬 튼튼하다.

- 관건은, 중국의 경기회복이 지속 가능한지의 여부다.

# 26 주춤했던 은행들의 반등

2008년 3월 10일

**시티그룹의 수익 발표를 기점으로 은행들의 반등이 시작되다**

"폭락 사태 이후에는 부실기업들이 완전히 퇴출될 수 있도록 충분히 긴 시간을 기다리는 것도 중요하지만, 유동성을 필요로 하는 견실한 기업들로 위기가 확산될 정도로 너무 오래 기다려서도 안 된다."

—찰스 P. 킨들버거(Charles P. Kindleberger)[1]

투자자들이 대규모 은행들이 더 이상 망하거나 국유화되지 않을 거라는 확신을 키우고 나서야 세계 시장이 겨우 회복세로 돌아섰다. 신뢰 회복 덕분에 여러 시장에서 자금 조달이 한결 수월해지면서 '포지티브 피드백positive feedback' 순환이 시작되었다. 정부들은 은행에 대해 이례적일 정도로 관대한 조치를 취함으로써 그런 신뢰를 확보했다.

세계 시장을 회복세로 돌려놓은 소식은 한 기업의 사내소식 형태

---

1__ Kindleberger, *Manias, Panics, and Crashes*, 241 참고. 킨들버거는 영국중앙은행의 역사학자 J. H. Clapham의 글에서 인용.

였다. 시티그룹은 2008년 10월부터 2009년 3월까지 네 차례에 걸쳐 미국 정부로부터 구제자금을 받았다. 주가는 1달러 이하로 폭락했고, 국유화가 불가피해 보였다. 시티그룹의 CEO 비크람 팬디트Vikram Pandit는 직원 30만 명의 사기진작 차원에서 대외 실적발표에 관한 공식적인 일정과는 별도로 사내소식을 통해 그간의 실적을 발표했다. "우리는 2009년 첫 두 달 내내 이익을 냈고, 이 실적은 2007년 3분기부터 이번 분기까지를 통틀어 단연 최고 수준입니다."

그는 또한 영국의 노던록이 겪은 정도의 심각한 뱅크런도 일체 없었다고 주장하며 시티의 예금이 '상대적으로 견실한' 상태라고 말했다.[2]

이것은 미국 주식시장 역사상 가장 인상적인 반등이라 할 만한 상황을 자극하기에 충분했다. 그날 하루에만 시티의 주가는 거의 40% 폭등했고, S&P는 6.5% 상승했다.[3] '월가의 족집게'로 저명한 애널리스트 메레디스 휘트니가 시티 관련 보고서를 내놓은 직후 2007년 할로윈 날에 시티 주식이 고점을 찍고 급락했듯이, 16개월 뒤 시티에서 흘러나온 소식은 시티의 주가가 저점을 찍고 수직 상승하도록 해주었다. 시티 사내소식 형태의 비공식적인 실적 발표가 그런 영향력을 지녔던 데는 두 가지 이유가 있었다.

첫째, 모든 하락장에서 그렇듯 당시는 두려움이 탐욕을 완전히 제압한 상태였다. 시티가 페니 스톡penny stock, 저가의 투기적인 주식으로, 가장 일

---


2__  Francesco Guerrera, 'Citi has strong start to the year,' Financial Times, March 10, 2009 참고.

3__  Francesco Guerrera and Michael MacKenzie, 'Citigroup helps lift markets worldwide,' Financial Times, March 11, 2009 참고.

반적으로 인식하는 한계 주가는 1달러다―옮긴이으로 전락하는 동안, S&P 500은 666
이라는 불길한 수치에 이르렀고, 1996년 8월 이후의 상승폭을 모조
리 까먹었다. 투자자들을 대상으로 실시한 설문조사에 따르면 신뢰
도는 역대 최저 수준이었다. 미국 개인투자자협회American Association of
Individual Investors가 매주 집계해 발표하는 주간 설문조사에 따르면 응
답자의 70%가 주가 하락세를 예상하고 있었다―이는 리먼 사태 이후
몇 주간 절망감이 팽배했던 시기보다도 더 비관적인 수준이었다. 이
런 여건 속에서는 팬디트의 사내 실적발표처럼 간혹 회계감사도 받
지 않은 사소한 뉴스거리가 신뢰를 되돌려놓을 수도 있다.

둘째, 각국 중앙은행들은 시장을 장악한 두려움을 도려내기 위한
외과적 수술을 단행했다. 정부가 시중에 현금을 쏟아 붓자 얼어붙어
있던 기업어음, 모기지 및 기업시용 시장들로 투자자들이 다시 몰렸
다. 이는 자금 조달을 한층 저렴하게 만들어주었고 은행에도 도움이
되었다. 주주들의 입장에서, 시티그룹에는 국유화의 리스크가 남아
있었지만 팬디트의 사내소식 덕분에 국유화에 관한 한 안심할 수 있
게 되었다. 덕분에 시티의 주식들로도 자금이 다시 유입되었다.

종합적으로 볼 때, 정부는 어떤 은행이든 망하도록 방치하지 않겠
다는 메시지를 내보내고 있었다. 그 신호는 머리글자로 조합되어 이
해하기 어려운 형태를 취하고 있었지만 메시지는 명백했다. 정부의
메시지를 인식한 시장들은 포지티브 피드백 순환에 들어섰다. 중앙
은행이 몇몇 주요 트레이더들에게 정부의 진정한 취지에 대한 확신
을 불어넣고 나자 상관관계가 다시 수익을 위한 동력으로 부상했다.

　2008년 10월 시장의 동반 폭락 여파가 지속되는 가운데 정부의 종합적인 긴급구제책이 하나씩 서서히 모습을 드러냈다. 연준위는 정부자금을 투입해 기업어음을 직접 사들임으로써, 사실상 은행이 아닌 기업들에게 자금을 빌려주는 형태로 그 소관 범위를 대폭 확대했다. 금융당국의 이런 조치는 기업어음 매수가 안전해졌다는 신호탄이 되었고, 이에 따라 은행들도 기업어음 시장에서 다시 자금을 조달할 수 있게 되었다.

　영국의 총리 고든 브라운Gordon Brown은 국내 은행을 구제하기 위해 4,000억 파운드의 정부자금을 투여하겠다는 계획을 발표했다. 물론 영국의 구제자금 규모는 미국의 5분의 1에도 못 미치는 수준이었으나, 미 의회가 표결에 부쳤던 TARP의 7,000억 달러와 거의 맞먹는 액수였다. 영국 정부는 곤란에 처한 은행의 지분을 사들이는 식으로 일종의 국유화 조치를 취했으나 의외로 시장은 정부의 이런 행보에 반색을 표했다. 부시 대통령하에 여전히 행크 폴슨이 지휘봉을 잡고 있던 미국 재무부는 시장의 이런 반응에 고무되어 똑같은 조치를 취했다.

　폴슨도 은행 측의 자금 필요성 여부에 상관없이 대규모 은행들의 지분을 직접 사들였다. 이런 정부자금 덕분에 은행들의 자본금이 증가했고 더 많은 손실을 감당할 수 있는 상태가 되었다. 뒤이어 그는 곤경에 빠진 대규모 은행을 직접 겨냥한 구제책을 시행했다. 예컨대 시티은행은 가장 문제시되는 부채담보부증권에 대해 3,000억 달러에 달하는 정부 보증을 받았고 여기에 추가로 200억 달러의 정부자금을 받았으며,[4] 뱅크오브아메리카도 1,180억 달러의 부채에 대한 정부 보증과 더불어 추가로 역시 200억 달러의 자본금을 확보했다.[5] 1998년 성주간에 합병으로 탄생한 이 두 거대 은행은 사실상 대마불사였다—그리고 시장은 이런 사실에서 안도감을 찾았다.

다음으로, 연준위는 학자금과 자동차 대출, 신용카드 대출 및 영세기업 대출업체들에게—아직 심각한 곤경에 처하지는 않았지만, 공황이 확산되리라는 두려움의 근거를 제공할 법한 모든 유형의 대출— 기간자산담보대출창구Term Asset-Backed Securities Loan Facility, TALF를 통해 2,000억 달러까지 정부자금을 지원할 계획을 내놓았다. TALF는 위기가 다른 영역으로 확산되는 것을 방지하는 방화벽 구실을 해주었다. 연준위는 또한 패니메이와 프레디맥과 같은 대규모 기관들이 발행하거나 보증한 모기지 채권을 매입하는 데 6,000억 달러까지 자금을 할당하겠다고 밝혔다. 이로써 은행들은 대차대조표상의 '악성' 증권을 더 많이 처분할 수 있게 되었다. 또한 정부의 이런 조치는 해당 채권의 가격을 상승시켰고, 몇몇 투기꾼은 향후 정부에게 팔아넘기려는 속셈으로 그 채권에 대한 저가 매수에 나섰다. 이런 식의 움직임은 근본적으로 모기지 시장에 다시 생명을 불어넣었다.

3월에는 양적완화quantitative easing 정책이 도입되었다. 이것은 중앙은행이 국채의 가격을 높이고 수익률을 낮추기 위해 국채를 대거 매

4__ Greg Farrell, Henny Sender, and Andrew Ward, 'US agrees bailout for Citigroup,' Financial Times, November 24, 2009 참고.

5__ Sundeep Tucker, 'Bank of America gets $138bn lifeline,' Financial Times, January 15, 2009 참고.

입하는 조치를 말한다—즉 돈을 찍어내는 것과 다름없는 형태다. 중앙은행은 본래 이런 식의 정책을 꺼리는 경향이 있다. 따라서 이 조치는 연준위가 은행 파산을 막기 위해 어떤 일이든 서슴지 않으리라는 명백한 신호를 시장에 내보내는 셈이 되었다. 2010년 여름 미국의 경제 둔화가 감지되자, 연준위는 '2차 양적완화책QE2'을 들고 나왔고, 이는 다시 주가를 지탱하는 역할을 했다.

2009년 4월, 미국은 심지어 은행들의 장부 조작마저 허용했다. '공정가치fair value' 회계원칙하에서는 시가로 자산을 평가해야 한다. 은행들은 이 원칙 때문에 공황상태에서는 지불불능에 이를 정도로 불합리하게 자산가치를 낮춰서 장부를 기재할 수밖에 없다며 불평불만을 토로했다. 정치적 압력에 대한 대규모 투자집단의 불평에 시달리던 주요 회계기준기구들은 황급히 새로운 법규를 관철시켜 은행이 약간 더 많은 재량권을 행사할 수 있도록 해주었다. 시장이 급락하는 와중에도 은행들의 자산가치는 하락은커녕 새롭게 부여된 재량권을 활용해 더 높게 책정되었다.


정부의 이 모든 조치들은 필사적인 몸부림처럼 보인다. 실제로 정부들은 필사적이었다. 당시 정부정책이 투자자들에게 미친 영향력은 게임이론을 통해 가장 잘 파악할 수 있다. 정치권은 투자자들이 리스크를 감수하도록 부추기고 있었다. 안전한 투자를 통해서는 돈을 벌 수 있는 방법이 거의 없었다. 금리가 거의 제로였기 때문이다. 채권 수익률은 오르지 않을 게 뻔했다. 연준위와 정부가 그렇게 되도록 내버려두지 테니 말이다. 정부는 또 다른 리먼 사태를 허용하지 않을 것이었다. 도덕적 해이가 되돌아왔다—대규모 은행은 지나치게 많은 리스크를 감수하더라도 구제될 터였다. 정부의 구제책은 리스크 감수 행위를 자제할 수 없을 정도로 매력적인 대상으로 만들어놓았다.

이제 개별 펀드매니저들이 서로를 상대로 게임을 벌이는 상황을 생각해보자. 현금을 계속 쥐고 있는 전략으로는 아무런 보상도 얻을 수 없었다. 그들의 비교 대상인 동료들은 시장이 회복되는 동안 큰 수익을 올렸다. 따라서 좀 더 위험한 자산 매수에 나서야 할 압력이 압도적으로 증가했고, 심지어 또 다른 공황이 닥치면 정부의 필사적 노력도 결국 중단되리라고 믿었던 사람들에게조차 그 압력은 만만치 않았다. 군집본능은 다른 시장들에 되돌아온 확신 덕분에 더욱 강력해졌다. 기업어음시장이 활기를 되찾았고, 이후 모기지와 우량신용시장에도 활기가 돌았다. 이는 당시 은행들을 짓누르던 압박을 덜어주었고(경제가 자유낙하를 하고 있던 바로 그 시점에), 이에 따라 투자자들도 은행주를 다시 매수하기 시작했다.

신뢰가 확실히 회복될 때까지 정부는 이런 전략을 내놓고 실행하면서 더 이상의 패닉이 없을 것이라는 점을 확신시키기 위한 시간을 벌어야 했다. 이를 위해 미국의 경우 오바마 행정부는 몇 달간 스트레스 테스트-심각한 경기침체에 대한 대규모 은행들의 위기관리 능력을 측정하기 위한 컴퓨터 시뮬레이션-를 실시했다. 많은 이들은 정부가 테스트에 활용한 시나리오가 상상 가능한 최악의 상황과 거리가 멀기 때문에 '스트레스' 테스트라고 볼 수조차 없다고 항변했지만, 어쨌든 결과-이것은 사전에 유출되었다-를 기다리는 시간은 당시의 사태를 완화하는 데 도움이 되었다. 이후 밝혀진 스트레스 테스트 결과에 따르면, 10대 대규모 은행들은 추가로 750억 달러의 자본금을 더 마련해야 할 상태였다.[6] 몇 달 전만 해도 이것은 불가능했을 테지만, 중국을 위시하여 세계 경제가 회복되리라는 기대감에 편승한 시장 여건 속에서 은행들은 새로이 확립된 신뢰를 바탕으로 채권 매수자들을 신속히 찾아냈다.

전 세계 규제당국들은 신용위기의 재발을 방지할 수단을 강구하려는 움직임을 보였다. '대공황 시절에 준하는 강도 높은 금융규제의 재도입Great Re-regulation'이라는 최악의 상황을 어떻게든 막아보려고 애쓰던 은행들에게, 시간을 벌기 위한 전략은 소중한 카드가 되어주었다. 그 사이 정치권은 금융규제의 적극적 재도입으로 인해 여전히 허약한 은행들이 피해를 입게 될 것을 우려해 새롭게 마련된 법안과 제안의 강도를 낮췄다. 미국의 경우, 도드-프랭크 법Dodd-Frank Act이 급조되어 2010년 발효되었다. 이 법은 금융기관에 대한 훨씬 철두철미한 감독을 요구했고, 은행들로부터 사모펀드와 프롭트레이딩proprietary trading, 금융기관이 고객의 예금이나 신탁자산이 아닌 자기자본 또는 차입금을 활용해 수익을 추구하는 전략으로, 그만큼 자본 손실 위험이 크지만 예대마진을 통한 수익에 비해 상대적으로 막대한 수익을 창출할 수 있다-옮긴이 운영권을 강제로 박탈하는 이른바 '볼커룰Volcker Rule'을 시행했으며, 경제 전반에 중요한 역할을 하는 대형 은행들이 추가적인 자본금을 마련할 수밖에 없도록 압박을 가했다. 하지만 은행이 사업영역을 분리해야 할 정도로까지 심하게 밀어붙이지는 않았다. 영국에서는 2011년 한 특별위원회가 은행의 투자은

6__ Krishna Guha, Francesco Guerrera, and Alan Rappeport, 'Stress tests show $75bn buffer needed,' Financial Times, May 7 2009 참고.

행 업무를 '제한'해야 한다는 주장이 제기되었지만, 금융회사의 분리까지 강요하지는 않았다. 그리고 국제적으로도, 새롭게 마련된 바젤 III 협약은 은행이 손실에 대비한 충격완화 장치로 훨씬 높은 수준의 자기자본금을 비축할 것을 요구했지만 그 자본금을 확충할 기간을 거의 10년 정도 확보해주었다.

이런 식의 접근방식에 해명의 여지가 아예 없지는 않았다. 은행들이 역사적으로 저렴한 신용을 활용해 매매를 지속할 수 있는 기간이 길어질수록 그만큼 더 오랫동안 수익을 축적할 수 있을 테니 말이다. 그 수익은 은행의 자본금에 추가될 것이고, 이는 은행을 점점 더 견실하게 만들어줄 것이다. 신뢰를 회복하기 위해 극단적일 정도로 오랜 기간을 끄는 정책 또한 납득할 만했다. 은행은 (그리고 자금시장은) 신뢰에 의존한다. 당시 신뢰가 어느 정도 회복되었다는 사실 자체만으로도 자산가격이 상승해 위기에 가장 큰 타격을 입은 자산의 독성을 제거해주었고, 자금을 필요로 하는 모든 이들이 보다 수월하게 돈을 융통하도록 해주었다. 하지만 그 정책이 국가 내부에 가한 중압감은 명백히 급증했다. 대마불사에 해당하지 않는 중소 은행들은 도산에 이르는 경향을 보였다. 2009년 미국의 은행 파산 건수는 140건으로, 1930년대 예금보험이 도입된 이래 가장 많았다. 2010년에는 157건으로 증가했다.[7] 미국을 계속 괴롭히는 실업의 증가는 자연히 더 높은 파산율을 야기했다.

---

7__  최근까지의 통계는 다음 사이트에서 확인해볼 수 있다.
http://www.fdic.gov/bank/individual/failed/babklist.html.

자금 대출이 한창 붐을 이루던 시절에 뻔뻔한 사기행각을 벌인 것으로 보이는 은행들에게 규제당국이 취하는 관대한 태도를 둘러싼 분쟁이 날로 증가해 법정이 크게 술렁였다. 주택 압류에 관한 치열한 법정 다툼도 뒤따랐다. 주로 실업상태로 전락한 주택자금 대출자들이 은행에 집을 빼앗기지 않으려고 법적 투쟁을 벌였기 때문이다. 정치권은 은행이 대출자들에게 좀 더 너그럽게 대해주기를 바랐지만, 부실채권을 잔뜩 떠안고 있는 은행들은 이에 쉽사리 부응하지 못했다. 법정이 온갖 불평불만으로 들끓고 있었다는 얘기는 곧, 유권자들도 마찬가지였음을 시사한다. 은행들은 거액의 수익을 올리고 있었고 그럴수록 해당 은행의 평판은 크게 실추되었다. 2011년 가을 미국 전역에서 월스트리트 점령 시위Occupy Wall Street movement가 발생했고, 이는 충분히 납득 가능한 대중의 분노를 고스란히 드러내 보여주었다.

이 모든 일들이 랠리를 멈춰 세웠다. 미국 최대 은행들의 주가는 거의 1년 사이에 세 배 수준에 이르렀다가 2010년 4월을 정점으로 44% 이상 폭락했다. 2011년 말 미국 대형 은행주들은 공식적인 장부 가격보다 3분의 1 정도 낮은 수준에서 거래되고 있었으며, 이는 보다 거대한 손실이 곧 모습을 드러내리라는 만연한 생각을 반영하고 있었다.

이런 상황은 은행들이 장부에 여전히 과잉상태로 남아 있는 악성 부채를 말끔히 청산하기 이전에 시장이 정말로 선순환을 지속할 수 있을지의 여부에 관한 의구심을 불러일으켰다. 하지만 어떻게든 위기상황을 타개해보기 위한 기존의 전략은 아직까지는 동일한 기조를 유지하고 있다. 1930년대에 가장 큰 두려움이 두려움 그 자체였듯, 버락 오바마 시대에 금융시스템에 대한 가장 큰 희망은 희망 그 자체였다. 최근 그 희망에 최대 오점을 남긴 사건이 발생했는데, 그 진원지는 미국이 아닌 유럽이었다.

■ 시장의 회복은 은행의 회생에 기대고 있었고, 은행의 회생은 또한 신뢰를 강화하기 위한 정부의 파격적 조치에 의존하고 있었다.

■ 이런 정부정책은 많은 이들이 예상한 은행의 국유화를 회피해갔다. 2010년 이후의 관건은, 긴급구제책이 종료된 이후에도 신뢰가 지속될 수 있을지의 여부다.

■ 만일 신뢰가 지속되지 않는다면, 은행들은 도덕적 해이에 의존하게 될 것이다. 그리고 이때는 국유화가 더 바람직한 조치일지도 모른다.

# 27 새로운 버블인가?

2009년 말~ 2011년 말

**역대 최고의 안도 랠리가 전개된 이후, 세계 주식시장의 향방이 오리무중 상태가 되다**

"경제이론에 군중심리가 충실히 반영되지 않을 경우 그 이론은 상당히 미흡해진다. 군중심리는 완벽히 간파하기 힘든 미묘한 요인이며, 아마도 분석이 가장 어렵고 참고자료도 가장 적을 테지만, 그것을 최대한 파악해내는 일은 현재 진행 중인 문제에 대한 올바른 판단을 내리는 데 반드시 필요한 작업이다."

—버나드 바루크(Bernard Baruch), 1932년에 집필[1]

2009년의 랠리는 지난 한 세기 동안 발생한 것들 중 가장 인상적이었지만, 동시성의 징후들은 경고음을 내고 있었다—외환, 주식, 신용 및 상품시장이 동시에 일제히 움직였고, 몇몇 국가들은 애써 평가절하를 단행해야 할 입장에 내몰렸으며, 금 가격이 기록적인 수준으로 상승했다. 많은 이들은 거품 초기 단계에 대한 두려움을 내비쳤다.

2009년 3월에 시작된 세계 주식시장의 랠리는 한 세기가 넘는 기

---

1__ Robert Menschel, *Markets, Mobs & Mayhem—A Modern Look at the Madness of Crowds* (New York: Wiley, 2002)에서 인용.

간 사이 역대 최고였다. 최악의 시점에 S&P 500은 1996년 8월보다 낮은 수준까지 하락해 불길한 숫자인 666을 기록했다. 이후 그 지수는 지난 16개월 동안 발생한 손실의 정확히 절반을 8개월 만에 만회했다. 2011년 5월까지 미국 주가지수는 랠리 2년여 만에 두 배로 뛰었다. 특정 악재가 어느 정도 해소되었다는 안도감에서 발생하는 '안도 랠리relief rally'는 가격 폭락사태 이후 흔히 예상되는 현상이다. 하지만 S&P 지수가 역대 최고치를 기록한 2007년 10월을 기준으로 그 지수는 4년 동안 거우 25% 하락한 셈이다. 비교하자면, 1929년 대공황과 1990년 일본 주식시장 붕괴 이후 4년이 흐른 시점에 다우산업지수와 니케이 225는 각각 73%와 55% 하락한 상태였다.

여기에는 중국 주도의 글로벌 경기회복과 강력한 기업이익 등 주식 매수에 대한 '충분히 납득할 만한' 몇몇 근거들이 있었다. 일례로 리먼 사태 이후 경기하강 덕에 기업들은 근로자 해고를 통한 비용 절감이 한결 용이해졌고, 이는 사업이 어느 정도 정상을 회복했을 때 더 높은 영업이익을 올리게 될 것을 의미했다. 하지만 이런 요인들만으로는 그토록 강력한 랠리를 완벽히 설명할 수 없을 것이다. 안타깝게도 2009년 이후 전개된 시장의 두려운 상승은 군집행위와 도덕적 해이라는 기존의 병리적 현상에 기대고 있었던 것으로 보인다. 당시 랠리 이전의 초대형 버블을 부풀린 근원도 이런 병적 요인이 동시다발적이며 자기강화적인 매매 행태와 맞물린 탓이었다. 그리고 미국과 중국 정부의 파격적인 개입(이것은 언젠가 대가를 치를 게 분명하다)이 있고 난 이후에야 비로소 투자자들은 가까스로 공황을 극복했다. 그러나 초대형 거품이 완전히 꺼지기 이전에 애초에 거품을 부풀렸던 행위가 다시 거품을 부풀리기 시작하고 있었다.

역사적으로 엄청난 상승장은 가격이 비합리적으로 낮을 때 시작되었다. 2009년 3월의 랠리도 가격 하락이 선행하긴 했지만, 역사적 현상에 부합된다고 말하기는 어렵다. 투자자들을 대상으로 한 설문조사에 따르면, 긴급구제책에 대한 대중의 반발이나 자유무역을 제한하는 정책들에 대한 우려, 검증되지 않은 오바마 대통령의 영향으로 2009년 3월 당시 투자자들은 상당한 두려움을 내비쳤다. 하지만 전에 비해 주가가 훨씬 저렴했고, 미국 경제는 역대 다른 엄청난 랠리들이 시작되기 이전보다 훨씬 심각한 상태였다. 주가의 평가 정도를 파악하기 위한 신빙성 있는 장기 척도로는 경기순환에 맞춰 조정된 주가/수익비율cyclically adjusted price/earnings ratio이 있다. 이것은 벤 그레이엄Ben Graham이 처음 창안했으며 좀 더 최근에는 예일대 교수 로버트 실러Robert Shiller가 적극 옹호했던 것이다. 이 기법은 지난 10년간의 주식 평균수익과 주가를 비교하는 것인데, 주식시장이 가장 광적으로 고평가되었던 두 역사적 시점으로 1929년과 2000년을 정확히 지목한다. 또한 시장이 최저로 하락한 시점의 수치적 지표도 알려준다. 일례로 1932년 시장이 회복되기 전에 이 비율은 5.5까지 하락했으며, 1982년의 랠리 전에는 거의 7까지 떨어졌다(〈그림 27-1〉 참고).[2]

2009년, 경기순환에 맞춰 조정된 주가/수익비율은 단 한 번도 13 이하로 내려간 적이 없었다. 이는 정말로 강력한 매수 기회가 주어지

---

2__ 이 수치들은 로버트 실러의 웹사이트에서 뽑아낸 것이다. 자료는 다음 사이트에서 엑셀 형식으로 다운로드할 수 있다. http://www.econ.yale.edu/~shiller/data/ie_data.xls.

경기순환에 맞춰 조정된 주가/수익비율:
신빙성 있는 역사적 지표에 비추어볼 때 주식들이 비싼 편이다

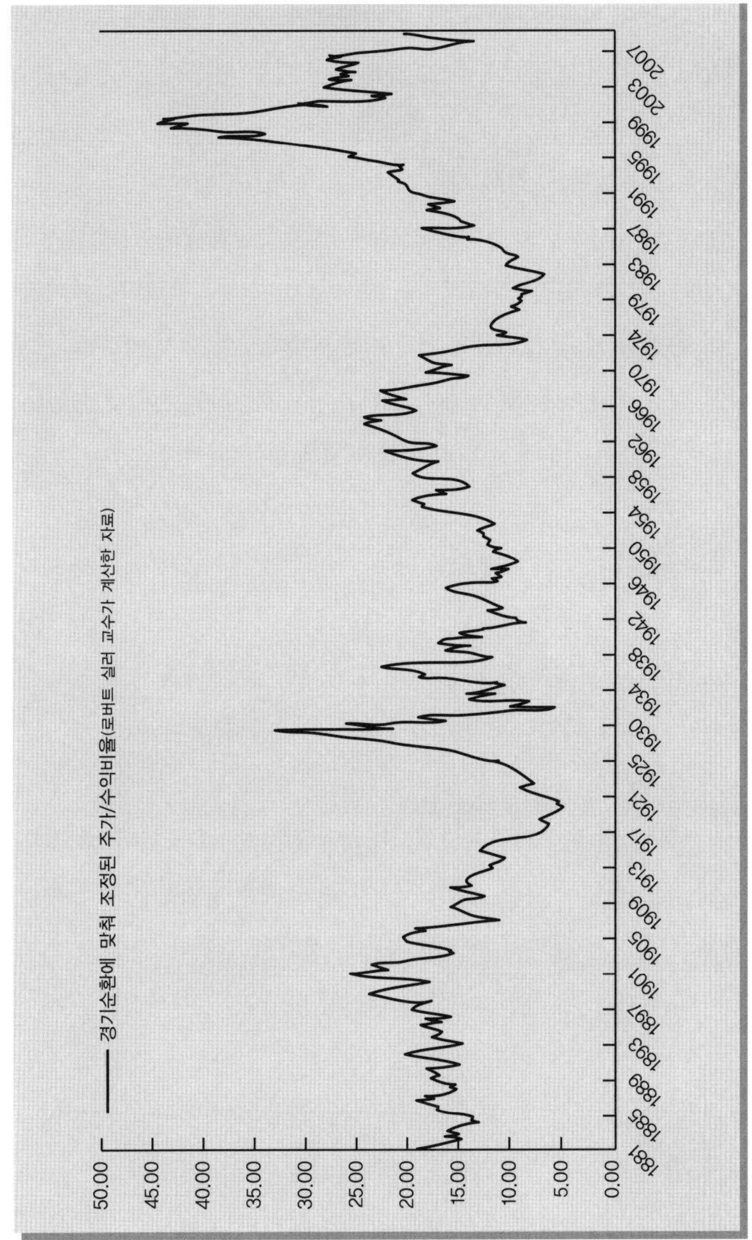

려면 주식이 훨씬 더 저렴해질 필요가 있었음을 시사한다. 그리고 그
해 말까지 이 비율은 다시 20을 상회했으며 2011년 말까지 그 수준에
머물렀다—역사적 평균을 한참 웃도는 수치로 리먼 사태 직전의 수
준과 거의 동일하다. 다시 말해, 이는 금융시스템을 구제하기 위한
필사적 조치들이 투기적 과열현상이 완전히 가라앉기 이전에 주식
시장을 끌어올렸음을 의미한다. 결국 당시 상황은 2003년에 발생했
던 일과 완벽히 일치한다고 할 수 있다. 2003년에도 닷컴버블의 영향
력이 완전히 제거되기 전에 연준위의 저리자금이 주가 하락을 저지
하고 신용 버블에 불을 댕겼다. 그래프에서 볼 수 있듯이, 2003년 주
식들이 역사적 기준상 여전히 비싼 와중에 반등이 시작되었다.

2009년 이후의 시장 상승에 관해 회의적인 견해를 제기하는 보다
심각한 근거는, 근본적으로 시장 자체에 두려움이 만연한 상태였다
는 점이다. 투자자들은 리먼 사태와 유사한 급의 다음 거대 사건이
발생할 조짐을 파악하고자 신경을 곤두세웠다. 그들이 흔히 쓰는 표
현도 바뀌었다. 2010년 봄 그리스 위기가 어느 정도 실체를 드러낸
이후 하루하루의 투자는 이른바 '리스크 감수risk on' 또는 '리스크 회
피risk off'의 사안이 되었다. '리스크 감수' 날에 투자자들은 주식과 상
품 및 신흥시장 통화와 더불어 유럽 국채를 매입했다. 반면 '리스크
회피'의 날에는 이들을 처분하고 달러를 사들였다. 자산집단들 사이
의 상관관계는 느슨해지기는커녕 훨씬 더 긴밀해졌다. 2011년 후반
달러와 상품의 장기적 상관관계는 과거 10년 중 역대 최고치에 이르
렀다. 한 트레이더의 표현대로 어떤 자산을 매수하려는 결정을 내리
는 데는 "지옥의 나락에 떨어질 확률이 얼마나 되는가?"라는 질문

에 대한 답변을 수반했다.

　‘리스크 감수의 날’과 ‘리스크 회피의 날’에 따른 투자 행태는 개별 자산집단 간 그리고 동일 자산집단 내 모두의 상관관계를 크게 높여놓았다. 동일 주가지수 내에서도 주식들 간 상관관계가 계속 증가해 공격적 성향의 투자자들이 시장보다 높은 수익률을 내기가 훨씬 어려워졌다. 상장지수펀드ETF에 대한 투자 규모도 신기록을 경신해 상관관계를 한층 더 높이는 요인으로 작용했다. 2011년 후반 이런 펀드들이 운용하는 전체 자산 규모는 2007년 후반 시장의 절정기 때보다 75% 더 증가했다.

　외부에서 수익을 추구할 만한 분산 투자처도 없었다. MSCI에 따르면, 2009년 여름 선진시장과 브릭스 및 신흥시장 사이의 상관관계는 역대 최고 수준에 이르러 연간 80%를 웃돌았다. 2011년 말까지도 이 상관관계는 여전히 70%를 한참 웃도는 수준이었다.

　한편, 〈그림 27-2〉에서 볼 수 있듯이 미국 주가 상승은 달러 하락과 거의 완벽한 연관성을 지녔다. 스탠다드 앤 푸어스에 따르면, 1999년부터 2007년까지 미국 주가와 달러의 상관관계는 마이너스 7%였다. 하지만 2008년 초부터 2011년 말까지 미국 주가와 달러는 월간 마이너스 72%의 엄청난 상관관계를 보였다. 달러화에 대한 악재는 자연히 미국 주가에 희소식이 되었으며 그 역도 마찬가지였다. 일본이 1990년 이후 금리를 제로까지 낮춰 은행의 목숨을 부지해준 조치로서 엔화가 저리자금으로 활용되는 결과를 낳은 것과 마찬가지로, 이제는 달러가 ‘캐리트레이드’에 활용되어 미국에서 자금이 대

**그림 27-2** 미국 주식시장은 정확히 달러화의 손실분만큼 이익을 내고 있다

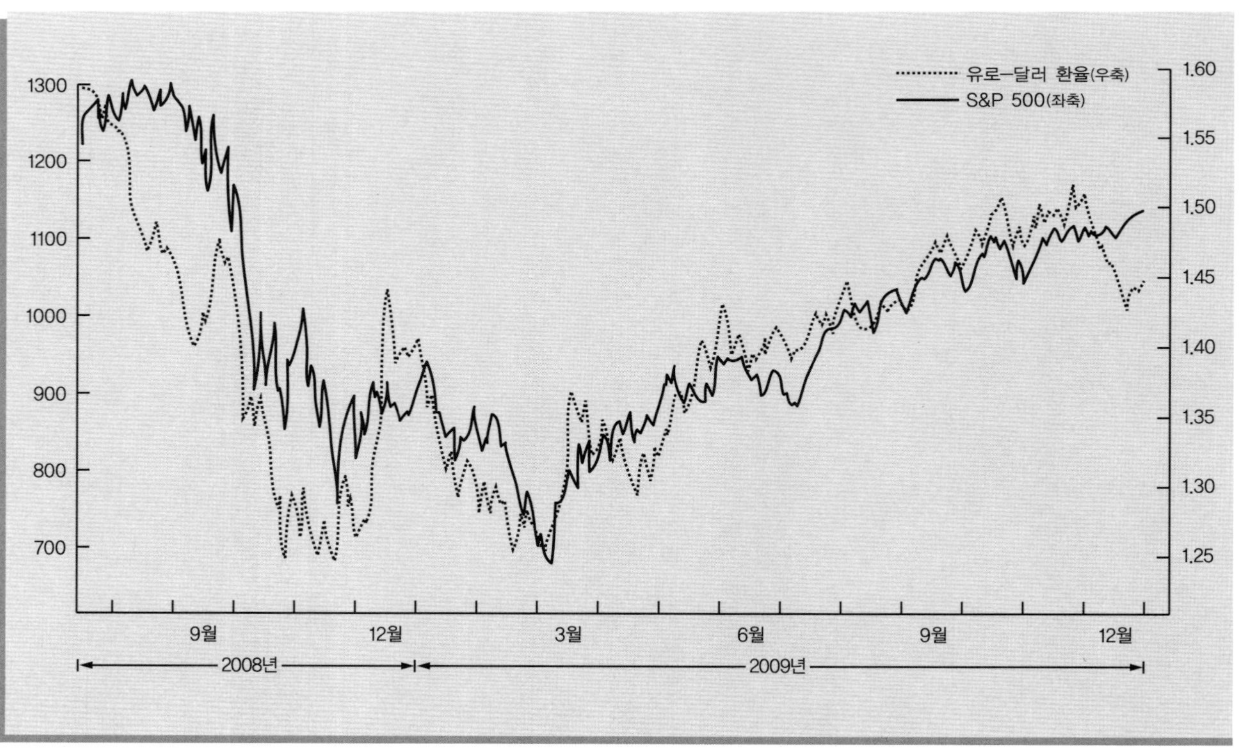

거 빠져나갔다. 파이 이코노믹스_pi Economics의 제이미 리_Jamie Lee가 계산한 자료에 따르면, 미국 달러 대비 호주 달러 환율의 움직임 중 60%는 S&P 500의 변동을 통해 충분히 설명할 수 있었다.

시장들은 달러화의 하락에서 힌트를 얻어 움직였다. 2009년 말 6주 동안 유로와 호주 달러 및 금값 대비 달러화의 환율 모두 '항상' 미국 주식시장과 0.5 이상의 상관관계를 보였다. 심지어 전체적인 추세가 명확히 드러나지 않았던 몇 주 동안에도, 그것들이 서로 동일한 방향으로 움직였던 빈도는 반대 방향으로 움직였던 빈도보다 약 세 배 더 많았다.

이 시장들 사이의 역사적 상관관계가 극히 미미하므로, 이런 현상은 해당 시장들의 가격이 모두 비효율적이었음을 시사한다—세계 경제가 회복을 위해 고군분투하던 당시로선 꽤 나쁜 소식이다. 과거의 상관관계를 추적해 투자를 수행하는 컴퓨터 위주의 펀드들은 그 패턴이 지속되리라는 가정하에 자산을 매매했다. 게다가 2009년의 랠리는 저리자금의 공세에 힘입은 바가 컸다. 시장 상황에 있어 중앙은행들은 늘 중요하지만, 이제는 훨씬 더 중요해졌다. 2009년 3월 연준위의 1차 양적완화 처방은 즉각 시장에 생기를 불어넣었다. 그해 여름, 1차 대량 채권 매입이 완료되자 벤 버냉키는 그 처방을 철회할 방안을 논의하기 시작했고 단기 금리를 인상했으며, 이에 따라 주식이 하락하고 신뢰가 위축되었다. 이후 8월 말 그는 또다시 채권을 대거 매수하는 처방인 '2차 양적완화'가 곧 시행되리라는 신호를 내보냈고 또 다른 랠리에 불을 댕겼다.

그런 조치들은 경제가 심각한 지경에 빠져 있음을 보여주는 증거였다. 하지만 이런 식으로 받아들이는 사람은 아무도 없었다. 투자자들은 그저 중앙은행이 극도로 느슨한 통화정책을 계속 고수해주기를 간절히 바라고 있었다. 연준위가 극히 낮은 금리와 채권 수익률을 고수하는 동안 투자자들이 할 수 있는 일은 주식 매입 이외에 거의 없었다. 미국 정부는 사실상 투자자들이 리스크를 감수하도록 부추기고 있었던 셈이다.

당시의 랠리에 대한 또 다른 해석으로 '합리적 버블rational bubble'을 거론하는 경우도 있다.[3] 이 견해에 따르면, 은행의 회복은 미국 정부의 신용등급을 이용하거나 남용하는 식의 행위에 기대고 있었다. 2009년 미국은 자국 은행의 부채에 대한 궁극적인 보증인으로 나섰으며 경제에 활력을 불어넣기 위해 평소보다 훨씬 많은 국채를 발행했다. 미국의 국가신용이 세계 다른 어떤 국가보다 높은 평가를 받기 때문에 가능한 일이었다. 불편한 비유를 들자면, 미국은 거대 보험회사 AIG가 곤경에 처하기 이전에 벌였던 일과 똑같은 일을 했던 셈이다. AIG의 AAA 등급으로 인해 많은 증권들이 본연의 가치보다 높은 가격에 거래되었다. AIG의 신용등급 강등은 그 증권들에 대한 시장의 진실이 드러나는 순간이 되었다.

시장들이 미국과 그 신용등급에 대한 신뢰를 잃게 된다면 미국도 AIG에 닥친 일과 아주 유사한 일을 겪게 될 것이다. 단, 미국 정부의 경우에는 최후의 보루로서 개입하고 나설 보증인이 없다. 미 하원에

---

**3__**  Crispin Odey, 'It may be a bubble but it's completely rational,' Financial Times, September 23, 2009 참고.

서 다수당을 차지한 공화당과 민주당이 부채 상한 협상을 두고 불협화음을 빚은 이후인 2011년 여름 스탠다드 앤 푸어스는 실제로 미국의 신용등급을 강등시켰고 시장은 그대로 경직되었다. 하지만 투자자들의 논리는 고스란히 남아 있었다. 다시 말해 미국 정부는 세금을 인상할 파워를 지니고 있으며, 연준위는 전 세계가 보유한 통화만큼의 많은 돈을 찍어낼 수 있다. 따라서 모든 정황에도 불구하고 미국의 부도 가능성은 극히 미미할 게 분명했다. 그러므로 중기적 측면에서 남들보다 뒤처지거나 자산 손실을 우려하는 펀드매니저의 입장에서는 투자를 지속하는 것이 합리적으로 타당했을 것이다. 채권시장이 미국 정부의 신용도에 대한 신뢰를 잃고 금리상승 압박을 받기 전까지는 그 랠리가 지속될 것이기 때문이다. 게다가 연준위는 양적완화를 시행해 재무부가 채권이자를 더 낮게 유지할 수밖에 없도록 만들었다. '무위험' 채권이 극도로 적은 수익을 보장하는 이런 여건 속에서는 주식과 상품을 매수하는 것이 극히 합리적인 행위였다.

일자리를 잃고 싶지 않은 펀드매니저들에게는 다른 대안이 전혀 없었다. 그들은 당혹스런 결과를 모면하기 위해 매수 대열에 합류해야 할 필요를 느꼈다. 지수를 기준으로 하는 평가체계는 나날이 심화되었고, ETF들에 유치된 자금 탓에 주식시장의 훨씬 더 많은 비중이 자동적으로 더 높은 가격을 추종하고 있었다.

유로존의 위기가 계속되는 순간에도 2009년의 안도 랠리는 매도의 유혹을 느끼는 사람들에게조차 자신의 생각을 실행하는 데 커다란 걸림돌이 되었다. 아무도 랠리의 기회를 놓치기 원치 않았고, -2008

년의 금융위기 이후— 정치권의 다음 행보를 점치는 일에 자신하지 않았다. 결국 군집의 논리는 많은 투자자들이 계속해서 대량의 주식을 보유하도록 만들었다.

마지막으로, 도덕적 해이도 그 어느 때보다 강력했다. 리먼 브라더스가 파산에 이르도록 내버려둠으로써 도덕적 해이를 타개하려던 미국의 처절한 시도 이후, 시장은 어떤 담력겨루기 시합에서든 미국 정부가 먼저 방향을 틀어 긴급구제에 자금을 조달하리라고 추정했다. 심지어 연준위는 2013년까지 금리를 인상하지 않겠다고 약속했으며, 이는 도덕적 해이를 더더욱 부추겼다. 바로 이 점이 당시의 랠리와 1932년, 1982년의 상승장을 가르는 핵심적 차이였다.[4] 1932년과 1982년의 경우, 랠리가 시작되기 전까지 금융 전반이 끔찍한 고통에 시달렸고 그러는 사이 도덕적 해이가 금융시스템 내에서 자취를 감췄다. 투자자들은 겸손해졌다.

하지만 2009년의 경우, 정치권은 시장에 인위적으로 활기를 불어넣었다. 1932년과 같은 최악의 수렁으로 다시 빠져들 만한 대안이 너무 위험하고 끔찍해 보였기 때문이다. 하지만 정치권이 택한 대안 역시 위험한 게임이었다.

'거품'이라는 표현 자체도 평가절하될 수 있다. 과거 반세기에 걸쳐 성장을 거듭하는 동안 투자산업의 특징으로 부각된 왜곡된 인센티브와 불안정성은 글로벌 시장의 DNA에 단단히 박혀버렸다. 이제

---

우리는 이것이 동시다발적인 버블들을 야기한다는 사실을 잘 알고 있다. 또 한 차례의 심각한 금융대란이 발생해 시장에서 이런 왜곡 현상이 마침내 제거될 여지가 아직 남아 있다.

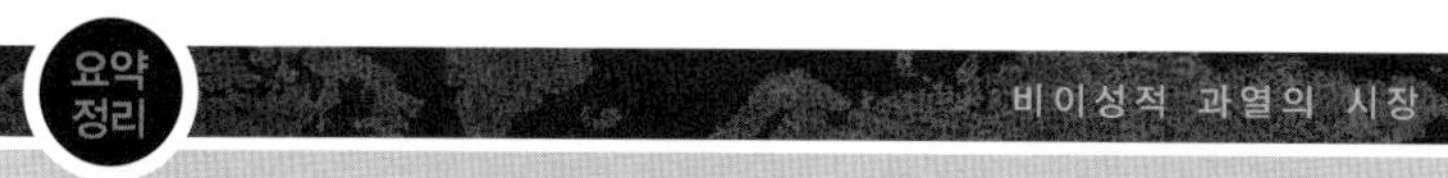


- 2009년의 엄청난 랠리를 주도한 원동력은 현대 투자산업의 도덕적 해이와 군집 심리였다.

- 밀접한 상관관계는 시장 가격이 비효율적이라는 점을 시사한다. 그 가격이 거품 영역 이하에 머물러 있었다 해도 말이다.

- 새로운 초대형 거품이 형성되기 전에 펀드매니저의 인센티브를 바로잡고 도덕적 해이를 해소하기 위해서는 금융개혁이 필요하다.

# 28 유럽발 금융위기

2010년 5월 5일

**초강력 재정긴축안이 그리스 의회를 통과하자 국민들 사이에 격렬한 시위가 발발했고 그 와중에 은행직원 세 명이 사망하다**

"우리는 금융시장의 투기 공세를 제재할 수 있는 능력을 갖춰야 할 것이다. 우리는 지하실에 고문도구도 갖고 있다."

—장 클로드 융커(Jean—Claude Juncker),
룩셈부르크 총리이자 유럽그룹(유로존 재무장관 회의—옮긴이) 의장, 2010년

2010년 봄 갑자기 유로존에서 재정위기가 터져 나와 일련의 유럽 국가들을 수렁으로 내몰았다. 당시 위기는 유럽의 은행주들과 유로존 주변국의 신용등급을 동반 하락시키는 양상으로 전개되었다. 또한 유로존이 구조적으로 안고 있는 심각한 결함에 이리저리 이끌려 다녔다. 이는 유럽 정부들이 금융위기를 어떻게든 타개해보려는 노력의 일환으로 은행의 부채를 떠안기로 결정한 결과가 일부 작용한 탓이었다.

2010년 5월 5일 아테네에서 폭동이 발생했다. 그리스인들이 격분

한 데는 그럴 만한 이유가 있었다. 그리스 정부가 부채에 짓눌려 있었고, 신임 총리 조지 파판드레우<sub>George Papandreou</sub>가 재정적자의 실상을 있는 그대로 시인했기 때문이다. 그가 솔직히 털어놓은 재정적자 규모는 기존에 주장했던 GDP의 6%가 아니라 12.5%에 달했다. 이에 시장은 그리스 국채를 미국의 말썽 많은 서브프라임 증권과 동일한 것으로 간주해 그것을 급히 처분하는 반응을 보였다.

이에 따른 불가피한 결과로, 그리스 정부의 자금 조달 비용이 상승 압박을 받았고 이는 그리스 정부의 부채상환 능력을 크게 악화시켰다. 파판드레우 총리는 유럽연합에 '구제자금'을 요청할 수밖에 없었다. 당연하게도 채권국들은 그리스가 향후 부채를 상환할 수 있음을 입증하는 증거를 내놓으라고 요구했다. 이에 파판드레우 총리는 공무원의 수를 대폭 감축시켰다. 이 일을 계기로 아테네 거리에서 시위와 사망사고가 발생했다. 그로부터 1년도 채 안 되어 유럽의 두 주변국인 아일랜드와 포르투갈도 구제자금을 요청해야 할 처지에 내몰렸고, 2011년 말에 이르자 경제 규모가 더 큰 스페인과 이탈리아의 정부부채도 외부의 도움이 필요할 법한 수준에 이르렀다.

이 모두는 충분히 예상할 수 있는 일이었다. 선진국들은 국가 신용등급을 바탕으로 자국 은행을 보장하는 방식을 통해 이전의 신용위기에서 간신히 살아남았다. 하지만 은행들이 악성 부채를 잔뜩 짊어지고 있었기 때문에 이제는 은행에 대한 보장 조치를 취한 정부의 신용등급이 곧장 시험대에 올라갔다. 그리고 시장은 정부의 재정적 취약성이 엿보이는 모든 조짐들을 하나하나 면밀히 주시했다.

그리스는 오랜 기간 지속된 비효율적인 공공 부문과 고질적인 탈세 문제에 계속 시달렸다. 아일랜드는 2008년 리먼 사태 며칠 뒤에 은행예금 전액을 보장하기로 한 조치와 국내의 자산 버블 붕괴로 곤란을 겪고 있었다. 금융위기에 빠져들 당시 아일랜드의 정부부채는 GDP의 25%에 불과했다. 3년 뒤 여기에 은행들의 장부상 부채가 추가되면서 정부부채 규모는 98%까지 폭증했다. 포르투갈은 경제성장 둔화로 힘겨운 상황에 처해 있었다. 그리고 스페인은 국내 자산 붐의 여파로 곤혹을 치르고 있었으며 그 사이 실업률은 20%를 웃도는 수준으로 치솟았다.

10년 전 동남아시아의 위기 때처럼 유럽의 경우에도 높은 부채 수준과 자산 버블의 여파와 더불어 비정상적으로 강력한 통화가치도 경제위기에 한몫했다. 하지만 이 둘 사이에는 결정적인 차이가 있었다. 아시아 국가들은 각기 자체적인 통화를 갖고 있었고 그것들 모두 달러에 연동되어 있었다. 아시아의 금융위기는 통화 평가절하로 해소할 수 있었다.


반면 그리스를 비롯한 이들 국가는 유로존에 자발적으로 합류해 더 이상 자체 통화를 지니고 있지 않았기 때문에 그런 대안을 택할 수 없었다. 유로는 시장의 지나친 상승에 제동을 걸기 위한 최후의 대대적인 시도로 1999년 서유럽 경제 강국들이 뜻을 모아 확립한 통화다. 그로부터 10년이 더 흐른 지금 시장이 마침내 유럽 정치권의 결의를 시험하게 된 셈이다.

프린스턴 대학의 경제학자이자 〈뉴욕타임스〉 칼럼니스트인 폴 크루그먼Paul Krugman은 남유럽 국가들이 자체 통화로 자금을 융통하는 능력을 포기한 탓에 스스로 2인자로 전락했다고 주장했다. 분명 시장도 재정위기에 처한 이들 국가가 유로 회원국이라는 점을 심각한 장애 요인으로 여겼음에 틀림없다. 스페인은 GDP의 약 40%에 해당하는 미지불 정부부채로 인해 느닷없이 위기상황에 내몰렸다. 반면 영국은 GDP의 94%에 육박하는 부채를 짊어진 상황에 처한 적이 있었지만, 자체 통화를 지니고 있었고 위기를 모면했다.

유로존의 개념에는 다른 문제점도 있었다. 유로존 설립자들은 공동 통화가 마련되면 해당 권내의 선두적인 경제 강국인 독일의 경제 정책 등으로 모든 참여국의 정책도 수렴되리라고 굳게 믿었다. 그러나 현실은 달랐다. 그 부분적인 이유는 처지나 상황이 서로 다른 국가들이 이제 단 하나의 통화정책을 운용하는 꼴이 되었기 때문이다. 새로 설립된 유럽중앙은행이 발표하는 이자율은 독일의 경제상황에 맞춰 결정되는 경향이 있었다. 그래서 2000년대 초 독일 경제가 부진하던 시기에 이자율은 계속 낮은 수준에 머물러 있었다. 하지만 스페인의 경제는 활황이었고, 저리자금은 오로지 주택 버블만 자극할 뿐이었다. 다른 주변국들도 같은 상황이었다.

유로존에 재정위기가 닥친 시점에 독일 경제는 회복세에 접어들어 있었다. 유럽중앙은행은 다른 지역 중앙은행들만큼 금리를 대폭 인하하지 않았으며, 2011년에는 유로존 국가들이 연이어 구제자금을 요청하는 상황이었음에도 오히려 금리를 인상하기 시작했다. 이런 조치가 나온 이유는 그 기관이 전통적으로 고수해온 기조인 인플레이션에 대한 반감 때문이기도 했지만 그 핵심 임무 자체가 근본적으로 실행 불가능한 탓도 있었다. 사실상 유럽중앙은행은 독일과 같

은 대규모 산업국과 그리스처럼 위기상황에 처한 좀 더 소규모 국가
모두에 적합한 금리 수준을 찾아내야 했다. 시장이 어떤 국가의 국채
에 대한 신뢰를 잃게 되면 국채 수익률이 상승하곤 한다. 바로 이런
일이 그리스에 발생했다. 2010년 그리스의 미해결 부채는 GDP의
34%에 준했고 이자 지출을 제외한 기초재정적자는 GDP의 약 5%로,
당시 영국이나 일본, 미국이 운용하던 재정적자보다 낮은 수준이었
다. 그러나 부채이자 지출을 포함할 경우 그리스의 재정적자는 GDP
의 10.4%에 달하는 수준으로 높아져, 세계 최대 경제 규모를 지닌 국
가들의 재정적자보다 더 높았다. 시장이 판단하기에, 그리스가 이 정
도의 자금을 조달하기란 극히 어려워 보였다.

이는 유로존에 속한 모든 국가들에도 해당되는 문제였다. 하지만
유럽에는 시장의 요구에 재빨리 대응할 수 있는 정치제도가 제대로
확립되어 있지 않았다. 유로를 사용하는 17개국 사이에서 정책을 조
정해야 하는 기구에 비하면 차라리 미국 의회가 더 효율적으로 보일
정도였다. 또한 유럽의 정치권은 금융 부문의 약점 탓에 제대로 힘을
발휘할 수 없었다. 사실상 유럽의 재정위기와 금융위기는 구별이 거
의 불가능했다. 인수합병을 허용하고 관대한 규제를 적용하는 등 수
십 년간 '국가대표급' 금융기관을 키워온 유럽의 행태는 금융 부문을
걷잡을 수 없을 정도로 팽창시켰다. 2010년 미국의 금융자산 규모는
GDP의 약 81%에 준하는 수준이었던 반면, 유로존의 주요 국가들은
금융 부문이 경제 규모보다 훨씬 컸다. 아일랜드의 경우 금융 부문이
GDP의 1,000% 이상에 육박했다. 프랑스는 416%, 독일은 294% 수준
이었다. 그러니 이 모든 국가는 금융시스템이 붕괴하도록 그대로 방

치할 수 없었을 뿐만 아니라, 정부들 자체에도 금융 부문을 구조할 돈조차 없는 처지였다. 게다가 은행들은 무위험 자산으로 주로 유로존의 국채를 보유하고 있었다. 그래서 그 국채의 등급이 강등되거나 가격 하락을 반영해 가치를 현실화하는 이른바 '국채의 평가절하hair-cuts'로 인해 부분적 지급불능 사태가 발생할 경우, 유럽 금융시스템은 파산에 처할 것이 분명했다. 따라서 유럽의 리더들은 무슨 수를 동원해서든 긴급구제자금(이 경우 그 비용이 납세자들에게 전가될 것이다)이나 파산(이 경우 금융시스템의 붕괴를 촉발할 수 있었다) 또는 유로존 탈퇴(이 경우 오랫동안 추진해온 프로젝트가 끝장날 터였다)를 피하고 싶어했다.

결국 그들이 내놓은 대책은 그 짐을 그리스에게 온전히 떠넘기는 것이었다. 유로존의 다른 국가들과 IMF는 고강도의 긴축정책을 조건으로 그리스에게 1,100억 유로를 빌려주기로 했다. 또한 유럽의 정치권은 곤란에 빠진 국가를 지원하게 될 유럽재정안정기금European Financial Stability Facility, EFSF에 대한 긴밀한 논의에 들어갔다. 유럽 중심국의 최상급 신용을 바탕으로 그 기구는 4,400억 유로의 기금을 확보했으며, 추후 IMF로부터 추가로 자금을 끌어들일 가능성도 있었다.

이 기금의 존재만으로도 시장에 강인한 인상을 심어주게 될 것이며, 2013년까지 그 역할을 차츰 축소시켜 이후에는 자금 대출을 전면 중단하겠다는 개념이 그 설립 취지였다. 하지만 당장 아일랜드와 포르투갈 모두 자금 대출이 필요한 상황이었고, 투자자들은 EFSF가 스페인이나 이탈리아를 구제할 정도의 자금을 갖고 있지 않다는 계산을 염두에 두고 있었다. 그리고 그리스의 끔찍한 실상이 훨씬 더 명백해지고 있었다. 그리스는 합의한 조건대로 초강력 긴축정책을 시행하고 있었지만 거의 아무런 도움이 되지 않았다. 공공 부문의 삭감 조치로 인해 경제의 활력이 대폭 줄어들었고, 이는 세수입의 하락을 의미했다. 그리스는 여전히 스스로 자금을 조달할 능력이 없었다. 그 국가는 새로운 재정지원을 필요로 했고 그것도 다급히 필요한 실정이었다. 이 시점에, 지겨울 정도로 계속 이어지던 논의 석상에 '민간부문의 연루'에 관한 표현이 거론되기 시작했다. 즉 그리스 국채로 인해 유럽은행이 떠안게 될 손실이 얼마나 클 것인가를 두고 나름 완곡한 표현이 오고갔다. 또한 그리스의 부채 상환 불능상태를 어떻게든 '부도'로 칭하지 않으려는 필사적인 노력도 있었다. 그리스 사태를 '부도'로 지목하는 순간 신용부도스와프에 따른 지불금 문제를 촉발시키게 될 것이고, 이는 그리스의 부도를 보증하는 보험을 판매한 은행들의 손실을 의미하는 것이기 때문이다.

이후 '대형 바주카포big bazooka'를 도입하려는 움직임이 일었다. 이것은 유로존의 붕괴 가능성이 전혀 없음을 시장이 수용할 수 있을 정도로 방대한 금융대책을 말한다. 미국의 구조화신용증권structured credit securities처럼 EFSF도 자체적으로 레버리지될 수 있으리라는 개념이 오고갔다. 이 논의의 일부 주체들은 그리스 국채를 평가절하하더라도 파산에 이르는 일이 없도록 은행으로 하여금 자본금을 확충하게끔 밀어붙이고자 했다. 하지만 대내 정치적 여건은 이런 노력에 걸림돌이 되었다. 2011년에 실시된 각종 여론조사에서나(아일랜드와 스페인) 시장의 판단을 수용하는 측면에서나 국민들의 정부 지지도는 계속 추락했다. 이런 정황은 2011년 11월 그리스의 파판드레우 총리와 이탈리아의 총리 실비오 베를루스코니Silvio Berlusconi의 사퇴로 이

어졌고, 그 자리는 '기술관료technocratic' 출신의 전임 중앙은행장들로
채워졌다.

아울러 시장들도 '대형 바주카포'가 제기하게 될 문제를 지적했다.
그 무기가 유로존의 3대와 4대 경제국인 이탈리아와 스페인을 구제
하기에 충분할 정도로 대단한 것이라면 유로존에서 두 번째로 큰 프
랑스의 재정에 반드시 압박을 가할 수밖에 없다는 지적이었다. 2011
년 11월 프랑스 국채금리는 독일 국채금리에 비해 크게 상승했고, 같
은 기간 동안 이탈리아의 10년만기 국채금리도 몇 차례 7%를 웃돌았
다. 그 전에 긴급 구조를 요청할 수밖에 없었던 3개국의 국채금리도
이 정도 수준이었다.

'대형 바주카포'를 장착하기 위한 자금이 없다면 신규로 창출해야
만 했다. 이는 유럽중앙은행에 압박을 가했다. 유럽중앙은행이 지원
사격에 나서서 이탈리아의 국채를 충분히 많이 매입함으로써 이탈
리아가 자금 융통 비용을 계속 감당할 수 있도록 해줄 것인가? 전에
도 유럽중앙은행이 이런 식으로 시장에 개입할 때마다 국채금리는
떨어졌었다. 만일 중앙은행이 그 역할을 맡는다면, 지난 10년간 경제
정책의 혜택을 누렸던 핵심국이 아니라 주변국(어느 정도의 인플레이션
을 절실히 필요로 하는 국가들)의 여건에 전적으로 맞춰 정책을 시행하게
되는 셈이었다. 하지만 중앙은행이 무제한적으로 국채를 매입하는
정책은 무한도로 자금을 빌려주거나 돈을 찍어내는 조치와 바를 바
없다. 전부터 보수적인 기조로 일관했던 유럽중앙은행은 그 제안을
일축해버렸다.


이로써 독일과 프랑스는 진퇴양난에 빠져들었다. 기존의 토대 위

에서는 유로존이 살아남을 수 없을 터였다. 취약한 회원국들을 탈퇴시키고 유로존의 규모를 축소하거나, 원칙을 수정해서 각국 재무부가 다른 모든 것들을 앞세우고 최후방으로 물러나거나 둘 중 하나를 택해야 할 형편이었다—이는 공동의 재정정책과 아마도 공동의 재무부 그리고 주권의 상실을 함축하는 움직임이다. 또한 독일 국민이 다른 국가들의 부채를 모조리 대신 갚아주게 될지도 모를 일이었다. 독일 유권자들은 당연히 이에 반대했다.

대략적인 절충안도 있었다. 연이은 긴급 정상회의에서 독일 총리 앙겔라 메르켈과 프랑스 대통령 니콜라스 사르코지는 재정통합을 좀 더 긴밀히 다지고 목표 재정적자를 초과한 국가들에게 페널티를 적용할 계획을 마련하기 위해 열심히 노력을 기울였다. 더불어 신규 자금 발행을 통해 유럽중앙은행도 구제작업에 동참해주었으면 좋겠다는 희망을 내비쳤다.

그러는 내내 세계 시장은 얼어붙었다. 불확실성과 강도 높은 긴축정책이 동시에 작용해 유럽의 침체가 확실시 되었다. 하지만 완전히 다른 형태의 두 가지 가능성이 남아 있었다. 유로존이 분열되어 금융시스템의 붕괴로 이어질 가능성이 그 하나다. 이 경우 경기수축을 야기할 것이었다. 또 하나는, 유럽중앙은행이 돈을 찍어내는 데 합의할 수도 있다는 가능성이었다. 이 경우에는 엄청난 인플레이션이 촉발될 터였다. 이 두 가지 가능성을 동시에 헤징하기란 불가능했고, 둘 중 어느 쪽이든 미국과 신흥시장에 심각한 영향을 미칠 게 뻔했다.

유럽의 주식시장은 폭삭 주저앉았다. 2007년 초 유럽 주식의 시가총액은 세계대전 이래 처음으로 미국 주식시장의 시가총액을 추월했다. 2011년 말이 되자 유럽 주식시장의 시가총액은 다시 미국보다 24% 더 낮아졌다. 이 사실은 리먼 사태 이후 상승세를 달리며 두려움을 유발하던 시장상황을 돌연 중단시키는 데 일조했다. 많은 투자자들은 3년 전 신용위기보다 유로존 사태가 훨씬 끔찍하다는 사실을 깨달았노라고 말했다. 하지만 아테네에서 시작되어 로마로 옮겨간 공포심만으로는 세계 시장을 다시 후퇴시킬 수 없었다.



- 유럽의 재정위기는 유로존 자체 내부의 경제적 불균형에서 기인한다. 쓸데없이 비대하게 팽창한 금융 부문과 이런 불균형이 맞물려 재정위기와 금융위기가 연계되어 발생하는 사태를 낳았다.

- 경제적 손상은 피할 수 없는 일이다. 허리띠를 졸라매는 초강도 긴축정책은, 행여 성공한다고 해도 그 경제를 둔화시킬 것이다. 구제자금은 유로존 중심국들의 지출 능력을 약화시킬 것이다. 유로존의 붕괴는 현재의 모든 것들에게 피해를 입힐 것이다. 그리고 무질서한 파산은 재앙적 사태를 야기할 잠재성을 지닐 것이다.

- 시장은 자기실현적인 움직임을 보인다. 어떤 국가의 채무에 대한 신뢰가 붕괴되면 즉각 그 이자 지출 비용이 엄두도 못 낼 정도로 크게 상승한다.

- 이 글을 집필하고 있는 2011년 말 현재, 초강도 긴축정책은 효력을 발하지 못하고 있다. 이제 돈을 찍어내는 대안이 남았다. 이것마저 먹혀들지 않는다면, 유로존을 변경해 규모를 줄이거나 아예 완전히 폐기하는 방안을 택하게 될 것이다.

# 29 2012년 그 이후



"위원회나 이사회 또는 금융기관이 투자자금을 관리하는 곳에서는, 장기 투자자가 공익을 가장 크게 증진시키는 한편, 사실상 가장 많은 비판을 받게 될 대상이 된다. 일반적인 시각으로 볼 때, 유별나고 관례적이지 않으며 무모해 보이는 행태가 장기 투자자들의 특징이기 때문이다… 통속적 지혜가 말해주는 바에 따르면, 비관례적으로 성공을 거두는 것보다는 관례적으로 실패하는 것이 평판을 위해서는 더 낫다."

—존 메이너드 케인스, 《일반이론(The General Theory)》

현 상황은 쉽게 진단해볼 수 있다. 지난 반세기에 걸친 투자산업의 부상은 투자자들이 종종 제대로 이해하지 못하는 리스크로 서로를 끌어들이도록 만드는 압도적인 인센티브를 창출했다. 그 결과, 세계 시장이 일제히 동시에 움직이는 행태를 보이게 되었다. 이 현상은 합리적인 가격 책정을 방해하고, 시장에 의존해 가격을 결정하는 자본주의 세계 속에서 우리의 번영을 위협한다.

2007~2009년의 금융위기는 그것을 초래한 근본 요인을 제대로 바로잡지 못했다. 가능한 한 제2의 경기침체나 주식과 부동산 및 여타

자산의 붕괴를 겪지 않고 세계 경제가 다음 몇 년간 순탄한 항해를 이어간다고 하더라도, 위기의 근본 요인은 해소되지 않을 것이다. 이번 회복의 양대 축—중국의 부활과 미국 정부의 도움으로 '그럭저럭 운영되는' 대규모 은행—이 그대로 유지된다면, 유럽의 문제에 대한 전망도 나쁘지 않을 것이다. 하지만 현재 돌아가는 정세를 보면 상황이 그리 녹록지는 않은 듯하다. 2009년 시장은 다른 국면에 진입했다. 미국이 곤란에 처한 부실채권과 여러 민간금융기관에게 보증을 확대하는 동안 너무 많은 자금을 차입한 탓에 국가 신용등급이 고스란히 드러났기 때문이다.

미국 국채시장은 다른 모든 시장들을 주도한다. 만일 채권 투자자들이 판단하기에, 산더미처럼 쌓인 미국의 부채로 인해 인플레이션이 유발되거나 미국 정부가 채무불이행을 선언하리라고 생각할 경우, 국채 수익률은 상승하게 될 것이다. 그리고 이런 정황 속에서는 미 재무부가 더 많은 자금을 빌릴 수 없을 것이므로 구세주 역할도 못할 것이다. 따라서 이후의 자산가격 붕괴는 가장 최근에 경험했던 것보다 훨씬 더 심각할 것이다. 그리고 이는 지난 폭락 사태를 낳은 근본적인 요인을 해결할 필요성을 더더욱 시급하게 만든다. 하지만 치료책을 찾기란 쉽지 않은 일이다. 무엇보다도 상환할 부채가 첩첩이 쌓여 있고, 이것을 해결할 모든 방편들은—부도, 인플레이션, 수년간의 아주 저조한 경제성장— 고통을 수반한다. 그리고 금융시스템상의 결함은 경제 사정이 좋을 때에도 바로잡기 어려웠다. 그러니 지금처럼 경제가 취약한 시기에는 정치권이 더더욱 이 일에 나서려 들지 않을 것이며, 신용 공급에 지장을 초래하는 일은 사실상 수백만

명의 고통으로 해석될 수 있다. 서브프라임 거품에 일조한 극도로 복잡한 수단들은 당연히 사라져야 마땅하다. 하지만 문제의 뿌리는 더 깊숙이 박혀 있다. 투자의 기관화는 되돌릴 수 없는 수준에 이르렀다. 인덱스펀드나 증권화된 모기지처럼 동시발생적인 거품을 만들어낸 대부분의 금융혁신들은 어쨌든 훌륭한 아이디어이며, 따라서 해결책을 찾는 작업에는 힘든 선택이 수반될 것이다.

또 다른 문제는 인간의 행위를 다뤄야 한다는 점이다. 인간은 감정의 변화를 겪으며 군집행위에 쉽게 말려들고 우리가 저지른 행동의 결과를 다른 누군가가 해결해줄 것이라고 기대하는 성향을 보인다. 지난 반세기 동안 투자산업은 인간의 본성에 이미 깊숙이 고착된 성향들을 줄곧 강화시켜왔다. 이것을 바꾸는 데는 문화적 변화가 필요하다. 예컨대 기관투자자들에게는 타인의 돈을 자기 것처럼 여길 만한 인센티브가 주어질 필요가 있다. 어떻게 하면 시장이 지금보다 덜 두려운 존재가 될 수 있는지에 대해 대략적으로 살펴보자.

### 도덕적 해이

과거의 금융위기는 대규모 투자자들에게 극심한 손실을 가함으로써 도덕적 해이를 억제해주는 측면이 있었다. 가장 최근의 위기는 아주 달랐다─미국을 비롯해 각국 정부들은 대규모 금융기관들을 살려내기 위해 수조 달러를 퍼부었다. 그 탓에 무모한 리스크를 감수했더라도 결국엔 구제를 받게 되리라는 믿음이 그 어느 때보다 강력한 실정이다. 유로존 위기 동안 주식시장이 보여준 놀라울 정도의 회복력을 생각해보라. 정부가 감히 대형 금융기관들이 망하도록 방치할 리 없다는 데 베팅을 거는 현재의 분위기는 반드시 시장에서 걷어낼 필요가 있다. 한창 경제위기가 진행 중인 와중에는 손을 대기 어렵다. 하지만 조만간 어느 시점에는 금리인상을 통해서든 잘못을 저지른 대규모 은행을 퇴출시키는 방법을 통해서든 정부는 무모한 자들을 구제하기 위해 항상 그 자리에 있지 않을 것이라는 점을 분명히 보여주어야 한다.

나름 안전하게 개혁을 시작할 만한 곳은 지난 위기 때 합병으로 훨씬 비대해진 뱅크오브아메리카와 같은 초대형 은행들일 것이다. 이런 은행은 망하도록 내버려 두기가 불가능해졌다. 초대형 은행에 대해서는 아예 도박에 나서지 못하도록 철저히 규제하거나 규모를 축소시켜야 한다. 하지만 은행가들이 제기하는 온갖 불평불만 때문에 현재까지는 규제 확대와 규모 축소 양쪽 모두 미온적이다. 자본금을 단계적으로 높이도록 요구하는 법안과 여타의 조치들은 일부 은행들이 자산을 처분할 수밖에 없도록 만들겠지만, 2011년 현재 대형 은행들은 대체로 별다른 변화 없이 그대로 유지되도록 허용될 것으로 보인다.

### 은행의 추락과 시장의 상승

단기자금시장의 상승은 예금보험에 가입할 필요가 없는 새로운 유사은행 금융집단을 탄생시켰다. MMF를 비롯한 이런 그림자금융 시스템은 이제 은행과 똑같은 규제를 받아야 마땅하다. 리포 시장을 안정적이고 튼튼하게 만들기 위한 개혁들은 필수적으로 요구되는 사안이다—리포 시장의 기능이 돌연 정지되었을 때 은행들은 단기자금을 조달할 수 없었다. 그리고 규제당국은 은행을 주택저당증권 시장으로 내몰고 대출기관으로서의 핵심 기능—고객의 대출상환 능력을 파악하는 업무—이 신용평가기관에 넘어가도록 만든 법규를 재검토할 필요가 있다.

현재 남아 있는 은행들은 과거의 기능을 상실했고, 마치 무직상태의 십대 청소년처럼 그냥 내버려두면 문제를 일으키는 나쁜 행실을 보였다. 일단 단기자금시장이 은행과 똑같은 규제를 받게 된다면, 그 시장의 비교우위가 즉각 사라질 것이며, 은행들은 과거 오랜 기간 맡아온 대출업무를 되찾을 수 있게 될 것이다. 그러지 않는다면 아마 전통적 형태의 은행은 아예 사라져버릴 것이다. 2007년까지 헤지펀드들은 파국으로 치달은 수많은 추세들을 주도했지만, 대규모 헤지펀드가 큰 두려움을 불러일으킬 정도로 소란스럽게 붕괴하는 일 따위는 발생하지 않았다. 오히려 지붕이 무너져 내리는 대소동을 일으켰던 요인은 은행들의 내재적인 불안정성이었다. 그러므로 은행에게 있어 '현상 유지'는 선택 가능한 대안이 아니다. 보다 규모가 큰 헤지펀드들은 은행의 기능을 차츰 더 강화하는 쪽으로 계속 진화해야 한다—제한적인 협력관계로 운영된다면, 그것들은 과거의 투자은행과 훨씬 더 유사해질 것이다.

### 타인의 돈

금융시스템의 개혁을 통해 주인과 대리인 사이의 충돌도 해결해야 한다. 이 문제는 리스크를 감수하는 사람들이 그 리스크를 다른 상대에게 판매할 수 있을 때마다 부각된다. 어느 정도의 주인—대리인 분리가 불가피한 금융증권화 과정에서, 애초에 대출을 내주는 기관들이 대출 포트폴리오의 상당한 비중에 해당하는 자금을 보유하도록 강제할 필요가 있다. 투자은행들이 협력관계 모델로 회귀하도록 강요할 수도 있을 것이다. 그렇게 한다면 위험선상에 놓이게 되는 돈이 주주가 아닌 협력업체 자신들의 돈이 될 것이다. 이를 현실화할 방안은, 투자은행의 비공개회사 전환이나 헤지펀드의 투자은행 기능 강화 등이 될 것이다. 하지만 가장 난해한 주인-대리인 분리 문제는 투자자산운용사에서 발생한다.

## 군집행위

오늘날 펀드매니저들의 군집심리를 유발하는 요인은 보수 및 평가 체계다. 현행 체계처럼 타 펀드매니저와 지수를 잣대로 등수를 매기고 관리자금의 규모를 기준으로 보수를 지불한다면, 펀드매니저들은 S&P 500과 같은 핵심 벤치마크들에 훨씬 더 가까이 몰려들 것이다. 따라서 펀드매니저의 보수 지급방식을 어떻게든 바꿀 필요가 있다. 철저한 규제를 받지 않는 헤지펀드의 경우, 투자자들은 지금처럼 해마다 '전력투구'를 위한 만반의 태세를 갖추도록 부추기는 왜곡된 수수료 지급방식을 거부할 수 있다. 고정된 연간 수수료를 지불하되, 1년이 아니라 훨씬 장기간을 기준으로 어느 정도의 성과 수수료를 책정하는 방식이 더 바람직할 것이다.

뮤추얼펀드의 경우 클로짓인덱싱은 적극 저지되어야 한다. 가능한 대안은 '액티브' 펀드들에게 '액티브 셰어<sub>포트폴리오에서 지수에 포함되어 있지 않은 종목의 비중</sub>'를 공개하도록 요구하는 것이다. 주류 인덱스펀드들이 시가총액이 아닌 기업 매출과 같은 펀더멘털에 따라 포트폴리오의 비중을 맞추는 펀더멘털 인덱싱을 채택한다면 액티브 셰어 공개 요구가 그리 해로운 영향을 미치지는 않을 것이다. 한편, 펀드매니저들에게 고정된 수수료를 지급한다면 자산의 규모만 증가시킨 데 대해 더 이상 보상이 따르지 않게 될 것이고, 따라서 펀드가 너무 비대하게 성장할 가능성도 줄어들 것이다. 고정된 수수료 이상의 보상은 오로지 정말로 뛰어난 성과에만 주어져야 한다. 그렇다면 이것을 어떻게 측정할 것인가? 프로들의 세계에서 성과금은 벤치마크에 의거하지만, 동급의 펀드매니저들이나 시장지수를 성과 기준으로 삼는 관행은 그저 그들이 군집행위를 하도록 부추길 뿐이라는 사실을 우리는 이제 잘 알고 있다.

해결책은 펀드매니저의 투자 능력을 제대로 파악하고 측정하는 노력을 기울이는 일일 것이다. 이제 우리는 탐욕과 공포 및 심리적 편리의 유혹을 이겨내는 능력과 정신적 절제력이 중요하다는 사실을 잘 알고 있다. 심리학자들은 매일 그리고 자산을 매매할 때마다 펀드매니저들이 어떤 성과를 내는지 관찰함으로써 정말로 유능한 사람을 판별하고, 정신적 함정에 빠지는 사람들과 그들을 가려내며, 누구의 성과가 장기적으로 납득할 만한지 알아내기 시작했다. 이런 노력은 계속되어야 한다. 대규모 자산 배분 결정을 내리는 사람들—주로 브로커들과 연기금 컨설턴트들—은 가장 큰 힘을 발휘할 수 있다. 그들은 이른바 '바벨' 형태의 전략을 추구해야 한다. 그들의 투자 자금이 최소한의 비용을 수반하는 소극적인 투자에 들어가는지, 아니면 능력에 따라 보수를 지급받는 적극적 관리자에게 주어지는지 확실히 판단해야 한다. 그 사이에는 누구를 위한 공간도 없다.

또 다른 개혁은 개인투자자들이 유혹에 넘어가지 않도록 투자상품의 설계를 바꾸는 일일 것이다. 소액투자자들에게 광범위한 선택권을 주기보다, 소극적이고 적극적인 자산관리 전략을 두루 갖추고 있으며 주된 자산집단에 걸쳐 합리적 자산배분을 포괄하는 맞춤형 디폴트 옵션을 제공하는 것이 더 바람직할 것이다. 투자자들의 신뢰를 계속 유지하기 위해서는 과거 빅토리아 시대의 온정적 연금 모델과 상당히 유사한 방식을 따라 보장된 이익을 명시하는 형태가 합당할 것이다. 자유주의자들은 이 대안을 꺼릴 테지만, 디폴트 옵션을 강제적으로 적용하지 않으면 된다. 원한다면 다른 것을 택하도록 하면 된다. 여기에서 핵심은 디폴트가 훌륭한 형태여야 하며 수수료의 부담이 없어야 한다는 점이다. 그 산업은 이미 이런 방향으로 이동하고 있다.[1] 디폴트를 제공하는 방책은 투자자들의 신뢰를 회복시키고, '비이성적 과열'이 다시 시장을 주도하게 될 리스크를 방지하며, 펀드자산 규모 확대에 대한 펀드매니저의 걱정을 크게 덜어줄 것이다. 이 경우 펀드매니저들은 보너스를 받기에 충분할 정도로 능력껏 성과를 내는 일만 신경 쓰면 될 것이다.

## 뭉치면 산다

과거의 분산투자 이론은 과도한 확신을 조성했고 '상관관계가 없는' 자산들로 자금이 몰리는 현상을 유발했으며, 결국 이런 자산들이 서로 연계되는 상황을 조장했다. 안정적인 상관관계와 무작위적인 수익 및 자산집단을 기준으로 한 자산배분의 강조와 같은 핵심 가정들은 실패했으며 폐기해야 한다. 우리에게는 새로운 이론이 필요하

---

1__ 디폴트 옵션을 제공하는 것이 실제로 어떻게 훌륭한 공공정책이 될 수 있는지에 관한 명쾌한 설명을 위해, Richard Thaler and Cass Sunstein, *Nudge—Improving Decisions About Health, Wealth, and Happiness* (New York: Penguin, 2008) 참고.

다. 학계는 이미 연구에 착수했다. 런던정경대학의 폴 울리는 인센티브에 미치는 기관들의 왜곡된 영향력을 모델로 만들 방법을 찾아낼 수 있다면 효율적 시장이 부활할 수도 있다고 믿는다. MIT 대학의 앤드류 W. 로는 시장이 다윈의 생물학을 활용해 모델화할 수 있는 복잡한 조정 시스템이라고 주장한다―이는 우리가 살고 있는 시대가, 방금 전에 유성과 충돌했고 공룡을 대체할 다음 종족을 기다리는 시절임을 함축한다. 하지만 새로운 모델은 옛날 것과 똑같은 정확성을 갈구해서는 안 된다. 금융과 경제학은 자연의 법칙이 아니라 인간의 의사결정을 따르는 수단이다. 시장을 정확히 예측하려는 시도를 포기한다면, 그런 모델들이 과거에 조성했던 과도한 확신으로 다시 돌아가는 일은 없을 것이다.

분산에 관해 말하자면, 자산배분을 담당하는 사람들은 자산집단과 그것들 사이의 역사적 상관관계 측면에서 생각하는 방식을 폐기해야 한다. '상관관계가 없는' 새로운 자산집단을 찾아나서는 일은 재앙을 유발하는 데 일조했다. 대안은, 자산이 지닌 리스크를 면밀히 살피고 오류의 여지를 남겨놓는 것이다― '보수적' 자산에 더 많은 비중을 두고 잠재적인 '대박'에 더 적은 비중을 할애하라는 의미다. 다행스럽게 투자산업 내에서도 이런 개념이 조금씩 싹트고 있다.

위에서 제시한 모든 제안은 시장이 창출할 수 있는 부에 한계를 두어야 한다는 개념을 포함한다. 그 한계치는 대공황 이후 재편된 세계의 균형과 유사한 수준이 될 것이다. 그리고 그 균형점으로 회귀한다면 많은 이들이 기뻐할 것이다. 성숙한 자본주의 탓에 다음 몇 십 년간 기대할 수 있는 성장률이 20세기의 하반기보다 분명 꽤 낮을 테지만 말이다.

탐욕과 두려움의 사이클은 인간의 본성에 단단히 고착되어 있다. 하지만 금융계의 변화를 위한 이 제안들은 동시발생적인 거품의 순환을 끊고, 향후 몇 년간 훨씬 재앙적인 또 다른 폭락 사태를 방지하며, 새로운 버블을 겪지 않고 다음 두 세대를 보낼 수 있는 정상 상태로 우리를 되돌려놓을 것이다. 또한 시장도 자본을 훨씬 효율적으로 배분하게 될 것이다. 이런 효율적 시장은 인위적으로 팽창한 금융서비스산업에 우리의 자원과 재능을 할애하기보다 웰빙을 향상시킬 수 있는 기술과 혁신에 자본을 대거 할당해줄 것이다.

시장은 이제 우리 생활에 막대한 영향을 미친다. 그간 얽혀 있던 매듭이 풀리고 동시성이 해체될 수 있다면 시장은 우리 모두를 위해 더 나은 역할을 하게 될 것이다.

# 참고문헌

이 책을 준비하면서 아래의 책들로부터 도움을 받았다.
추가적인 배경지식을 얻고자 하는 분들에게 일독을 권한다.


## 1장
Chancellor, Edward. Devil Take the Hindmost. New York: Farrar, Strauss and Giroux, 1999.
Galbraith, J.K. The Great Crash 1929. Boston: Penguin, 1954.
Kindleberger, Charles and Robert Aliber. Manias, Panics and Crashes—A History of Financial Crises. 5th edn. New York: Wiley, 2005.

## 2장
Akerlof, George A. and Robert J. Shiller. Animal Spirits—How Human Psychology Drives the Economy, and Why It Matters for Global Capitalism. Princeton, NJ: Princeton University Press, 2009.
Ariely, Dan. Predictably Irrational—The Hidden Forces that Shape Our Decisions. New York: Harper, 2008.
Mauboussin, Michael. Think Twice—Harnessing the Power of Counterintuition. Boston: Harvard Business Press, 2009.
Montier, James. Behavioural Investing—A Practitioner's Guide to Applying Behavioural Finance. Somerset, NJ: Wiley Finance, 2007.

## 3장
Bernstein, Peter L. Capital Ideas Evolving. Somerset, NJ: Wiley, 2006.
Bogle, Jack. Common—Sense on Mutual Funds—New Imperatives for the Intelligent Investors. Somerset, NJ: Wiley, 1999.
Bogle, John C. The Little Book of Common—Sense Investing: The Only Way to Guarantee Your Fair Share of Stock Market Returns. Somerset, NJ: Wiley, 2007.
Fox, Justin. The Myth of Rational Markets—A History of Risk, Reward, and Delusion on Wall Street. New York: Collins Business, 2009.
Malkiel, Burton G. A Random Walk Down Wall Street: The Time—Tested Strategy for Successful Investing New York: Norton, 2007.
Mandelbrot, Benoit and Richard L. Hudson. The (mis)Behaviour of Markets—A Fractal View of Financial Turbulence. New York: Basic Books, 2004.
Smithers, Andrew. Wall Street Revalued: Imperfect Markets and Inept Central Bankers. Somerset, NJ: Wiley, 2009.

## 4장
Chernow, Ron. The Death of the Banker—The Decline and Fall of the Great Financial Dynasties and the Triumph of the Small Investor. New York: Random House, 1997.

## 5장
Grant, James. Mr Market Miscalculates—The Bubble Years and Beyond. Edinburg, Virginia: Axios, 2008.
Greider, William. Secrets of the Temple. New York: Simon & Schuster, 1991.
Morris, Charles R. The Sages—Warren Buffett, George Soros, Paul Volcker and the Maelstrom of Markets. New York: Public Affairs, 2009.

## 6장

Beim, David O. and Charles W. Calomiris. Emerging Financial Markets. New York: McGraw-Hill, 2001.

Van Agtmael, Antoine. The Emerging Markets Century-How a New Breed of World-Class Companies Is Overtaking the World. New York, Free Press, 2007.

## 7장

Burrough, Bryan and John Helyar. Barbarians at the Gate. New York: Arrow Books, 1990.

Lewis, Michael. Liar's Poker. New York: W.W. Norton, 1989.

Stewart, James B. Den of Thieves. Riverside, NJ: Simon & Schuster, 1991.

## 9장

Chandler, Marc. Making Sense of the Dollar-Exposing Dangerous Myths about Trade and Foreign Exchange. New York: Bloomberg, 2009.

## 10장

Krugman, Paul. The Return of Depression Economics. New York: Norton, 2009.

## 11장

Mayer, Martin. The Fed-The Inside Story of How the World's Most Powerful Financial Institution Drives the Markets. New York: Free Press, 2001.

Wallison, Peter J. and Bert Fly. Nationalizing Mortgage Risk: The Growth of Fannie Mae And Freddie Mac. Washington, DC: AEI Press, 2000.

## 12장

Lowenstein, Roger. When Genius Failed-The Rise and Fall of Long-Term Capital Management. Maryland: Random House, 2000.

## 13장

Shiller, Robert J. Irrational Exuberance. Princeton, NJ: Broadway Business, 2006.

## 14장

Goldman Sachs Economics Group. The World and The Brics Dream. New York: The Goldman Sachs Group Inc., 2006.

## 15장

Yergin, Daniel. The Prize: The Epic Quest for Oil, Money and Power. New York: Free Press, 2008.

## 16장

Morris, Charles R. The Two Trillion Dollar Meltdown: Easy Money, High Rollers and the Great Credit Crash. New York: Public Affairs, 2009.

Tett, Gillian. Fool's Gold-How the Bold Dream of a Small Tribe at J.P. Morgan Was Corrupted by Wall Street Greed and Unleashed a Catastrophe. New York: Free Press, 2009.

Zuckerman, Gregory. The Greatest Trade Ever-The Behind-the Scenes Story of how John Paulson Defied Wall Street and Made Financial History. New York: Broadway Business, 2009.

## 17장

Barbera, Robert J. The Cost of Capitalism-Understanding Market Mayhem and Stabilizing Our Economic Future. New York: McGraw-Hill, 2009.

Minsky, Hyman. John Maynard Keynes. New York: McGraw-Hill, 2008.

## 18장

Bookstabler, Richard. A Demon of Our Own Design-Markets, Hedge Funds and the Perils of

Financial Innovation. New York: John Wiley & Sons, 2007.
Lo, Andrew. Hedge Funds: An Analytic Perspective (Advances in Financial Engineering). Princeton, NJ: Princeton University Press, 2008.

### 19장

Gorton, Gary B. Slapped By The Invisible Hand—The Panic of 2007. New York: Oxford University Press, 2010.
Wessel, David. In Fed We Trust—Ben Bernanke's War on the Great Panic. New York: Crown Business, 2009.

### 20장

Brummer, Alex. The Crunch: Uncovering the Truth Behind the Great Credit Scandal. London: Random House UK, 2008.
Kelly, Kate. Street Fighters—The Last 72 Hours of Bear Stearns, the Toughest Firm on Wall Street. New York: Portfolio, 2009.
Milne, Alistair. The Fall of the House of Credit—What Went Wrong in Banking and What Can Be Done to Repair the Damage? New York: Cambridge University Press, 2009.
Peston, Robert. Who Runs Britain…and who's to blame for the economic mess we're in. London: Hodder, 2008.

### 21장

Dumas, Charles. China and America—A Time of Reckoning. London: Profile Books, 2008.
Soros, George. The New Paradigm for Financial Markets—The Credit Crisis of 2008 and What it Means. New York: Public Affairs, 2008.

### 22장

Gasparino, Charles. The Sellout—How Three Decades of Wall Street Greed and Government Mismanagement Destroyed the Global Financial System. New York: Harper Business, 2009.
Sorkin, Andrew Ross. Too Big To Fail—The inside story of how Wall Street and Washington fought to save the financial system—and themselves. New York: Viking, 2009.

### 24장

Arnott, Robert, et al. The Fundamental Index: A Better Way to Invest. New York: Wiley, 2008.
Dimson, Elroy, Paul Marsh, and Mike Staunton. Triumph of the Optimists: 101 Years of Global Investment Returns. Princeton, NJ: Princeton University Press, 2002.
El-Erian, Mohamed. When Markets Collide: Investment Strategies for the Age of Global Change. New York: McGraw-Hill, 2008.
Siegel, Jeremy. Stocks for the Long Run: The Definitive Guide to Financial Market Returns and Long Term Investment Strategies. 4th edn. New York: McGraw-Hill, 2007.

### 27장

Bruner, Robert F. and Sean D. Carr. The Panic of 1907—Lessons Learned from the Market's Perfect Storm. New York: Wiley, 2007.
Napier, Russell. Anatomy of the Bear—Lessons from Wall Street's Four Great Bottoms. Hong Kong: CLSA Books, 2005.

### 29장

Thaler, Richard H. and Cass R. Sunstein. Nudge—Improving Decisions About Health, Wealth and Happiness. New York: Penguin, 2009.